인간과 포스트휴머니즘

* 이 학술총서는 정부(교육과학기술부)의 재원으로 한국연구재단의 인문한국지원사업 지원을 받아 발행되었음(NRF-2007-361-AL0015).

탈경계
인문학
학술총서 11

인간과 포스트휴머니즘

| 이화인문과학원 편 |

이화여자대학교출판부

인간과 포스트휴머니즘

펴낸날 1판 1쇄 2013년 5월 15일
3쇄 2018년 1월 5일
엮은이 이화인문과학원
펴낸이 권은미
펴낸곳 이화여자대학교출판문화원
주소 서울특별시 서대문구 이화여대길 52(우03760)
등록 1954년 7월 6일 제9-61호
전화 02) 3277-2965(편집), 362-6076(마케팅)
팩스 02) 312-4312
전자우편 press@ewha.ac.kr
홈페이지 www.ewhapress.com
디자인 신성기획
찍은곳 한영문화사

ISBN 978-89-7300-981-7 94000
978-89-7300-834-6(세트)
값 18,000원

이 도서의 국립중앙도서관 출판시도서목록(CIP)은 서지정보유통지원시스템 홈페이지(http://seoji.nl.go.kr)와 국가자료공동목록시스템(http://www.nl.go.kr/kolisnet)에서 이용하실 수 있습니다.(CIP제어번호: CIP2013004557)

| 서문 |

인간과 포스트휴머니즘

이화인문과학원은 2007년 11월부터 "탈경계인문학의 구축과 확산"이라는 어젠다 연구를 통해 인문한국(HK) 지원사업을 수행하고 있다. 인문한국 지원사업 2단계에 진입하면서, 1단계의 연구 결과를 검토하고 그 문제 의식을 발전 · 심화시켜 2단계의 연구 주제를 전면적으로 재설정한 바 있다. 그때 제안된 큰 주제 중의 하나가 "포스트휴머니즘과 '인간'"이다. 이는 이미 출간된 탈경계인문학 학술총서 9권 『디지털 시대의 컨버전스』에서 드러난 문제 의식을 바탕으로, 과학 기술 문명의 발달과 디지털 정보 시대로의 전환에 의해 야기된 인간에 대한 근본적인 이해의 변화를 추적하고, 이 시대에 맞는 인간 정체성의 새로운 규정을 모색하자는 취지에서였다.

『디지털 시대의 컨버전스』에서 내렸던 결론 중의 하나는 유전공학이나 디지털 정보 기술과 같은 첨단 기술은 단순히 인간의 지성적 · 육체적 능력을 보완해 주는 도구에 불과한 것이 아니라, 인간 능력을 향상시키고 인간을 근본적으로 변형시킬 잠재력을 갖는다는 것이었다. 이 기술들은 인간이 주체적으로 사유하거나 행동하는 양식을 바꾸어 놓을 뿐 아니라, 인간에 대한 오랜 이해의 유효성을 문제 삼으며 인간의 본성(인간성) 자체에 대한 새로운 반성 및 규정을 요구한다. 특히 정신과 육체라는 이분법에 기초한 이성 중심의 근대적 인간관은 그 유효성에 대한 다양한 비판을 거치면서 인간을 이해하는 올바른 개념적 틀로서의 지위를 상실했다. 현대의 인류는 과학 기술의 발전에 따른 인간 신체와 정신의 확장, 디지털 네트워크화에 따른 시공간 개념의 동요 및 신체성 없는 주체의 등장, 그리고 이러한 현상과 결부된 다양한 성 정체성의 출현과 같은 탈경계적 현상과 마주하고 있다. 전통적인 '인간' 개념의 경계를 문제 삼는 이러한 문화 현상은 인간 이해를 구성하는 기본 범주 자체의 타당성을 재검토할 것을 요구한다.

이 현상들에서 관찰할 수 있는 혼종적이고 유동적이며 중층적인 인간 정체성을 올바로 이해하고 규명하기 위해서는 근대적 휴머니즘을 넘어서는 새로운 이해의 틀이 요구된다. 우리는 그것을 '포스트휴머니즘'이라는 이름으로 통칭하고자 했다. 신체성, 혼종적 주체성, 감각과 인지의 새로운 양상, 구성적 정체성과 같은 몇몇의 열쇠말을 중심으로 포스트휴머니즘의 새로운 관점을 정립하고, 이를 통해 개인(자아)이나 집단의 정체성, 인간성의 본질과 삶의 의미, 자연계에서의 인간의 지위, 그리고 그와 연관된 다양한 윤리적 · 철학적 이슈들을 추적하고자 하는 것이 이 연구의 기획 의도였다. 『인간과 포스트휴머니즘』은 포스트휴머니즘에 대한 이러한 공동 연구의 첫 번째 결과물이다. 이 책은 크게 세 부분으로 이루어져 있다.

먼저 제1부 '포스트휴머니즘과 인간존재론'에서는 포스트휴머니즘의 논의가 발전되어 온 이론적 배경에 대한 소개와 더불어, 휴머니즘과 포스트휴머니즘, 트랜스휴머니즘의 차이는 무엇이며 이것들의 관계를 어떻게 규정해야 하는가의 문제와 관련된 기초적인 논의를 담고자 했다. 그리고 각종 기술의 결합을 통해 변형되는 인간 신체의 양상들과 그 의미에 대한 질문에 답하고자 했다.

토머스 필벡의 "포스트휴먼 자아: 혼합체로의 도전"은 이 책에서 가장 기초적이면서 이론적인 논의를 담고 있다. 필벡은 특히 휴머니즘과 트랜스휴머니즘, 그리고 포스트휴머니즘 사이의 연관성 및 이들의 차이가 무엇인지의 문제에 천착하고 있다. 그에 따르면, 트랜스휴머니즘과 포스트휴머니즘 사이의 핵심적인 차이는, 이것들이 자아와 세계 사이의 근본적인 이원론과 관계를 맺는 방식에서 찾을 수 있다. 포스트휴머니즘은 계몽주의 휴머니즘과 그것의 본래적인 이원론을 대체하는 인간의 구성에 대한 새로운 패러다임을 모색하는 데 관심을 두고 있는 반면에, 트랜스휴머니즘은 휴머니즘의 이원론을 전용하여 슈퍼휴먼의 단계에 이를 때까지 휴머니즘적 특성들을 확대시키려 한다는 것이다.

마이클 하우스켈러는 "뒤죽박죽인 신체들: 성형 수술에서 정신 업로드까지"에서 우리 신체를 결핍된 어떤 것으로 간주하고 이를 개선하고자 하는 우리의 태도에 주목하며, 우리가 우리의 신체성으로부터 탈출할 수 있도록 만들어주는 매력적인 포스트휴먼적인 존재 양식에 대한 모형을 기계가 제공한다고 주장한다. 그는 기계를 이용하거나 기계와 결합하여 우리 신체가 갖는 한계를 극복하고자 하는 다양한 시도를 환영illusionism, 강화fortification, 대체replacement, 파면displacement의 네 단계로 나누어 설명하고, 그 의미가 무엇인지에 대해 질문한다. 결론적으로 그는 신체를 향상이나 대체가 필요한 결핍된 무엇으로가 아니라, 비록 불완전하기는 하지만 보존할 가치가 있는 선물로 바라보아야 한다는 관점을 제안하고 있다.

임석원은 "비판적 포스트휴머니즘의 기획: 배타적인 인간중심주의 극복"에서 소위 '포스트휴먼'의 출현으로 인해 발생하는 문제점과 가능성에 대해 성찰하는 담론들을 포스트휴먼 담론으로 규정하고, 이를 크게 세 가지 입장으로 나누어 개괄하고 있다. 기술우호적인 입장, 디스토피아적인 입장, 그리고 비판적인 입장이 그것인데, 그는 특히 '인간중심적인 휴머니즘'의 한계를 전면적으로 비판하고 극복하고자 하는 입장으로서의 비판적 포스트휴머니즘의 가능성에 주목한다. 또한 그는 발터 벤야민Walter Benjamin이 잠재적으로 가능성과 위험성을 모두 품고 있는 과학기술 시대의 도래를 목격하면서 새로운 패러다임으로의 전환을 제시하고 있다고 생각하며, 이 점에서 벤야민의 시도가 기존 휴머니즘의 한계를 극복하고자 하는 포스트휴머니즘의 기획과 맞닿아 있다고 주장한다.

이찬웅은 "들뢰즈, 변신의 괴물학"에서 프랑스 현대 철학자인 질 들뢰즈Gilles Deleuze를 중심으로 '존재의 일의성'이라는 형이상학적 테제와 '구성의 단일성'이라는 생물학적 이념 사이의 연관을 해명하고, 그 의미를 설명하고자 한다. 세계 안에서 무한자와 유한자, 신과 피조물 사이의 관계를 생각하는 철학적 논의는 존재의 다의성equivocity과 일의성univocity이라는 문제를 중심으로 전개되었다. 즉, 인간의 본성은 수직적으로 신의 형상을 닮은 무엇인가, 아니면 수평적으로 자연의 많은 생명체의 변이 사이에 놓여 있는 무엇인가? 들뢰즈는 존재의 일의성의 사유를 과감하게 밀고 나아가면서 그 구체적인 함의를 설명하기 위해, 19세기에 있었던 조프루아 생틸레르Geoffroy Saint-Hilaire와 조르주 퀴비에Georges Baron Cuvier의 생물학 논쟁을 참조하고 활용한다. 이 유명한 논쟁은 일의성과 다의성 대립 구도의 생물학적 버전처럼 나타난다. 존재의 일의성, 그리고 조프루아의 입장에 따르면, 모든 동물은 "단 하나의 추상적인 동물"의 다양한 변이들이다.

제2부 '인간 향상의 윤리적 쟁점'에서는 인간 향상과 관련된 여러 윤리적 · 도덕철학적 문제를 다룬다. 첨단 기술이 가져올 인간 향상 및 변형 기술은 그 적용의 합리성 및 타당성에 대한 논란을 포함하여 인류의 미래에 대한 새로운 양상의 윤리적 · 정치적 쟁점에 대한 검토를 요구한다. 첨단 기술의 미래 시대에도 타당한 인간 본성과 존엄성에 대한 규정은 무엇이며, 우리가 여전히 존중해야만 하는 가치에는 어떤 것이 있는가. 인간, 인간을 제외한 여타의 동물들, 그리고 컴퓨터와 같은 인공지능적 존재의 도덕적 지위와 권리에는 어떠한 변화가 생기는가. 유전공학과 같은 첨단 기술을 이용한 인간 향상은 인간 본성이나 인간 존엄성에 어떠한 영향을 끼치는가. 이러한 질문들이 2부에서 논의하고자 했던 내용이다.

도날 오마수나는 "인간 존엄성과 인간 향상의 윤리"에서 인간의 가치 및 모든 인간에 대한 윤리적 대우의 중요성을 뒷받침하는 개념인 인간 존엄성 개념의 다의적 사용에 주목한다. 그는 내재적인 차원의 인간 존엄성과 상황적인 존엄성을 구분하면서, 이를 바탕으로 트랜스휴머니즘의 주요 옹호자인 닉 보스트롬Nick Bostrom의 주장을 비판한다. 그에 따르면, 향상 기술이 인간 존엄성에 대한 위배가 아니라고 주장하는 보스트롬의 입장은 인간 존엄성의 내재적인 차원과 상황적인 차원을 구분하지 못하고 있다. 또한 그는 내재적 차원의 인간 존엄성에 대한 인식을 바탕으로, 필요 이상으로 많이 가진 사람들을 향상시키는 일에 중점을 둘 것이 아니라, 기본적인 필요조차 충족하지 못한 채 살아가는 많은 사람의 상황적 존엄성을 개선하는 것이 훨씬 중요하다고 주장한다.

슈테판 로렌츠 조르그너는 "견고한 인간중심주의를 넘어서: 인간, 유인원, 그리고 컴퓨터의 도덕적 지위에 관하여"라는 글의 제목에서 드러나듯이, 인간뿐 아니라 유인원이나 여타의 동물, 그리고 컴퓨터의 도덕적 지위를 어떻게 설정할 것인가의 문제를 다루고 있다. 그는 종족주의에 대한 페터 싱어Peter A. D. Singer의 비판을 토대로, 인간이 다른 존재와 범주적으로 구별되어야 한다는 인간중심주의적 관점은 설득력이 없음을 주장한다. 다른 한편으로, 인간 존엄성 개념은 우리들 대부분이 매우 가치 있다고 여기는 자유민주주의 구조를 촉진시키고, 제3제국과 같은 가부장적이고 전체주의적인 시스템에 대항하는 과정에서 중요한 역할을 담당했다. 그는 이 두 가지 관점을 양립시키기 위해 존엄성 개념과 인격성 개념의 분리를 제안한다. 그에 따르면, 존엄성은 이미 태어난 인간에게만 적용되어야 하며, 인격성은 존엄성의 담지자 개념과 독립적으로 어떤 존재자가 갖는 특정 능력에 의존하는 개념이다.

신상규는 "트랜스휴머니즘, 세상에서 가장 위험한 생각?"에서 트랜스휴머니즘의 주장을 소개하는 동시에, 과학 기술을 통한 인간 '향상'에 반대하는 프랜시스 후쿠야마Francis Fukuyama와 마이클 샌델Michael Sandel의 주장을 비판적으로 검토한다. 먼저 기술 발전의 기하급수성과 함께 현재 연구 개발되고 있는 첨단 과학 기술의 성격을 고려할 때, 트랜스휴머니즘이 '세상에서 가장 위험한 생각'일 수 있다는 후쿠야마의 진단은 일면 시의적절한 것이지만 인간 향상 일반에 반대하는 후쿠야마나 샌델의 논증은 인간 향상의 도덕적 문제를 지적하는 논증으로는 대단히 취약한 반론임을 밝힌다. 다른 한편으로, 그는 샌델의 '선물' 논증을 우호적으로 독해할 수 있는 한 가지 방안을 제안한다. 샌델의 기본적인 문제 의식은 향상 기술 자체에 내재하는 어떤 도덕적 난점을 지적하는 것이 아니라, 향상을 추구하는 삶의 방식을 추동하고 있는 개인의 자율성 및 권리 개념에 입각한 시장 자유주의 혹은 자본주의적 삶의 태도에 대한 반성적 숙고를 촉구하고 있다는 것이다.

마지막으로 제3부 '예술 속의 포스트휴먼의 양상들'에서는 미술이나 SF소설을 포함한 문학 작품, 영화나 애니메이션, 광고, 유튜브 등의 대중문화 속에서 제시된 미래의 모습, 미래 세계에서 만날 수 있는 복제 인간, 안드로이드, 사이보그, 외계인 등 현재 인간의 이미지가 아닌 다른 형태의 인간, 즉 포스트휴먼의 재현 양상을 살펴보고, 그 속에 함축된 자연성, 타자성, 계급성, 유토피아와 디스토피아 등에 대한 대중적 인식에 대해 논의하고자 했다.

엔스 에더는 "유튜브YouTube에서의 포스트휴먼 양상들"에서 유튜브의 동영상을 중심으로 트랜스휴머니즘과 포스트휴머니즘에 대한 아이디어들이 어떻게 대중에게 인식되고 있는지의 양상을 분석한다. 그에 따르면, 포스트휴먼과 관련된 유튜브의 다양한 동영상은 1) 치료와 향상에서의 최신 기술에 대한 사실적 담론, 2) 트랜스휴머니즘과 포스트휴먼 미래의 가능성 또는 바람직함에 관한 사실적 담론, 3) 매력적이거나 불안감을 주는 포스트휴먼을 다룬 매스미디어와 유튜브의 제작물들에 대한 허구적 담론, 4) 그러한 대중문화의 허구적 환상들을 반성해 보는 메타허구적 담론으로 구분될 수 있다. 그의 분석에 따르면, 이러한 담론 모두를 통해, 특정한 모티프와 이미지들은 계속해서 반복되고 있으며, 인기 있는 공상물의 이미지는 서로 다른 담론 속에서 계속 등장한다. 그러나 위의 네 담론은 각기 다른 주제를 다루고 있으며, 다른 구조, 미학, 가치 평가를 지니고 있다. 그는 특히 트랜스휴머니즘의 여러 측면이 다른 방식으로 다루어지며, 의견이 폭넓게 갈라짐에 주목한다. 신기술의 실제 적용은 거의 긍정적인 방식으로 논의되는 반면에, 트랜스휴머니즘 동향에 대한 논의는 매우 논쟁적이라는 것이다. 찬성자들과 반대자들은 종종 매우 구체적인 개인적 어젠다를 가지고 있으며, 적어도 두 번째와 세 번째 담론에서는 종종 매우 공격적인 방식의 대립이 일어난다.

전혜숙은 "뉴미디어 시대의 하이퍼매개된 신체들"에서 신체와 테크놀로지의 직접적인 결합이 미술의 맥락 속에서 일어날 때 발생하는 신체성의 다양한 함의를 고찰하면서, 신체와 테크놀로지가 결합되는 방식의 특징을 '하이퍼매개hyper-mediation'라는 개념 속에서 짚어보고, 신체가 테크놀로지를 만나 재구성되는 과정에서 발생하는 여러 문제를 피부 아래, 기술과 신체의 변증법적 종합, 경계 존재라는 관점에서 살펴본다. 1990년대 이후 미술에서의 신체는 기존의 지배적인 몸에 대한 생각, 즉 "피부로 덮여 있고 환경으로부터 구별되어 있는 총체적 유기체라는 관념에서 벗어나, 파편화된 신체 혹은 분산된 신체 자아" 개념을 갖게 된다. 디지털 기술이 신체 자체와 신체 이미지에 대해 맺는 관계는 이러한 신체 개념을 더욱 심화시켜 왔다. 그것은 컴퓨터 기술, 의학, 생명과학의 발전과도 연관이 있지만, 터치 스크린과 햅틱 인터페이스에 의한 감각 방식의 변화가 신체에 끼친 영향과도 관계된다. 이 글은 기계든 칩chip이든 인공보철prosthesis이든, 혹은 어떤 의학적 기술이든, 디지털 기술을 신체 표면에서 직접 만나거나 신체 내부에 받아들임으로써, 그로 인해 발생하는 신체의 변형 및 매개의 효과를 드러내는 방식을 다루고 있다.

이수진은 "포스트휴머니즘적 상상력과 문학적 재현"에서 프랑스의 대표적인 현대 문학가 미셸 웰벡Michel Houellebecq의 작품인 『어느 섬의 가능성』을 중심으로, 포스트휴머니즘 글쓰기가 지향해야 할 올바른 방향을 모색하고 있다. 포스트휴머니즘 글쓰기라고 평가할 수 있을 만한 SF 작품들은 인간이란 존재 자체와 미래 사회의 인간 삶에 관해 사유하고 있다. SF 장르는 과학적 논리, 추론 과정, 창작자의 상상력이 한데 어우러진 결과물로서 과학의 미래 발전상 혹은 기술의 적용 가능성을 예견할 뿐만 아니라, 가능성의 세계를 제시하면서 예술적 지평을 확장시키는 역할을 한다. 그런데 상당히 많은 작품이 현 시점의 예상과 생각으로, 미래 사회를 향한 비관론이나 낙관론을 주장하면서, 기술혐오적 · 기술애호적 관점만을 함의한다. 이수진은 이러한 방식이 포스트휴머니즘에 부적합한 글쓰기라고 비판하면서, '인간'이란 단단히 고정된 불변의 개념이 아니라 변화의 맥락 속에서 지속적으로 다시 쓰여야 하는 유연한 것임을 주장한다. 포스트휴머니즘적 글쓰기라 명명할 수 있으려면 독서 이전에는 생각하지 못했던 기술과학과 인간의 관계를 고민하도록 안내해야 하며, 지배자로서가 아니라 다른 존재와 공생하는 협력자로서의 인간, 나아가 다양한 가능성을 내재하는 미래를 꿈꾸도록 도와야 한다는 것이다.

천현순은 "골렘, 인간과 비인간 사이의 경계에 선 존재: 파울 베게너의 무성영화 〈골렘〉에 나타난 인간 창조의 현대적 재해석"에서 인간 창조의 가장 오래된 형태에 속하는 골렘 전설 및 이를 바탕으로 한 파울 베게너Paul Wegener의 무성영화 〈골렘〉을 구체적인 실례로 들어 인간과 골렘 사이에서 제기되는 근본적인 문제를 탐구하고 있다. 중세 호문쿨루스, 근대 자동 인형, 현대 인공지능 로봇에 이르기까지 인간은 각 시대마다 그 시대의 첨단 과학 기술을 이용하여 자신을 닮은 피조물을 끊임없이 창조해 오고 있다. 인간의 자기 창조에 대한 욕망은 기술이 발전할수록 더욱더 정교해지고 있다. 오늘날 인공지능 기술, 복제 기술, 유전자공학, 로봇공학 등과 같은 첨단 과학 기술에 힘입어 인간은 외형적으로 자신과 더 이상 구분되지 않는 '새로운 인간 종'을 만들어 내려는 욕망을 실현하고자 한다. 이를 통해 제기되는 가장 근본적인 문제는 이들 피조물이 과연 인간에게 어떤 존재인가라는 존재론적인 물음이다. 즉, 인간에 의해 창조된 인간의 피조물은 인간인가, 혹은 인간이 아닌가? 역으로 이러한 피조물의 창조는 인간이란 무엇이고, 인간과 비인간 사이의 경계는 과연 무엇인가라는 근본적인 문제를 제기한다.

김은령은 "포스트휴머니즘/포스트휴먼 관점에서 여성의 '몸' 향상 혹은 변형: 에이미 멀린스의 패싱passing을 중심으로"에서 여성의 '몸'의 향상 혹은 변형의 예를 통해 기존의 페미니즘적 시각과 포스트휴머니즘적 시각 사이에 존재하는 간극의 요소가 무엇인지 또 미래 인간의 몸, 특히 여성의 몸을 어떻게 설명할 수 있을 것인지에 대한 논의를 전개한다. 인간의 몸을 향상시키거나 손상 혹은 결점을 개선하기 위한 프로스테시스가 여성의 몸에 적용되는 경우에는, 여성의 몸을 시각적 대상으로 바라보는 시선과 슈퍼어빌리티superability에 대한 욕망이 서로 갈등하는 양상을 보여준다. 패션 모델, 연설가, 배우, 육상선수로 활약하고 있는 에이미 멀린스Aimee Mullins의 다양한 활동과 그녀가 출연한 퍼포먼스 필름은, '구성되어' 가는 존재로서의 인간이나 몸에 대한 포스트휴먼적 재현을 보여줌과 동시에, 상업적 전략과 결부된 상품화된 몸에 대한 '숭배'에서 벗어나지 못하는 이중적인 측면을 보여주고 있다. 인간의 몸 정체성이 재분배 혹은 재정의되는 포스트휴먼적 몸은 경계를 가로질러 무엇이든 '될 수 있는' 자유로움과 변화 가능성을 내포한다. 그는 이러한 분석을 토대로 포스트휴먼적 몸의 가능성이 여성이라는 젠더적 특성과 결합될 때에 더 복잡한 분석의 이론적 틀이 요구된다고 주장한다.

이번 책의 중요한 특징은 이화인문과학원에 소속된 연구자들뿐 아니라, 트랜스휴머니즘이나 포스트휴머니즘을 연구하는 외국 학자들의 글이 대거 수록되어 있다는 점이다. 이는 "포스트휴머니즘과 '인간'"을 2단계의 연구 주제로 설정하면서부터 이화인문과학원이 꾸준히 추진해 온 국제적인 공동 연구 노력의 결과이다.

이 책의 필자인 조르그너, 오마수나, 필벡, 하우스켈러는 지난 2009년부터 "휴머니즘을 넘어서Beyond Humanism"라는 이름으로 매년 유럽 지역에서 열리는 트랜스휴머니즘/포스트휴머니즘 국제학술대회의 개최를 주도해 오고 있다. 이화인문과학원은 2011년 더블린에서 열린 3회 대회에서부터 연구자를 파견하여 이들 외국 학자와 협력 관계를 구축했고, 2012년 6월 이화인문과학원 주최의 국제학술대회에 이들을 초청해 발표를 듣고 공동으로 토론할 수 있는 기회를 가졌다. 그 성과의 일부가 이 책의 내용으로 반영된 것이다.

이화인문과학원은 앞으로도 이들과의 협력 관계를 지속적으로 발전시켜 나갈 것이며, 그 결과로 산출되는 공동의 연구 성과도 학술총서나 연구총서의 형태로 계속 발행할 예정이다. 2012년 두브로브닉에서 열린 4회 학술대회에 이미 이화인문과학원의 연구진이 초청을 받아 논문을 발표한 바 있으며, 5회 로마대회를 포함해서 앞으로 열릴 학술대회에도 꾸준히 참가할 예정이다. 그리고 적절한 시점이 되면, "휴머니즘을 넘어서" 시리즈의 학술대회를 서울에서 공동으로 조직하고 개최함으로써 "포스트휴머니즘과 '인간'" 연구를 더욱 체계화시켜 나갈 것이다.

2013년 4월

저자들을 대표하여

신상규 씀

| 차례 |

제2부 인간 향상의 윤리적 쟁점

제3부 예술 속의 포스트휴먼의 양상들

제1부

포스트휴머니즘과 인간존재론

포스트휴먼 자아: 혼합체로의 도전 _ 토머스 필벡

뒤죽박죽인 신체들: 성형 수술에서 정신 업로드까지 _ 마이클 하우스켈러

비판적 포스트휴머니즘의 기획: 배타적인 인간중심주의 극복 _ 임석원

들뢰즈, 변신의 괴물학 _ 이찬웅

포스트휴먼 자아:
혼합체로의 도전*

토머스 필벡

1. 들어가는 말

기술적으로 포화된 존재의 시대에 오늘날 우리는 어느 곳에서나 인간과 기술의 관계를 마주하고 있다. 비유적으로 말해서, 프로메테우스가 인간에게 불을 선물한 이래 우리는 인간이 기술에 의존적이라는 것을 알고 있다. 그러나 오늘날의 고고학과 인류학은 이것이 말 그대로 그러하다고 보고 있다. 대부분의 인간 역사에서 기술은 인간의 욕구를 충족시켜 주거나 신이나 자연에 대항하는 힘을 인간에게 가져다주는 물질적 서비스의 한 형태로만 간주되었다. 산업혁명 이후에야 기술은 비로소 처음으로 우리의 삶과 기회, 그리고 자기 이해를 조직화하면서 인간the

* 이 글은 이화인문과학원이 주최한 2012년 국제학술대회에서 발표된 원고를 수정하여 *Trans-Humanities* 제14집(2013. 2)에 실린 논문을 번역한 것이다. 이화여자대학교 철학과 대학원을 졸업한 안소영이 초벌 번역했으며, 신상규가 재벌 번역 및 감수를 했다.

human의 구성, 즉 인간의 형이상학적인 형성에 관여하는 현상으로 간주되었다.

지난 세기, 부정적 기술결정론자들과 긍정적 기술도구주의자들은 인간과 기술 사이의 상호 의존적 관계에 많은 관심을 기울였다. 학자들은 산업혁명과 자본주의의 기술적인 기계 장치들에 의해 사회가 개조되고 있다는 것을 매우 잘 인식하고 있었다. 그러나 기술에 관한 주된 문제들은 여전히 특정 기술이 그 자체로 좋은 것인지 나쁜 것인지, 그것이 어떻게 인간 사회에 들어맞게 될지, 또는 어떻게 인간으로 하여금 자신을 그 기술에 적응시키도록 강제할지에 중점을 두고 있었다. 주체적 인간과 대상적 세계를 구분하는 계몽주의 휴머니즘의 표준적 이원론의 형이상학적 기초는 기술에 관한 거의 모든 생각 속에 계속해서 퍼져 나갔다. 21세기에 들어 마르틴 하이데거Martin Heidegger가 "기술에 관한 문제the question concerning technology"라고 이름 붙인 문제가 전 세계의 대학 강의실에서 면밀히 검토되고 있다. 또한 유비쿼터스 장비 및 정보의 시대이자 기술적으로 훈육되는 시대에, 우리의 기술적인 구성을 이해하는 것은 더 이상 소수만이 이해하는 급격한 변화가 아니게 되었다. 우리는 기술이 우리가 인간이라 부르는 것, 즉 스스로의 자기 이해를 정의하는 근본적인 정체성과 맥락에 영향을 준다는 사실을 매우 잘 알고 있다. 그뿐만 아니라 우리는 시간이 지남에 따라 이러한 정체성이 계몽주의 휴머니즘의 존재론적 한계에 도전하는 방식으로 전개된다는 것도 인지하고 있다. 우리의 문제는 이제 더 이상 단순히 사물 또는 도구로서의 기술에 관한 것이 아니라, 인간을 정의하는 에토스로서의 기술에 관한 것이다. 인류의 존재론적 지위에 대한 이러한 문제 제기는 우리의 존재론적 자기 이해의 지속적인 발전의 중심에 있는, 서로 구분되지만 중복되는 두 운동으로 대표된다. 기술결정론자들의 예언에서 생겨난 트랜스휴머니즘

transhumanism과 포스트휴머니즘posthumanism이 그것이며, 이와 같은 이름이 붙여진 지는 반세기가 되었다.

이 글은 트랜스휴머니즘적 존재론과 포스트휴머니즘적 존재론의 현 상태와, 종종 하나로 혼동되는 이들 두 운동 간의 차이점, 그리고 이 운동들이 직면하고 있는 과제에 대해 간략하게 개괄하고자 한다. 우선 이 두 운동의 기본적인 차이를 분명히 하기 위해 계몽주의 휴머니즘에서의 트랜스휴머니즘과 포스트휴머니즘의 존재론적 배경에 대한 이야기로 시작할 것이다. 그런 다음 인간과 기술 간의 존재론적 관계에 대한 새로운 패러다임을 정립하려고 하는 기술 연구의 현재 추세를 개관해 봄으로써 기술이 계몽주의 휴머니즘에 대한 존재론적 비판에서 해 온 역할을 규명할 것이다. 마지막으로, 계몽주의 휴머니즘의 이원론적인 형이상학을 극복하고자 하는 포스트휴머니즘적 시도를 통해, 기술을 인간의 근본적인 측면으로 포함시키는 것이 어떻게 포스트휴머니즘적 존재론으로 나아가는 길을 제시할 것으로 기대되는지에 대해 살펴볼 것이다.

2. 트랜스휴머니즘과 포스트휴머니즘의 차이

17세기의 기술이 실재에 대한 경험적 증명의 차원에서 인간의 지위를 위태롭게 하고 있었던 때에도, 르네 데카르트René Descartes와 같은 합리주의자와 존 로크John Locke와 같은 경험주의적 철학자들은 각자의 저서 『성찰』과 『인간오성론』에서 여전히 물질적 세계와 비물질적 세계라는 고대의 이원론적 형이상학에 초점을 둔 인식론의 토대에 관해 논의하고 있었다. 데카르트의 회의주의가 지식에 대한 형이상학적 주장들의 불충분성에 주의를 기울이도록 하는 데에 많은 역할을 한 반면, 그는 토대로서의 사유라는 것에 특히 의존하고 있었으며, 이는 이원론의 난점으로부터 벗어나는 데에 거의 아무런 역할을 하지 못했다. 계몽주의 시대에 갑자기 등장한 새로운 형태의 인식론적 탐구는 몸과 마음, 비물질적 주체와 물질적 대상 간의 이원론적 영역 안에 관행적으로 묶여 있었다. 플라톤적인 이원론적 세계관은 고대 그리스의 내세를 대신한 기독교적 종말신학에서의 비물질적 영역과 매우 잘 조화를 이루면서, 더욱 현대적인 세계관 속에서도 변형되고 강화된 기초로서 지속적으로 기능했다. 물론 기독교 신학이 플라톤Platon의 형이상학적 구조에 많은 빚을 지고 있다는 점에서 보면, 이는 그다지 놀라운 일은 아니다. 역사적인 전통이 깊은 이원론은 계몽주의 휴머니즘의 발전과 밀접하게 얽혀 있었고, 그 속에서 인간은 합리적 · 비물질적 주체로서의 존재론적 지위를 획득했다. 지난 3세기에 걸쳐 이러한 생각을 위협해 온 지적인 공격에도 불구하고, 인간에 대한 이와 같은 이원론적 구조는 그 이후로도 사실상 여전히 난공불락이었다.

정합적인 비물질적 자아, 이성적이고 책임을 질 수 있는 도덕적 주체로서의 인간 개념은 18세기 이후 우리 자신의 이해를 지배해 왔다. 개인의 형성에서 물리적 세계와 그것의 영향은 20세기까지 줄곧 무시되어 왔다. 인공물과 자연 세계는 심리학적 자아, 비물질적 심연 속에 떠 있는 데카르트적 마음의 '바깥에' 머물러 있었다. 심지어 이러한 근대적 구성의 초기에도, 기술은 데카르트적 자아 개념의 발전에서 중요한 역할을 수행했다. 돈 아이디Don Ihde는 아이러니하게도 그의 글 「메를로퐁티와 인식론 도구들」에서, 자아와 세계에 대한 은유로서의 주체와 대상 개념은 카메라 옵스큐라camera obscura의 사례에서 볼 수 있는 기술적 속성들과 분명하게 연결되어 있다고 지적한다(Ihde, 2004: 364-366). 계몽주의 휴머니즘의 이원론은 그것의 가장 유명한 구분을 기술적인 사례에서 취하고 있는 것처럼 보인다. 이원론의 생존을 위협하는 움직임의 중심에도 기술이 있기 때문에 그렇게 보는 것이 적절하다.

트랜스휴머니즘과 포스트휴머니즘 사이의 핵심적인 차이는 이것이 자아와 세계 사이의 근본적인 이원론과 관계를 맺는 방법에서 찾을 수 있다. 포스트휴머니즘은 계몽주의 휴머니즘과 그것의 본래적인 이원론을 대체하는 인간의 구성에 대한 새로운 패러다임을 모색하는 데 관심을 두고 있다. 반면 트랜스휴머니즘은 휴머니즘의 이원론을 전용하여 슈퍼휴먼의 단계에 이를 때까지 휴머니즘적 특성들을 확대시키려고 한다. 트랜스휴머니스트들은 이러한 확장을 기술이라는 힘의 도움을 받아서 달성하기를 희망한다. 이런 생각의 유명한 예는 컴퓨터나 그와 동등한 기계 시스템에 '업로드'시키기 위해 마음을 몸으로부터 분리시키는 공상 과학 소설에서 찾아볼 수 있다. 아이러니하게도, 트랜스휴머니스트에게 이러한 확장은 '포스트휴먼'에 이르도록 한다. 그러나 이 경우 포스트휴먼이라는 용어는 여전히 그 핵심에서 논리적으로는 계몽주의 휴머니즘의 패러다임을 통해 구성된 것으로 이해되는 존재, 즉 더 건강하고 더 현명하면서 주로 불멸성, 아름다움, 도덕적 순결성 등과 같은 자신의 욕구를 실현할 더 많은 힘을 가진 독립적인 '자아'만을 가리킨다. 다시 한 번, 이러한 비전은 선善, the Good의 모색이라는 형이상학적 개념에 입각한 기독교적 세계의 목표를 되풀이하고 있다. 트랜스휴머니즘에 의해 상정된 '포스트휴먼'은 계몽주의 휴머니즘의 이원론적 기초를 해체하고자 하는 포스트휴머니즘의 기대에 상응하지 않는다. 실제로, 이러한 의미의 '포스트휴먼'이란 절대적인 것을 향해 강화된 인간의 특성에 대한 환상에 지나지 않는다. 이러한 프로젝트는 과거 수세기 전에 신학에서 이미 이루어졌으며, 19세기 루트비히 포이에르바흐Ludwig A. Feuerbach에 의해 충분한 비판을 받았다. 신학적 관점과는 반대로, 트랜스휴머니즘은 신의 은총을 대체하기 위해 기술을 사용한다.

마찬가지로 트랜스휴머니즘은 '진보progress'에 대한 계몽주의의 기획을 수용한다. 이러한 기획은 역사적으로 무한한 자원과 기회가 있는 것처럼 보이는 새로운 세계를 향한 기독교적 낙관주의와 함께 생겨났다. 우리는 자연의 영역을 빼앗아 그것을 인간의 기획에 통합시키려는 사회적인 지향에서 트랜스휴머니즘의 윤곽이 구체화되는 것을 볼 수 있다. 토머스 휴스Thomas Hughes의 『인간이 만든 세계*Human Built World*』와 같은 역사적 설명은 사회가 포스트산업혁명 세계를 재구성할 때 기술이 갖고 있는 구원적인 가치에 대해 상세히 설명한다. 트랜스휴머니즘이 인간의 '진보'에 대한 욕구에서 그 자신의 뿌리를 인식하게 되는 것은 기술이 인류를 개선시킬 것이라는 희망을 통해서이다. 줄리안 사불레스쿠Julian Savulescu와 같은 생명윤리학자뿐 아니라 닉 보스트롬Nick Bostrom과 막스 모어Max More와 같은 학자들은 여전히 이러한 입장을 고수하면서 우리가 더 나아질 수 있을 뿐 아니라 더 나아져야 한다는 메시지를 분명히 전하고 있다. 트랜스휴머니스트들은 개선을 주된 목표로 삼고 있다. 그리고 이와같이 미리 정해진 개선은 건강이나 지적인 명민함에 제한되어 있지 않으며 도덕적 개선 또한 의무와 책임으로서 옹호되고 있다. 이와같이 도덕적 권위와 문화적 우월성에 명시적으로 호소하는 것은 다시 한 번 아직 남아 있는 세계관의 형이상학, 즉 우리가 지금은 반복하지 않으려고 노력하는 식민주의의 문제에 이르게 했던 세계관의 형이상학에 기대고 있다. 기술을 도입함으로써만 그러한 도덕적 목표가 달성될 수 있다는 것은 기술의 무한한 힘에 대한 트랜스휴머니즘적 비전에 의해 신학적 영역이 형이상학적으로 찬탈되고 있음을 다시 한 번 보여준다.

트랜스휴머니즘이 오랫동안 유지되어 온 존재론적 체계의 목표들을 위해 기술을 전용하려는 바람을 갖고 있는 것과 달리, 포스트휴머니즘은 매우 다른 태도로 기술 현상에 관계하고 있다. 포스트휴머니즘은 계몽주의 휴머니즘에서 인간을 이루는 요소의 목록에 빠져 있는 것이 바로 기술 자체라고 주장한다. 이는 인간이 기술과 구별될 수 없다는 것, 인간의 구성constitution이 기술적 구성이라는 주장이다. 이러한 생각을 분명히 보여주는 한 가지 사례를 인공물의 등장을 통한 인간 역사의 고고학적 분류에서 찾아볼 수 있다. 우리는 세계와의 그러한 기술적인 교섭의 출현을 통해서만 우리 자신 또는 우리의 고대 조상들을 인식한다. 이러한 점에서 포스트휴머니즘의 태도는 트랜스휴머니즘의 태도와 분명하게 대조된다. 기술이 그것을 위해 기능하는 이미 규정된 어떤 인간을 가정하는 대신, 포스트휴머니즘은 인간이라는 개념 자체를 비판하려고 한다. 포스트휴머니즘은 기술이 인간을 구성하는 근본 원리의 일부여야 한다고 보고 있다. 이것은 비물질적 주체와 물질적 세계가 더 이상 근본적으로 구분되지 않는다는 것을 의미한다. 만약 이러한 구분이 무시될 수 있다면, 전통적인 서구 문화 역사가 시작된 이래 인간의 윤곽을 그려온 형이상학적 상부 구조가 해체됨으로써 새로운 통합적인 존재론적 기초가 가능해질 것이다. 인간에 대한 이해에서 이러한 변화는 철학과 같은 소수의 전문적 영역에서 법원과 같은 실용적 영역에 이르기까지 다양한 영향을 끼칠 것이다. 그러나 이원론은 비장의 무기를 가지고 있다.

휴머니즘의 이원론적 형이상학의 가장 큰 장점은 그것이 우리의 지각 경험과 잘 들어맞는다는 것이다. 많은 형태의 실용적인 이해에서 이러한 장점을 쉽게 발견할 수 있다. 예를 들면, 색깔은 대상의 일부인 것처럼 보이며, 두뇌나 마음의 영향으로 보이지 않는다. 우리는 움직이지 않고 정지해 있는 반면 밤하늘의 별은 하늘을 가로질러 이동하고 있는 것처럼 보인다. 실제로, 존재에 대한 우리의 경험에서 작동해 온 다른 형태의 형이상학적 설명처럼, 우리의 경험을 모방하고 있다는 점에서 계몽주의 휴머니즘의 이원론적 구분의 기반을 흔들기란 쉽지 않다. 이러한 구분은 철학적 관념론과 유럽 기독교 국가의 테두리 안에서 이해된 인간의 삶에 의미, 가치, 그리고 존엄성을 부여하면서 번성해 왔다. 사실 계몽주의 휴머니즘의 여러 이점 중에서 가장 큰 이점은, 그것이 창조와 우주적 질서 속에서 인간의 위치에 관한 낙관주의를 제공한다는 것이다. 랭던 위너Langdon Winner가 그의 글 「저항해 봐야 소용없다Resistance is Futile」에서 언급하고 있듯이, 이러한 휴머니즘적인 형이상학적 주체는 제2차 세계대전 이후 UN 세계 인권선언에서 목표로 삼고 있는 인간의 타고난 가치를 대표하고 있다(Winner, 2005: 406). 몸 자체와 몸이 거주하는 환경이 인간임의 내재적 가치에 아무런 영향을 주지 않는다는 견해에 동반되는 정치적 · 윤리적 자유가 존재한다. 우리 모두는 그러한 주체로서 이러한 가치와 존엄성의 근거를 동등하게 공유하고 있다.

유감스럽게도 휴머니즘은 정합적 '자아'처럼 느껴지는 현상을 불완전하고 동어 반복적이지만 역설적으로 만족스럽게 설명한다. 우리는 우리 자신을 개별적인 합리적 주체라고 느낀다. 그렇기 때문에 우리는 그 전제를 거의 의문시하지 않는다. 학문적 해석에 따라 우리는 몸 안에 있는 영혼이거나, 육체라는 사원寺院, temple을 통제하는 마음, 또는 물질적 세계를 응시하고 있는 비물질적 주체이거나, 그것의 동기가 세계의 생성 속에 포획되어 있으면서 자신을 극복하고 뛰어넘으려는 개별화된 의지이다. 이 중 후자의 것이 인간 주체의 진보적 방향에 대한 트랜스휴머니즘적 생각과 관련해서 종종 고려되는 니체식의 해석임은 쉽게 알아차릴 수 있다.

트랜스휴머니즘이나 포스트휴머니즘 생각의 전통에서 프리드리히 니체Friedrich Nietzsche가 어떤 위치를 차지하고 있는지는 인기 있는 논의 주제이다. *Journal of Evolution and Technology*는 이 주제에 한 회를 전부 할애했다(Volume 20, Issue 1). 니체의 초인超人과 향상되고 더 나아진 인간에 대한 트랜스휴머니즘적 생각 간의 상관 관계를 알아차리는 것은 쉬운 일이다. 그러나 이 두 최상의 존재의 존재론적 기초는 다소 상충된다. 예를 들면, 하이데거는 니체의 철학을 "형이상학의 종말"로 보았다. 그런데 이때의 형이상학은 고대로부터 내려오는 이원론적 기반을 의미하는 것이지 실재의 작용에 대한 탐구를 의미하지 않는다. 이러한 이유로 이원론의 함의를 피하기 위해 현대의 학자들은 종종 형이상학이라는 용어를 존재론이라는 용어로 대체해 왔다(그리고 나는 이 글에서 그 용어를 사용할 것이다). 만약 니체의 초인이 가치를 재평가함으로써 형이상학을 극복할 경우, 이러한 새로운 존재가 트랜스휴머니즘적 목표와 상응할지는 분명하지 않다. 왜냐하면 트랜스휴머니즘은 휴머니즘적 가치를 중요하게 생각하기 때문이다. 대신, 니체의 지향점은 계몽주의 휴머니즘을 전적으로 대체하고 인간의 존재론적 기초를 재정의하려는 포스트휴머니즘의 목표와 훨씬 더 많은 공통점을 갖는 것으로 보인다. 실제로 몇몇 학자는 위와 같은 입장을 지지한다. 그들은 트랜스휴머니스트들이 휴머니즘적 이원론에서 비롯된 가치를 중요하게 생각하며, 그와 동시에 그들 철학의 상당 부분이 형이상학의 종말을 가정하는 자연주의적 입장에 기초하고 있다는 점에서 비일관적이라고 비난한다.

지난 300년 동안 휴머니즘이 가지고 있는 비장의 무기는 현상학적인 측면이 그 견해를 지지한다는 것이었다. 트랜스휴머니즘은 휴머니즘적 특징의 확대된 버전을 모색하면서 휴머니즘의 존재론적 구조를 유지하고 있다. 트랜스휴머니즘은 슈퍼휴먼인 포스트휴먼을 만들어 내는 것이 결과적으로 우리가 현재 인식할 수 있는 것을 넘어서는 어떤 세계로 이어질 것이라 기대한다. 그러나 이것은 트랜스휴머니즘이 그것의 목적들을 당연한 것으로 가정할 수 있는 한에서만 그러하다. 트랜스휴머니즘은 휴머니즘적인 형이상학적 이원론의 기초를 비판하지 않기 때문이다. 인간 경험으로부터의 이러한 지지를 인간과 인공물 간의 존재론적 관계에 대한 포스트휴머니즘의 설명으로 대체하는 것은 깊이 뿌리내린 형이상학적 편견들을 불편하게 만들 것이다. 포스트휴머니즘의 설명은 인간을 포착하기 위한 패러다임으로는 아직 낯설고 잘 이해되지 않는 것이다. 그리고 그러한 편견은 우리의 생물학적 · 현상학적 구조에 고정적으로 내장되어hardwired 있을지도 모른다(Dennett, 1996). 결국 정합적 주체를 가정하는 것은 실용적이고, 신학적 편견들에 일치하며, 도덕적 규범성을 지배하는 법에 의해 뒷받침된다. 포스트휴머니즘적인 대체는 세계에 대한 우리의 경험에 잘 들어맞지 않을 수 있다. 우리는 우리의 존재론적 지위에서 그와 같은 급격한 변화를 경계하고 침묵한다. 마치 수세기 전에 땅 위에 움직이지 않고 서 있으면서 태양이 하늘을 가로질러가는 것을 바라보는 다수의 교육받은 분별 있는 사람들이 지구가 돌고 있다는 생각을 거부했던 것처럼, 우리 또한 그러한 방식의 급격한 변화를 받아들이기를 원하지 않는다. 이러한 거부에도 불구하고, 포스트휴머니즘은 인간의 새로운 구성constitution을 수용하도록 만드는 존재론적 틀을 제공하기를 원한다.

3. 인간과 기술 간의 존재론적 관계

기술이 자연에 대한 우리의 견해를 확장하게 했듯이, 인간에 대한 우리의 이해 자체도 기술과 자연 간의 구분을 가정하는 것과 연관되어 있다고 보는 것이 적절하다. 아리스토텔레스Aristoteles는 『니코마코스 윤리학』에서 테크네(인공물)와 피시스(자연) 간의 차이가 그것들의 기원에 있다고 주장한다(Aristotle, 1934: 335). 테크네의 기원은 인간이고 자연의 기원은 인간이 아니다. 이와같이 인간이 자연적인 것이 아닌 어떤 것으로 구성되어 있다는 생각은 이미 아리스토텔레스에게서 명백히 나타나고 있다. 그렇지 않다면 테크네는 인간이 자연적인 존재임에 의해 그 범주에 속하게 될 것이다. 어쨌든 인간은 자연을 넘어선다고 가정된 기초를 가진 출발점이다. 이는 인간을 그 자체의 고유한 기원점일 수 있도록 해 준다. 포스트휴머니즘은 정확히 이 견해를 바로잡으려 한다. 포스트휴머니즘은 이처럼 양분된 근거와 현상학적 가정을 수정하고, 기술의 역할을 인간의 자연적 기초로 되돌려 놓으려는 시도이다. 비물질적 주체와 물질적 신체를 재통합하고 새로운 형태의 자기 이해를 구축하는 길은 기술에 있다. 그러나 이러한 기획은 지난 반세기의 철학적 발전이 있기 전까지는 실현 가능하지 않았던 새로운 존재론적 태도를 요구한다.

20세기 중반 하이데거는 형이상학적 비판을 통해 기술에 접근했고, 기술을 인간의 존재론적 지위와 분명하게 연결시켰다. 1954년에 그는 자신의 글 『기술에 관한 질문*Die Frage Nach der Technik*』에서, 그에게 인간이 세계와 교섭하는 것을 정의해 주는, 아마도 현상학적인 질문과 탐구의 방법으로 가장 잘 묘사될 수 있는 것의 정면에 기술 현상을 위치시켰다. 그는 기술을 하나의 현상으로 이해하기 위해 이 방법을 채택했으며, 자신의 현존재의 형이상학을 기술과 결부시켰다. 이러한 접근은 기술과 인간 사이의 경계를 흐리게 하는 데 매우 큰 영향력을 발휘해 온 모리스 메를로퐁티Maurice Merleau-Ponty나 돈 아이디와 같은 20세기 후반의 현상학자에게 새로운 학문의 길을 열어 주었다. 그것은 또한 지난 25년 동안 기술 연구의 많은 부분을 규정해 온 현상학과 기술의 기본적인 측면 사이의 연결을 위한 길도 효과적으로 열어 주었다. 불행히도, 그리스에 대한 하이데거의 편향은 앞서 언급되었던 기술과 자연 사이의 차이를 바탕으로 한 인간에 관한 아리스토텔레스의 형이상학적 가정들에 제기되는 근본적인 비판을 간과하도록 만들었다. 심지어 그가 그러한 가정들의 시적인poeitic 출현을 비판할 때조차도 그러했다. 기술 연구와 포스트휴머니즘의 많은 연구가 인간의 새로운 구성에 대한 전망을 가능하게 했음에도 불구하고, 이렇게 간과된 비판은 여전히 완전하게 인식되지 못하고 있다. 이러한 새로운 구성에서 인간은 더 이상 반은 물리적 세계에 있고 반은 물리적 세계 밖에 있는 둘로 쪼개진 존재가 아니다. 대신 하나의 세계만이 있으며, 그 속에서 자연과 기술, 그리고 인간은 그것들의 기초에서 통합되어 있다.

인간 개념의 변화를 위해 조직화되고 안정적인 철학적 기초를 마련하고자 하는 포스트휴머니즘은 자연주의와 이원론 사이에서 갈피를 잡지 못하고 있는 트랜스휴머니즘과 구분된다. 트랜스휴머니즘의 핵심적 인물인 레이 커즈와일Ray Kurzweil과 닉 보스트롬Nick Bostrom이 설명하고 있듯이, 강한 목적론적인 생각이 트랜스휴머니즘적 기획을 에워싸고 있다. 반면 포스트휴머니즘은 아직 어떤 목표를 가지고 있지는 않지만, 대신 오히려 그 과정을 이해하는 것에 관심을 보이는 것 같다. 캐서린 헤일즈Katherine N. Hayles와 도나 해러웨이Donna Haraway와 같은 학자는 문화 연구와 문학 비평을 다루면서, 무엇보다도 전통적 형이상학적 견해와 휴머니즘적 이원론을 생겨나게 한 본질주의적 개념을 위협하면서, 덜 목적론적이고 좀 더 기술적인descriptive 포스트휴먼 탐구 방식을 대표하고 있다.

그러나 계몽주의 휴머니즘의 이원론을 받아들이는 이유는 명백하다. 이제 우리는 존재에 대한 경험이 이러한 형이상학적 편견과 관련되어 있음을 매우 잘 알고 있다. 그럼에도 불구하고, 이원론은 계몽주의의 휴머니즘 존재론에 의해서만 만족스럽게 묘사되는 도덕적 행위주체성agency이나 책임에 관한 윤리적 고려에 의존하면서 여전히 남아 있다. 문제가 분명함에도 불구하고, 그것은 여전히 눈에 띄는 장애물로 남아 있다. 왜냐하면 인간에게 기술과 자연의 재통합은 이원론을 거부하는 물리주의적 존재론을 요구하는 것처럼 보이며, 이는 현상적 경험과 충돌하기 때문이다. 트랜스휴머니즘은 이러한 문제에 휘말리기를 매우 꺼려한다. 인간 경험에 대한 증언이 기술과 기술적 시스템에 대한 객관적 설명에 부차적인 것으로 되고, 그 결과 그것이 인간에게서 존엄성과 자유 의지를 빼앗는 결정론의 한 형태로 귀결될지 모른다는 두려움이 존재한다. 물리주의적 존재론은 도덕적 행위주체성과 책임의 핵심 기반인 자유 의지를 위태롭게 하는 결정론이라는 비난에 항상 직면한다. 본질적으로, 인간은 아마 날씨 패턴과 같이 예측 불가능한 물리학으로 환원될 것이다. 그러나 이것은 대부분의 사람에게는 받아들이기 어려운 것이다. 우리는 우리 자신을 행위자로 이해하지 결정론적인 응답 기제로 이해하지 않는다. 그에 반하는 증거가 증가하고 있음에도 불구하고, 경험이 우리에게 말해주듯이 정합적인 내적 '자아'가 여전히 주도권을 쥐고 있다.

트랜스휴머니즘적 존재론이 직면하는 도전이 토대와 관련된 포스트휴머니스트들의 문제만큼 복잡하지 않다는 것은 분명해 보인다. 트랜스휴머니즘은 약 한 세기도 더 전에 이미 제기된 목적론과 계몽주의 휴머니즘에 대한 비판을 살펴볼 필요가 있다. 트랜스휴머니즘의 주된 문제는 우리가 인간이라고 부르는 것이 주어지는 것이라기보다 구성되는 비非이원론적 존재일 것을 요구하는 기술적 미래를 장려하면서도, 동시에 휴머니즘적 가치들을 비일관적으로 사용하고 있다는 데에 있다. 아이러니하게도, 이러한 점에서 '포스트휴먼 미래'에 대한 트랜스휴머니즘적 실현이 가능해지기 전에 포스트휴머니즘이 먼저 그 길을 마련해야만 한다.

포스트휴머니즘은 물리적 세계의 행위주체성과 그 본래적 행위주체성을 공유하고 있는 인간을 다시 분명하게 설명해야 한다. 그리고 그 물리적 세계에서 기술적 인공물과 인간은 더 이상 구별되는 존재가 아니다. 이것은 매우 힘든 작업처럼 보일지 모르지만 그럼에도 진척을 보이고 있다.

지난 25년간의 사회학적 접근은 새로운 길을 개척해 왔고, 그 중 가장 유망한 길은 단순한 이원론이나 문제가 있는 일원론 대신에 물리적 행위자 사이의 행위주체성의 무한정적인 분산distribution을 지지한다. 이러한 전략은 얼핏 보기에 매력적으로 보이지만 그것을 확립하는 일은 매우 어렵다. 문제는, 인간의 의지가 존재론적으로 특권적인 비물질적 주체 안에서의 지위를 상실하고 물리주의적 존재론으로 해체됨에 따라, 인간의 지향성은 인간과 인공물 사이에 균등하게 배분되는 지향성으로 격하될 것이고, 그 결과 인간의 의도와 동기에 대한 오래된 이해가 산산이 부서진다는 것이다. 브뤼노 라투르Bruno Latour가 『인간과 인간이 아닌 것의 집합체*A Collective of Humans and Non-Humans*』에서 논하고 있듯이, 사람을 죽인 것은 단순히 사람이거나 총이 아니다. 살인이나 무장 공격을 하게 되는 역학에 책임이 있는 것은 그 둘 사이의 교집합이다(Latour, 1999). 물론 우리는 총을 처벌하는 것이 가능하다고 보지 않으며, 총에 책임을 묻는 것이 범죄에 대한 책임을 경감시킨다고 생각하지도 않는다. 그럼에도 불구하고 우리는 여전히 다음의 질문에 답해야 한다. 우리는 인공물을 도덕적 행위자로 간주할 수 있는가? 실제로 벤저민 헤일Benjamin Hale과 같은 학자는 인공물 일반의 도덕적 고려 가능성에 관한 제약 조건을 분별하려고 시도한다(Hale, 2009). 우리에게 도덕적 고려 가능성의 시금석 역할을 하는 것은 인간의 의도이다. 대부분의 경우에 인공물의 의도를 논하는 것은 우스꽝스러운 일이다.

4. 나오는 말

상당수의 포스트휴머니즘 존재론에 대한 논의는 기술의 사회적인 구성에 대한 연구에서 생겨났다. 불행히도, 이 분야는 『사실과 인공물의 사회적 구성*The Social Construction of Facts and Artifacts*』(1987)에서 트레버 핀치Trevor J. Pinch와 위비 바이커Wiebe E. Bijker가 제시한 자전거의 예와 같이, 기술의 출현에서 사회적 영향의 예를 상술하는 것에 집착하는 경향이 있다. 브뤼노 라투르와 마이클 캘런Michael Callon의 행위자 네트워크 이론actor-network-theory: ANT과 같은 다른 작업은 인공물과 인간의 관계 및 그 사이에서 발생하는 상호 작용을 상세히 설명하려고 시도한다. 행위자와 그들의 분산된 영향 및 책임에 대한 ANT의 형이상학적 모델은 포스트휴머니즘과 인간 개념에 기술을 통합하여 설명하려는 포스트휴머니즘의 능력에 중요한 영향을 미쳐 왔다(Latour, 1993, 1995, 2005). 비슷하게, 앤드루 피커링Andrew Pickering은 과학적 지식의 사회학에 관한 연구 결과로 나온 그의 책 『실천의 복잡성*The Mangle*』(1995)에서 약간 다른 비유적 관계를 제시한다. 그러나 여기에는 인공물 및 기술이 인간에 영향을 끼치거나 반대로 인간이 인공물 및 기술에 영향을 끼치는 뒤얽힌 경로에 관한 일반적 개념이 여전히 친숙한 상태로 남아 있다. 라투르의 방식으로 말하자면, 인간에 대한 이원론적인 형이상학적 재현representation은 "사물들의 의회a parliament of things"로 대체되며, 거기서는 존재들의 조합이 단칭적인 인간이나 인공물을 대체한다(Latour, 1993: 142-145). 그렇다고 하더라도, 이러한 접근은 특정 네트워크 내에서 참여자들의 내재적인 행위주체성을 측정measure하는 문제를 해결하지 못했다. 이러한 상호 작용의 망 속에서 인공물과 인간의 영향이나 행위주체성이 관찰자에 의해 다소 임의적으로 결정되어야 한다는 것은 분명하며, 이것 자체가 그 존재론적 모형에 문제가 된다.

이것이 트랜스휴머니즘 존재론과 포스트휴머니즘 존재론의 현재 상태이다. 이들은 서로 다른 기획이지만 근본적으로 밀접하게 연관되어 있다. 트랜스휴머니즘은 휴머니즘적 가치에 우선순위를 매기면서 그것의 포스트휴먼 미래를 위한 견고한 토대를 기다리고 있다. 반면 포스트휴머니즘은 기술의 트랜스휴머니즘적 사용이 분명히 나타내고 있는 분산된 행위주체성의 난제와 씨름해야 한다. 트랜스휴머니즘과 포스트휴머니즘을 함께 고려할 때, 이것들은 우리에게 계몽주의의 이원론적 형이상학을 피해 갈 방법을 내비치고 있다. 하지만 이것들은 아직 우리의 현상학적 경험에 잘 부합하는 존재론적 기초들을 무효로 만들기에는 충분하지 않다. 라투르는 계몽주의 휴머니즘을 극복하려는 기획에 직면했을 때 아마도 가장 중요할 질문을 다음과 같이 던지고 있다. 이 질문에 대한 생산적인 답변이 고대 이래로 철학자들을 괴롭혀 온 이원론의 전통을 영구적으로 대체할 인간에 대한 재정의를 궁극적으로 가능하게 할 것이다.

> 기술에 대해 도덕성의 그것과 동등한 존엄성을 부여하고, 그 결과 더 이상 도구 대 의도의 관계가 아닌 어떤 관계를 수립하기 위해 우리는 무엇을 할 수 있는가?(Latour, 2002: 248)

참고 문헌

The social construction of technological systems: New directions in the sociology and history of technology (eds.), Wiebe E. Bijker, Thomas Parke Hughes, & T. J. Pinch, Mass.; London & Cambridge, MIT Press, 1987.

Aristotle, *Nichomachaean Ethics*, Book VI, iv. 4, Trans. H. Rackham. Loeb Classical Library, Harvard, 1934.

Borgmann, Albert, *Technology and the character of contemporary life: A philosophical inquiry*, Chicago & London: University of Chicago Press, 1984.

Clark, Andy, *Natural-born cyborgs: Why minds and technologies are made to merge*, New York: Oxford University Press, 2003.

Dennett, Daniel, *The intentional stance*, Massachusetts: Cambridge, MIT Press, 1987.

Ellul, Jacques, *The technological society*, Translated from the French by John Wilkinson with an introduction by Robert K. Merton. repr. ed. John Wilkinson, New York: Vintage Books, 1970.

Hale, Benjamin, "Technology, the Environment and the Moral Considerability of Artefacts," in *New Waves in the Technology of Philosophy*, Eds. Olsen, Selinger, & Riis, New York: Palgrave Macmillan, 2009.

Heidegger, Martin, *The fundamental concepts of metaphysics: World, finitude, solitude*, Studies in continental thought. Ind.: Bloomington, Indiana University Press, 1995.

______, *The Question concerning technology and other essays*, Trans. William Lovitt, New York: Harper and Row Publishers, 1977.

Hughes, Thomas Parke, *Human-built world: How to think about technology and culture*, Chicago, Ill.: University of Chicago Press, 2004.

Ihde, Don, *Heidegger's technologies: Postphenomenological perspectives. Perspectives in continental philosophy*, New York: Fordham University Press, 2010.

______, "Merleu-Ponty and Epistemology Engines," *Human Studies* 27: 361–376, Netherlands. Kluwer Academic Publishers, 2004.

______, *Technology and the lifeworld: From garden to earth*, The Indiana series in the philosophy of technology, Bloomington: Indiana University Press, 1990.

Kuhn, Thomas S., *The structure of scientific revolutions*, 3rd ed., Chicago & London: University of Chicago Press, 1996.

Latour, Bruno, *Reassembling the social: An introduction to actor-network-theory*, Clarendon lectures in management studies, Oxford: Oxford University Press, 2005.

______, "Morality and technology: the end of the means," in *Theory Culture and Society*, Sage Publishers, Online, 2002.

______, *Pandora's hope: Essays on the reality of science studies*, Cambridge, Mass: Harvard University Press, 1999.

______, *We have never been modern*, New York & London: Harvester Wheatsheaf, 1993.

Merleau-Ponty, Maurice, *Phenomenology of perception*, International library of philosophy and scientific method, Routledge and Kegan Paul, 1962.

Mitcham, Carl Allen, *From sociology to philosophy: On the nature of criticisms of the technological society*, University of Colorado Press, 1969.

Nietzsche, Friedrich, *The gay science: With a prelude in german rhymes and an appendix of songs*, Cambridge texts in the history of philosophy, Ed. Bernard Williams, Cambridge: Cambridge University Press, 2001.

Pickering, Andrew, *The mangle of practice: Time, agency, and science*, Chicago & London: University of Chicago Press, 1995.

Winner, Langdon, "Resistance is futile," in *Is human nature obsolete?*, Eds. Harold Baillie & Timothy Casey, Cambrige: MIT Press, 2005.

뒤죽박죽인 신체들:
성형 수술에서 정신 업로드까지*

마이클 하우스켈러

1. 들어가는 말

> 나는 내가 기계였으면 좋겠다. 나는 다치고 싶지 않다. 나는 인간의 감정도 원하지 않는다. 한 번도 나는 어떤 그림을 보고 감동받은 적이 없다. 나는 생각하고 싶지도 않다. 만약 우리가 모두 기계라면 세상은 더 살기 쉬울 것이다.
>
> –앤디 워홀Andy Warhol

우리 모두는 몸을 가지고 있다. 더 정확히 말하자면, 우리 모두가 몸이다. 살아 있는 몸, 느끼는 몸, 생각하는 몸, 어쨌거나 몸이다. 그리고 우리가 가지고 있는 것이면서 우리 자신인 그 몸은 분명히 완벽하지 않다. 우리 몸은 못하는 것이 많다. 말하자면 이는, 우리가 그러한 몸인 한, 우

* 이 글은 이화인문과학원이 주최한 2012년 국제학술대회에서 발표된 원고를 수정하여 *Trans-Humanities* 제14집(2013. 2)에 실린 논문을 번역한 것이다. 이화여자대학교 철학과 대학원에 재학 중인 홍예리가 초벌 번역했으며, 신상규가 재벌 번역 및 감수를 했다.

리가 하지 못하는 것이 많다는 뜻이다. 예를 들어, 우리는 물고기처럼 수영하지 못한다. 우리는 치타처럼 달리지 못한다. 또 우리는 날 수 없다. 우리는 생각하고 사태를 이해할 수 있다. 하지만 그것도 우리 뇌가 적절하게 기능하는 한에서 그렇다. 그리고 우리가 얼마나 열심히 노력하든지 간에, 우리가 이해하지 못하는 많은 것이 있다. 또 우리 뇌의 한정된 능력 때문에, 우리가 잊어버리는 많은 것이 있다. 여기에서도 그 책임은 우리 몸에 있다. 그런데 우리가 이 모든 몸의 결점을 보완해 주는 것 이상의 기계를 만든다고 해 보자. 그 기계는 우리로 하여금 물 속에서 물고기보다 더 빠르게, 땅 위에서 치타보다 더 빠르게, 그리고 공중에서조차 가장 힘이 센 새보다 더 빠르고 높게 움직일 수 있도록 해 준다고 하자. 그리고 우리로 하여금 사물을 더 잘 생각하고 기억하게 만드는, 그리고 더욱 빠르고 어쩌면 더욱 안정적으로 그렇게 하도록 만드는 기계를 만들었다고 해 보자. 그럼에도 이 모든 기계는 여전히 우리 몸이 무엇을 할 수 없는지를 지속적으로 상기시켜 주는 대리인으로 남아 있다. 이런 기계가 우리에게 빌려주는 모든 힘에도 불구하고, 우리는 여전히 하늘을 나는 능력 때문에 새를 부러워하고, 수영할 수 있는 능력 때문에 물고기를 부러워하고, 생각하는 능력 때문에 수많은 공상 과학 소설과 영화에 나오는 안드로이드를 부러워할지 모른다. 왜냐하면 우리는 기계를 통해 얻은 힘이 결국 언제든지 돌려달라는 요구를 받을 수 있는 대여물일 뿐임을 너무나 잘 알고 있기 때문이다. 결국 우리가 사용하는 기계는 우리의 존재에 대해 외재적이다. 그것들은 우리가 아니다. 그리고 우리는 적어도 개인에 관한 한 대개 우리의 통제를 넘어서 있는 그것의 지속적인 이용가능성에 매우 의존한다. 공항이 문을 닫으면, 우리는 날 수 없다. 자동차가 고장 나면, 우리는 걸어야 한다. 인터넷이 다운되면, 우리는 생각할 수 없다. 우리는 우리를 둘러싸고 있는 무수히 많은 기계의 작동에 너무나 많이 의존하고 있어서, 정전이 일어나거나 휴대폰을 잃어버리게 되면 모든 것이 붕괴되고 즉각적으로 완전하게 무기력해진다.

2. 허약하고 뒤죽박죽인 우리 몸

우리 몸은 그 자체로 그렇게 효율적이지 못하며, 꽤 연약하고 쉽게 손상되거나 파괴될 수 있다. 우리가 할 수 없는 것만이 많은 것은 아니다. 우리에게 일어날 수 있는 일 또한 많이 있다. 그 때문에 우리는 다른 사람들, 우리 자신의 기계들(예를 들어 자동차), 야생 동물, 자연 재해, 그리고 특히 우리 몸이 걸리기 쉬운 많은 끔찍한 질병과 같은 다수의 위험으로부터 스스로를 보호하는 방법을 찾는 일에 많은 시간과 에너지를 들인다. 말하자면, 우리 모두는 각자 사실상 일어나기를 기다리는 우연적인 사건들이다. 우리의 운이 다해서 이러한 위험 중 하나에 굴복하게 되는 것은 그저 시간 문제일 뿐이다. 우리가 얼마나 열심히 싸우든지 간에, 우리는 결국 우리 자신의 몸에 의해 쓰러질 것이기 때문이다. 이를테면, 결국 적군에게 대문을 열어주려고 기다리는 내부의 배반자가 있는 것이다. 그 적군이란 심장마비, 암, 알츠하이머 또는 다른 형태의 치매이다. 그리고 그 배반자는 우리 몸이다. 우리 몸은 시작부터도 그리 강하지 않지만, 그것이 우리를 완전히 무너뜨릴 때까지 점점 더 약해지며 점점 더 스스로를 보호하지 못하게 될 것이다. 그리고 우리는 어떤 기능 부전이나 다른 이유로 죽게 된다. 다음의 사실을 받아들이자. 인간의 몸은 허약하고 뒤죽박죽messy인 것이다. 늙어가는 몸, 병든 몸, 쇠약해지는 몸은 이 본질적인 혼잡함을 전면에 드러내는 것일 뿐이다. 이는 이 세계에 특정한 몸의 실제 상태와 궁극적인 운명을 보여줄 뿐 아니라, 우리 몸이 내내 무엇이었는지 바로 그 본질을 보여준다. 젊고 아름다운 몸은 외부에서 볼 때 결점이 하나도 없는 것처럼 보일 수 있다. 그러나 그런 몸조차도 우리가 감추고 싶어하는 것으로 가득 차 있다. 창자, 피, 여타의 체액, 노폐물, 그리고 불쾌한 냄새가 그런 것들이다. 당신은 정말로 그 안에 무엇이 들어 있는지 보기 위해 인간의 몸을 열어보고 싶진 않을 것이다. 당신은 우리 몸에서 기분 나쁘게 규칙적으로 나오는 것 대부분을 보는 것도 원하지 않는다. 이 모든 것은 중요한 기능을 하며 그 결과 복잡한 질서의 일부분일 수 있지만, 그것들의 전반적인 겉모습은 혼돈과 소멸의 모습이다. 이들의 겉모습은 몸의 불안정성 또는 육체적인fleshly 존재의 불안정성을 잘 표현해 주며, 따라서 죽음의 전조를 드러낸다.

그러므로, 조금도 과장하지 않고 말하건대, 많은 사람이 그들의 몸에 전적으로 만족하지 않는 것, 혹은 더 정확히 말해서 그들이 가진 몸의 종류에 만족하지 않는 것은 매우 이해할 만한 일이다. 이는 개인의 문제가 아니라 일반적인 문제이다. 그들이 분개하는 대상은 그들 존재의 현재 생물학적인 상태이다. 우리의 몸을 개선시키겠다는 생각은 틀림없이 강한 호소력을 갖는다. 그 개선은 우리 몸을 덜 혼잡하고 덜 연약하게 만들거나, 혹은 그 몸을 완전히 없애 버리고 다른 어떤 것으로 대체하는 것이다. 무엇인가 더 낫고, 더 유능하고, 더 내구성도 강한 것으로 말이다. 소비자는 대체로 이러한 개선 중의 어느 것이라도 약속해 주는 기술을 열광적으로 환영한다. 급진적인 인간 향상의 지지자들은 너무 기쁜 나머지 우리가 이런 혼잡한 살덩이인 몸을 경멸하는 것이 얼마나 올바른 것인지 아닌지를 지적해 내지 못한다. 인간의 몸은 정교하게 조화된 걸작이며, 이 걸작 안에서 모든 것은 완벽하게 딱 맞으며 서로 완전한 조화 속에서 작동한다는 믿음이 존재한다. 최근에 앨런 뷰캐넌Allen Buchanan만이 때때로 표현되었던 이 믿음을 공격했다(Buchanan, 2011). 뷰캐넌은 자연은 결코 '장인 기술자master engineer'가 아니라 서투른 눈뜬 장님에 가까우며, 그의 작품은 걸작이기는커녕 오히려 일반적으로는 서투르게 설계된 것이라 질책한다. 인간을 포함한 생물학적인 유기체가 "정교하게 균형 잡혀" 있을 수도 있다. 하지만 카드로 만든 집이 정교하게 균형 잡혀 있다고 말해질 수 있는 방식으로 그러하다. 이 집은 아주 약한 바람에 의해서도 무너질 수 있다. 뷰캐넌에 따르면, 이는 용납될 수 없는 상황이다. "만약 인간 유기체가 형편없이 설계되어 극도로 허약하다면, 우리가 살아남기를 원할 경우 우리는 이것을 개선할 필요가 있을지 모른다" (Buchanan, 2011: 158.). 실제로, 우리는 그렇게 하지 않을 도리가 없다. 우리의 생존이 바로 그것에 달려 있을 가능성이 크기 때문이다. 향상이 없다면, 인간의 멸종은 곧 닥칠 것처럼 보인다.

이러한 논증은 역설적이다. 한편으로 이 논증은 유기체가 (신, 자연, 그 무엇에 의해서든) 적절하게 설계되었다는 생각을 거부한다. 왜냐하면 사실 유기체는 전혀 잘 설계되어 있지 않기 때문이다. 다른 한편으로 이 논증은 인간의 몸을 이해하고 평가하는 의미 있는 방식으로서 설계라는 범주를 긍정한다. 인간 유기체가 "서투르게 설계되었다"고 선언함으로써, 우리가 유기체를 특정한 기능을 수행하고 특정한 목적을 실현시키는 하나의 기구, 도구 또는 기계로 보고 있다는 점이 강하게 시사된다. 우리는 인간의 몸에 대해 그 몸이 보여주는 서투른 솜씨를 비판하라고 격려를 받는다. 마치 특정한 목표를 염두에 두고 우리 몸이 설계되었던 것처럼 말이다. 불완전한 기계처럼, 인간의 몸은 그 몸이 해야만 하는 것, 그 몸이 하도록 설계되었던 것을 하는 데 실패한다. 뷰캐넌의 설명에서, 인간 유기체는 생존 기계로서의 특징을 드러낸다. 그리고 잠시 동안이 아니라 영원히 살아 있는 상태여야 하는 그 설계 목표를 달성하는 데 그 유기체는 실패한다. 그러나 어쩌면 그것은 전혀 우리의 설계 목표가 아닐지도 모른다. 어쩌면 우리는 오래 지속되기로 되어 있는 것이 아니고, 현재로서는 우리의 손이 닿지 않는 특정한 위업을 달성하도록 되어 있는 것도 아닐 것이다. 이런 경우라면, 우리 몸은 그저 잘 작동하는 것일 수 있다. 아니 어쩌면, 현대 진화론을 더 따를 경우, 무엇이든 간에 설계 목적 따위는 없을 수도 있다. 만약 설계 목적이 없다면, 인간의 몸은 기계로서 결코 적절하게 이해될 수 없다. 그러한 몸은 아마도 르네 데카르트René Descartes나 줄리엔 라 메트리Julien Offroy de La Mettrie가 의미한 전적으로 물리적인 것이며, '영혼'이나 어떤 비물리적인 대응물을 상정하지 않고도 온전하게 설명될 수 있는 어떤 것일 수 있다. 그러나 그것은 내재적으로 목적 의식이 있는 존재란 의미에서의 기계는 아니다. 기계의 경우 그 존재 근거는 언제나 어떤 특정 기능에 있지만, 몸은 그렇지 않다. 따라서 내재적이고 타고난 목적이 없으면서, 몸에 대해 실패했다거나 불완전하다고 정당하게 말할 수는 없다. 그러나 우리 몸은 목적을 가지고 있지 않을지라도, 생각하고 반성하는 자발적인 사람으로서의 우리는 진정 목적을 가지고 있다. 예를 들어, 우리는 보통 가능한 한 오랫동안 살아 있기를 갈망한다. 그리고 우리는 우리 몸이 이러한 목적을 공유하는 것처럼 보이지 않는 것을 안타깝게 여긴다. 이러한 관점에서 볼 때, 우리 몸이 불완전한 기계라는 것은 문제가 아니다. 오히려 문제는, 우리는 우리의 몸이 기계이길 바라는데 몸은 전혀 기계가 아니라는 점이다. 우리가 하고 싶어하거나 우리가 할 수 있기를 바라는 것과, 우리가 몸의 한계 때문에 실제로 할 수 있는 것 사이에는 명백한 간극이 있다. 이러한 간극을 좁히기 위해, 우리는 우리 몸을 기계로 바꿀 필요가 있다. 즉, 우리의 목적에 전적으로 도움이 되는 무언가로 바꿀 필요가 있다. 우리는 그것을 통제할 필요가 있다. 그래야 그것이 더 이상 우리를 통제하지 않는다. 아직은 설계되지 않았지만, 그것은 설계 가능한 것이

될 필요가 있다. 이는 우리 몸이 기계라는 것이 아니라, 우리 몸이 기계이기를 바란다는 뜻이다. 오늘날, 인간 기계론l'homme machine은 현실이 아니라 이상이고, 우리가 되기를 열망해야 하는 어떤 것이다. 인간은 이러한 전망을 무서워하면서도, 기계에 매혹되고, 기계를 사랑하고, 기계가 되고 싶어한다. 그러한 기계는 더 나은 인간이면서, 동시에 더 이상 온전한 인간이 아닌 이방인이다. 이러한 모호성은 서양 문화에 풍부한 기계 인간에 대한 상징적인 이야기들 대부분의 특징이다. 몇 가지만 예를 들자. 독일 작가 호프만E. T. A. Hoffman의 아름다운 자동 인형 올림피아Olimpia는 남자 주인공 나타니엘Nathaniel이 죽음에 이를 때까지 그와 맹렬한 사랑에 빠진다. 프리츠 랑Fritz Lang의 〈메트로폴리스*Metropolis*〉에서 아름다운 로봇은 발명가인 미친 과학자 로트방Rotwang에 의해 죽은 아내를 대체하거나 또는 더 오래 가는 형태로 아내를 소생시키려는 의도에서 등장한다. 좀 더 최근에, 1960년대 텔레비전 스타였던 〈6백만 불의 사나이*Six Million Dollar Man*〉가 있다. 그는 끔찍한 사고 이후에 몸의 몇 부분이 '생체공학적인' 인체 삽입물로 대체되는 과정을 겪으면서 다시 태어난다. 그 인체 삽입물은 그의 힘과 물리적인 능력을 막대하게 증가시킨다. 1987년 폴 버호벤Paul Verhoeven의 영화 〈로보캅*Robocop*〉의 사이보그 경찰관도 있고, 차츰 인간화되는 살인 기계인 (아놀드 슈와제네거의 상징적인 역할로도 잘 알려진) 〈터미네이터*Terminator*〉, 그리고 영국의 〈닥터 후*Doctor Who*〉에 나오는 사이버맨도 있다. 그 밖에도 무수히 많다. 이 모든 문화적인 이미지는 양면적인 가치를 표현한다. 이는 급진적인 인간 향상에 대한 논쟁을 야기하는 것과 똑같은 양면적 가치이다. 우리는 그 논쟁에서 매력과 공포를 똑같이 발견할 수 있지만, 그 매력은 다른 종류의 공포의 이면일 뿐이다. 문제는 어떤 공포가 가장 큰 것으로 드러날 것이냐 하는 것이다. 기계에 대한 공포는 친숙하지 않은 영역으로 들어가는 것에 대한 공포이고, 어쩌면 더 이상 인간으로 인정할 수 없는 어떤 것이 된다는 것에 대한 공포일 것이다. 또는 인간에 대한 공포(그리고 사실은 역겨움)일 수도 있다. 이는 우리 자신의 혼잡한 몸에 대한 공포이면서, 그 몸이 우리에게 닥치게 할 고통과 모욕, 궁극적인 전멸에 대한 공포이기도 하다. 기계에 대한 매력은 인간에 대한 공포에서 생겨난다. 이러한 매력은 알지 못하는 것에 대한 우리의 공포로 인해 억제되어 왔기 때문에, 우리는 머뭇거리면서 접근하는 것이다. 오늘날 우리의 모토는 더 이상 "여자를 찾아라Cherchez la femme!"가 아닌 "기계를 찾아라Cherchez la machine!"가 되었다.

하지만 우리가 기계에 매혹되는 것이 언제나 기계가 되고 싶거나 적어도 기계 비슷한 것이 되기를 원하는 근본적인 갈망을 표현하는 것이었는지, 아니면 이것이 최근에 발전된 것인지는 그렇게 명확하지 않다. 고대와 중세의 자동 인형은 대개 살아 있는 존재의 특징을 모방했다. 그리고 그 표면적인 목적은 자동 인형들을 가능한 한 살아 있는 것처럼 보이게 해서, 보는 사람들로 하여금 그 기계가 실제로 진짜 동물이나 사람, 혹은 그것에 매우 유사한 어떤 것, 살아 있으면서 자발적으로 움직이는 어떤 것이라고 믿도록 속이는 것이다. 이러한 전통은 자크 보캉송Jacques Vaucanson의 유명한 자동 인형에서 절정에 이른다. 이 자동 인형들은 1730년대 말에 제작되었는데, 〈플루트 연주자*the Flute Player*〉, 〈탬버린 연주자*the Tambourine Player*〉, 그리고 그 모든 것 중 가장 인상적인 〈소화하는 오리*the Digesting Duck*〉가 있다. 여기서 흥미로운 점은 다음과 같다. 그 기계 오리가 그토록 위대한 업적으로 보이는 까닭은 바로 그 오리가 살아 있는 생명체와 거의 전형적으로 관련될 수 있는 위업, 즉 소화를 할 수 있다는 점이다. (더 정확히 말하면, 할 수 있는 것처럼 보인다.) 쉽게 말해서, 그 오리는 먹고 마실 수 있을 뿐 아니라 똥도 쌀 수 있다. (물론,

사실은 음식이 진짜로 소화된 것은 아니었다. 하지만 대신에 비밀 칸에 감추어져 있던 이미 소화된 음식으로 대체되었다.) 배변을 하는 기계는 명백히 살아 있는 것 같았고, 그것은 기계가 될 수 있는 최대한의 것이었다. 그러나 정확히 바로 그 이유 때문에, 기계 오리는 앞서 주장했던 문제를 제기하는 것으로 보인다. 말하자면, 우리가 기계에 그토록 매력을 느끼는 까닭은 그 기계들이 우리의 살덩이인 몸의 혼잡함을 대체할 반가운 대안을 제시하는 것처럼 보이기 때문이라는 것이다. 만약 이 점이 사실이라면, 우리가 보캉송의 오리처럼 혼잡한 기계를 엄청난 성취라고 기념하는 것은 어떻게 설명할 것인가? 그러나 보캉송 작품의 요점은 모든 면에서 살아 있는 존재와 똑같은 기계를 만드는 것이 가능하다는 사실을 증명하는 일인 것처럼 보인다. 만약 그것이 가능하다면, 이는 살아 있는 몸이 모든 면에서 사실상 기계와 같다는 점을 보여줄 것이기 때문이다. 만약 몸이 기계에 의해 모방될 수 있다면, 몸은 기계이다. 게다가, 적어도 원칙적으로, 몸은 통제될 수 있고 설계될 수 있고 재설계될 수 있는 기계이다. 그리고 만약 소화와 같이 기본적인 생물학적 과정들이 기계적으로 재구성될 수 있다면, 그 과정은 통제될 수도 있을 것이다. 그리고 그 과정이 통제될 수 있다면, 그 과정은 이미 훨씬 덜 혼잡해진다. 소화하는 오리는 바로 우리의 생물학적 존재에 대한 대안을 제시한다. 그 오리는 그러한 대안을 진짜 가능성으로서 생각할 수 있게 한다. 하지만 물론 우리는 그것들에 근거해서 우리 자신을 모형화하기를 의도하지 않으면서, 오로지 살아 있는 존재들 또는 오직 인간만이 할 수 있는 것들을 할 수 있는 더 나은 기계를 만드는 일에 진정으로 관심을 가질 수도 있다. 1950년대 후반부터 오늘날까지 인공지능의 역사를 살펴본다면, 이와 관련된 사람들의 본래 동기는 실제로 인간처럼 생각할 수 있는 기계를 만드는 것이었다. 여태까지는 오직 인간만 가진 것처럼 보이는 일정한 정도의 지능을 요구하는 특정 작업을 대신할 수 있는 기계를 말이다(Crevier, 1993). 그 기준은 인간의 지능이었다. 그리고 문제는 기계가 어떻게 그 기준을 달성하느냐의 문제였다. 그러나 1997년 컴퓨터 시스템 딥 블루Deep Blue가 세계 체스 챔피언 자리에 오른 게리 카스파로프Garry Kasparov를 이긴 이후로, 그러한 태도에도 변화가 생긴 것으로 보인다. 그래서 오늘날 우리는 컴퓨터를 인간처럼 생각하게 만드는 방법을 찾는 것보다, 어떻게 인간을 컴퓨터처럼 효율적으로 생각하도록 만들지, 즉 컴퓨터처럼 효율적으로 자료를 처리하고 저장하도록 할지를 알아내는 일에 더 관심이 있다. 새로운 기준은 컴퓨터의 지능이다. 그리고 새로운 문제는 어떻게 인간으로 하여금 그 기준을 달성하게 하느냐에 있다.

3. 인간의 기계화 단계

어찌 되었든, 우리는 기계에 대해 혐오감을 느끼면서도 동시에 매력을 느끼는 것 같다. 그런데 우리가 기계를 두려워하기도 하고 사랑하기도 한다고 하지만, 공포보다는 사랑이 더 크다. 왜냐하면 죽음에 대한 우리의 공포가 변화에 대한 우리의 공포보다 더 크기 때문이다. 그렇기 때문에 우리는 조심스레, 혹은 꼭 조심이 아니라면 의심을 하면서, 기계를 향해 끊임없이 나아간다. 우리는 우리 자신에 대해 전적으로 확신하지 않는다. 이제 나는 기계에 대한 이러한 조심스러운 접근, 다소 망설여지는 이러한 인간의 기계화가 일어나는 네 가지 단계를 구분할 수 있다고 생각한다. 그 단계는 1) 환영illusionism, 2) 강화fortification, 3) 대체replacement, 그리고 4) 파면displacement이다. 앞의 두 단계는 주로 오랜 인간의 관행으로 구성된다. 그러나 이러한 관행은 지난 세기 동안 상당 정도로 그 중요성이 커졌고 범위가 확대되었다. 셋째 단계는 다소 새로운 것이다. 그러나 그것은 이미 널리 행해지고 있다. 그리고 마지막 단계는 비록 인간 향상의 선두적인 옹호자들에 의해 진지하게 논의되고 있을지라도 여전히 공상 과학이고 결코 현실화될 것 같지 않다. 그러나 이미 시행되고 있는 것의 이상적이고 논리적인 확장으로서 그것은 여전히 매우 활발하게 논의되고 있다.

환영

환영幻影이란 흔히 받아들여지는 미美의 기준이나 단지 정상이라고 여겨지는 것에 부합하기 위해, 또는 노화老化의 신체적인 신호들을 보이지 않게 하거나 덜 보이게 하기 위해 한 사람의 겉모습을 바꾸는 관행이다. 내가 이러한 관행을 환영이라고 부르는 이유는, 그 목적이 명백하게 젊음의 환영을 만들어 내기 위한 것, 즉 나이가 들어감에 따라 함께 오는 몸의 쇠약함에 의해 영향을 받지 않는 것이기 때문이다. 그뿐만 아니라, 이러한 관행은 우리의 불신을 (또는 궁극적으로 그 환영이 헛되다는 지식을) 유예할 것을 요구하는 어떤 종류의 믿는 척하기make-believe이기 때문이다. 마술사가 사람으로 하여금 마법을 믿게끔 설득하는 것처럼 말이다. 특정한 몸의 구성이 사람으로 하여금 성형 수술을 추구하도록 추동하는 것은 거의 드물거나 우발적이다. 사람은 그의 몸을 그 자체로 좋아하지 않을 수 있다. 그러나 이러한 싫어함은 무엇보다도 몸 또는 '인간적인, 너무나도 인간적인' 몸을 갖는다는 것에 포함된 더 깊은 불만족의 반영일 뿐이다. 우리는 우리의 몸을 바꾸기를 갈망한다. 그러나 그 이유는 몸이 드러나는 방식(너무 긴 코나 너무 짧은 코를 갖거나, 너무 작은 가슴이나 너무 큰 가슴을 갖는)을 우리가 불만족스러워하기 때문이 아니라, 몸 그 자체를 불만족스러워하기 때문이다. 성형 수술은 유사함 아니면 정반대로 무언가 특별해 보이는 것, 이 둘 중 하나를 목표로 한다. 이 두 목표는 생각만큼 그렇게 멀리 떨어져 있지 않다. 만약 내 몸이 다른 모든 사람의 몸과 유사하다면, 내가 정말로 더 이상 '튀지' 않는다면, 그러면 몸은 더 이상 그 자체로 살아 있는 몸을 보여주지 않는다. 살아 있는 몸이란 본질적으로 제멋대로이며 어떤 일반적인 규칙이나 기준을 따르지 않는 것이다. 하지만 또한, 다른 누군가와 도저히 혼동할 수 없는 방식으로 나의 겉모습을 변형함으로써 나 자신을 특별하게 만들기 위해서 애쓸 때에, 나는 다른 모든 사람의 삶을 지배하는 그 규칙들이 나에게는 적용되지 않는다는 신호를 세상과 나 자신에게 보내고 있다. 나는 다르다. 내 몸은 혼잡하지 않다. 나는 나만의 규칙을 만들고 있다. 나는 죽지 않을 것이다. 마찬가지로, 우리가 우리의 몸이 보여주는 노화의 신호를 숨기기 위해 애쓸 때, 우리가 감추고자 하는 것은 몸 그 자체이다. 즉, 몸의 진정한 본성이다. 살아 있는 것들은 융성해지고 또 쇠약해진다. 살아 있는 것들은 태어나고 소멸한다. 그것이 바로 우리가 삶이 아닌, 적어도 우리가 삶이라고 알고 있는 것으로서의 삶이 아닌 형태의 존재를 바라는 까닭이다. 그것은 생명적인 것 이후post-biological의 삶의 형태가 될 것이다. 그러면 우리는 살고 있지 않으므로, 죽지도 않을 것이다. 우리는 불멸의 기계일 것이다. 성형 수술은 생물학적인 삶의 혼잡함을 줄이고, 통제력을 얻고, 노화와 쇠약해짐을 멈추기 위한 시도이다. 그러나 그것은 슬프게도 효과가 없다. 그리고 우리는 그 점을 알고 있다.

강화(신체적인 향상)

또 다른 길, 어쩌면 몸을 덜 혼잡하게 만드는 가장 성공적인 길, 그리고 겉모습을 넘어서는 길은, 몸을 덜 연약하고 더 유능하게 만들기 위해 몸을 강화하도록 의도된 절차일 것이다. 이 방법은 건강한 식사, 운동, 또는 스스로 힘을 기르거나 기술을 연마함으로써 어느 정도 얻을 수 있다. 우리는 더 건강해질 수 있다. 그럼으로써, 몸의 쇠약과 정신의 쇠약을 늦춘다. 우리 자신과 우리의 환경에 대해 더 많은 통제력도 얻는다. 그리고 더 독립적이게 된다. 이 모든 것은 우리가 더 오래 살고 더 잘살 수 있는 기회를 증가시킨다. 그러나 우리는 전적으로 만족하지 못하고, 비밀스럽게 더 높은 목표를 동경한다. 우리는 우리가 고작 꿈만 꿀 수 있는 것을 성취한 세계 최고의 운동선수들을 우러러본다. 그들은 그들의 몸을 완전히 통제하고 있는 것처럼 보인다. 그리고 그 몸을 목적에 꼭 맞는 기계로 바꾼 것 같다. 달리기 기계, 수영 기계, 격투 기계로 말이다. 그들은 우리의 영웅이고 우리의 신이다. 그들은 무적인 것 같다. 아니면 적어도 그 무적을 진짜 가능한 것으로 보이게 한다. 하지만 그들도 우리에게 인간 몸의 한계를 되풀이해서 보여준다. 우리는 우리 몸에 우리가 원하는 모든 공을 들일 수 있다. 그러나 우리 몸의 기본적인 구조가 바뀌지 않는 한, 우리 몸은 결국 우리를 실망시킨다. 스포츠의 신들도 늙고 힘을 잃는다. 겉보기에 무적인 것 같은 사람들도 자신을 대체하여 우리의 존경의 대상이 될 다른 사람들에 의해 패배하는 날이 항상 온다. 따라서 우리는 생물학적인 몸을 넘어서서 다른 종류의 강화를 추구해야만 한다. 그 다른 종류의 강화는 인간적으로 가능한 것을 능가하는 단계에 이르게 하고, 우리를 인간과 기계의 실제적인 융합에 더 가깝게 하는 것이다. 중세 시대 기사가 전쟁에서 그의 적군에게 너무 쉽게 찔리지 않도록 자신을 보호하기 위해 갑옷을 사용할 수 있었던 것처럼, 우리는 이제 일본 회사 사이버다인Cyberdine에서 개발한 것과 같은 인공적인 외부 골격을 사용할 수 있다. 이것은 몸의 신체적인 힘과 내구성을 상당히 증가시키며 주로 군인들을 더 능률적으로 만들기 위해 설계되었지만, 후쿠시마 원전 사고 이후의 혼란스러운 상황을 정리하는 것과 같은 더 평화로운 목적을 위해서도 사용될 수 있다. 외부 골격의 움직임은 이 외부 골격을 탑재한 사람의 피부에 있는 센서를 통해 근육의 움직임을 탐지하고 해석하는 컴퓨터에 의해 통제된다(Greenemeier, 2011). 따라서 이 외부 골격은 탑재한 사람에 의해 의식적으로 조작되는 단순한 외부 장치 이상의 것이다. 이는 우리 몸의 연장과도 같다. 그러나 칼이나 방패가 몸의 연장인 것처럼 보이는 그런 방식은 아니다. 우리가 이 외부 골격을 작동시키기 위해 실제로 우리 근육의 힘을 최대한 사용할 필요는 없다. 완전히는 아니라 하더라도 거의 움직이는 것에 대해 생각만 하면 나머지는 기계가 처리하며, 그 결과 우리 자신의 것이 아닌 힘을 우리의 몸에 효과적으로 통합시킨다. 두뇌 컴퓨터 인터페이스Brain Computer Interfaces: BCIs도 비슷한 기능을 가지고 있다. 하지만 두뇌 컴퓨터 인터페이스는 그 장치를 작동시키는 컴퓨터를 뇌 또는 여타 중추신경계의 부분에 직접적으로 연결함으로써 한 걸음 더 나아간다. 두뇌 컴퓨터 인터페이스는 감금증후군locked-in syndrome을 겪는 사람들이 의사 소통하는 것을 도울 수 있다. 또한 컴퓨터 게임이나 군대에서 생각만으로 무기나 다른 기계를 통제하는 데에 사용될 수도 있다. 여기에서, 인간과 기계 사이의 구분은 훨씬 더 흐릿해진다. 내가 나의 의지로 생물학적인 몸(혹은 그 몸의 부분들)을 통제하는 것과 마찬가지로, 두뇌 컴퓨터 인터페이스는 나로 하여금 정확히 똑같은 방식으로 기계를 통제하는 것을 가능하게 해 준다. 따라서 이 기계는 인공적인 몸으로서 기능한다. 즉, 이 기계는 거의 완전히 나의 몸이 된다. 나는 나의 생물학적인 몸을 계속 간직하는 동시에, 내가 사용할 수 있고 나와 동일시할 수 있는 더 힘세고 유능한 또 다른 인공적인 몸을 추가한다.

대체

두뇌 컴퓨터 인터페이스는 생물학적인 몸이 할 수 없는 것을 할 수 있는 인공적인 몸을 생물학적인 몸에 보충한다. 그런데, 최소한 아직은 아니지만, 인공적인 몸은 할 수 없지만 생물학적인 몸은 할 수 있는 것이 여전히 있을지 모른다. 하지만 그것이 꼭 그래야만 하는 원칙적인 이유는 없는 것으로 보인다. 일단 우리가 생물학적인 몸의 다양한 부분과 똑같은 기능을 하는 장치를 만드는 방법을 알아내면, 생물학적인 몸을 계속 간직할 이유는 없어 보인다.

우리는 이제 어떤 기능을 갖는지 이미 추정할 수 있는 몸의 일부를 기계로 대체할 수 있다. 그렇게 하다보면 차츰 더 많은 부분을 대체할 수 있다. 이러한 대체는 우리 몸의 일부가 기능을 멈추었거나 우리가 바람직하다고 여기는 기능을 하지 않을 때, 아니면 조만간 곧 제대로 기능하기를 멈출 거라는 조짐을 보이는 때에 타당해 보인다. 그런데 조만간 곧 제대로 기능하기를 멈출 조짐을 보이는 것은 생물학적인 몸의 거의 모든 부분에 대해 사실상 진실이다. 대체는 실제로 우리가 기계에 대해 하고 있는 일이다. 그것은 유지 보수라고 불리며, 우리는 기계를 계속 제대로 작동시키기 위해 유지 보수를 한다. 물론, 인간을 점진적으로 사이버화하는 과정은 이미 시작되었다. 점점 더 많은 부분이 대체 가능하게 되고, 실제로 그 몸의 부분들을 대체하려는 압력과 기꺼이 그렇게 하려는 의도는 꾸준히 증가하고 있다. 우리가 우리 자신을 보는 관점에서, 우리는 '부분들로 구성된 인간men of parts', 파편화된 것, 인간의 레고 버전이 되었다.

우리는 신경 프로스테시스neuroprosthetic 장치에 익숙해졌다. 예를 들자면, 우리의 감각 기관을 대체하는 인공와우나 인공망막이 있다. 인공

폐, 인공심장, 그리고 심지어 인공두뇌도 곧 모든 사람이 사용할 수 있게 됨으로써 우리의 필수적인 기관을 대체할지 모른다. 아이팟iPod을 들고 있기 위해 팔에 네 개의 자석을 심은 것으로 최근 헤드라인을 장식한 뉴저지의 예술가가 있다. 이 사람처럼, 우리는 가장 사소한 것을 포함하여 모든 종류의 목적을 위해 우리 몸을 주문 제작할 수 있다. 인공적인 팔다리는 십년 전만 해도 진짜 팔다리의 형편없는 대체물이었지만, 더 이상은 그렇지 않다. 대신에 이 인공적인 팔다리는 완벽하게 건강한 팔다리의 대체물로서 점점 더 바람직한 것으로 보인다. 이것들은 부러움의 대상, 우리 중 신기술 애호가technophile의 필수품이 될 것이다.

MIT 미디어 랩의 바이오메카트로닉스 그룹의 책임자인 휴 헤르Hugh Herr는 팔다리 절단 수술을 받은 사람들을 위해, 그 주인에게 너무나 자연스럽게 느껴져서 그들의 정체성의 진정한 일부가 되도록 의도된 생체공학적인 팔다리를 설계했다. 동시에 이 팔다리는 원래의 것보다 훨씬 더 낫기 때문에 아쉬울 점은 전혀 없다. 그 자신 또한 절단 수술을 받은 사람으로서, 헤르는 자신의 옛날 다리를 되찾기를 원하지 않는다고 천명했다. 다리를 잃은 것은 그에게 그 자신과 다른 사람들을 위해 더 나은 몸을 만들 절호의 기회를 선사했다. 그의 목표는 밑바닥에서부터 끝까지 인간의 몸을 서서히 재건하는 것이다. 말 그대로, 발목부터 시작해서 다음에는 무릎, 엉덩이, 그리고 머리 꼭대기까지 이르는 모든 것을 말이다. 이는 몸을 무한정 "업그레이드할 수 있는" 것으로 만드는 엄청난 장점을 갖는다. "그래서 몇 달에 한 번씩, 나는 하드웨어와 소프트웨어 업그레이드를 받는다. 나의 생물학적인 몸이 늙어감에 따라, 나의 인공 팔다리는 점점 더 좋아질 것이다"(Gupta, 2012). 생물학적 인간이 쇠약해지는 반면에, 기계 인간은 나아지고 진보한다.

파면

그러나 가장 내구성이 좋고 유능한 몸이라 해도 그것은 여전히 몸이다. 그 몸은 늙지 않을지 모른다. 하지만 그 몸도 분명 자연의 힘에 의해 파괴될 수 있다. 비록 훨씬 덜 혼잡하지만, 그러한 몸도 소화 체계를 가진 기계 오리처럼 어떤 본질적인 혼잡함은 여전히 간직한다. 그러므로 생존의 관점에서 볼 때, 완전히 그리고 최종적으로 몸을 없애는 것이 목표가 될 것이다. 이러한 목표는, 아직까지는 미래의 기술인 정신 업로딩mind-uploading에 의해서만 달성될 수 있다. 정신 업로딩은 우리로 하여금 물질성을 모두 포기하고, '디지털 불멸'을 달성하도록 만들 것이다(Sandberg & Bostrom, 2008: 5). 이 기술이 과연 가능할지는 주로 철학적인 이유에서 대단히 의심스럽다(Hauskeller, 2012). 그러나 이 글에서 주장하고자 하는 바는, 우리가 혼잡한 몸의 문제라 부를 수 있는 것에 대한 궁극적인 해결책은 물질성의 소멸뿐이라는 것이다. 혼잡함을 없애기 위해 우리는 기계가 되어야 한다. 그러나 최후의 방책으로 레이 커즈와일Ray Kurzweil이 말한 것처럼 "정신적인 기계"가 되어야 한다(Kurzweil, 1999).

4. 나오는 말

그런데 우리가 그렇게 해야만 하는가? 그리고 그렇게 할 것인가? 모르겠다. 그리고 나는 이러한 발전 전체에 대해 윤리적 평가를 내리는 것을 의도적으로 피해 왔다. 그러나 우리가 한 가지 방식 이상으로 우리의 생물학적 몸을 볼 수 있다는 것은 꽤 명백한 것 같다. 우리는 몸을 싫어하고 경멸한다. 그러나 우리는 또한 몸을 사랑하고 몸에 감탄한다. 몸을 바라보는 한 가지 방식은 몸의 많은 결점을 드러내 준다. 그러한 관점에서 몸은 본질적으로 혼잡한 어떤 것이고, 그러한 이유 때문에 극복되어야만 하는 것이다. 그러한 관점은 우리 몸의 존재에 대한 거의 마니교적인Manichean 이해를 드러낸다. 몸은 나쁜 것이다. 구원(그리고 진정한 인간의 정체성)은 다른 곳에 있다. 그러나 동등하게 정당화될 수 있는 몸에 대한 다른 관점도 있다. 우리 몸은 우리로 하여금 어떤 것을 하지 못하게 함에도 불구하고, 이는 또한 우리로 하여금 많은 다른 것들을 하게 해 준다. 진실은 모든 것을 하는 것은 가능하지 않다는 것이다. 어떤 능력이든지 그것은 동시에 또 하나의 한계이다. 우리로 하여금 한 가지 하는 것을 가능하게 해 주는 것이 다른 것들을 하지 못하게 할 수도 있다. 바루흐 스피노자Baruch de Spinoza는 "모든 규정은 부정이다*Omnis determinatio est negatio*"라고 말했다. 모든 결정은 한계이다. 이러한 관점에서, 무한한 힘, 즉 한계를 갖지 않는 것에 대한 갈망은 무익한 환상이다. 우리가 못하는 것들을 개탄하는 대신에, 왜 우리가 할 수 있는 것들에 대해 감탄하지 않는가? 우리의 생물학적인, 인간적인, 혼잡한 몸은 실제로 협력자이다. 그 몸은 우리가 아름다움, 사랑, 기쁨, 색과 소리, 그리고 또한 생각까지 경험하는 것을 가능하게 만드는, 본질적으로 권능을 부여하는 것이다. 이것은 물론 우리가 어떤 방식으로든지 우리의 인간적인 몸을 향상시키려 해서는 안 된다는 것을 의미하지는 않는다. 그러나 우리 몸에 대해 좀 더 긍정적인 태도를 취한다면, 전반적인 향상 기획의 시급성은 많이 상실될 것이며, 그러한 기획을 통해 얻을 것은 훨씬 적어 보인다. 여기서 향상 기획이란, 내가 우리의 몸을 기계로 (궁극적으로는 정신적인 기계로) 바꾸려는 시도로 해석한 것을 말한다. 물론, 노화와 죽음은 상당한 비참함을 불러일으킬 수 있다. 그러나 그것들은 또한 새로운 방식들로 삶이 계속되도록 하며, 세계를 보는 참신한 시각을 가능하게 한다(Hauskeller, 'Is Ageing Bad for Us?'). 모든 것을 고려했을 때 그것들은 괜찮으며, 특히 우리가 가지고 있는 종류의 몸 때문에 삶이 우리를 위해 예비해 놓은 기회들을 위해 기꺼이 수용할 수 있는 대가와도 같은 것이다. 그리고 몸을 완전히 없애는 것은 분명 해결책이 아니다. 물 컵은 반쯤 비어 있을 수 있지만, 또한 반쯤 차 있다. 아니, 그것은 충분히 차 있는 것일 수도 있다. 아니면 정말로 가득 찼다고 말할 수도 있다. 기회들로 가득 차 있다고 말이다. 건강한 몸은 훌륭한 선물이다. 그것은 소중히 여기고 분명 보호해야 하는 어떤 것이지, 가능한 한 빨리 없애고 대체해야 하는 것이 아니다.

참고 문헌

Buchanan, Allen, *Beyond Humanity?*, Oxford: Oxford University Press, 2011.

Crevier, Daniel, *AI: The Tumultuous Search for Artificial Intelligence*, New York: Basic Books, 1993.

Greenemeier, Larry, "Robotic Exoskeletons from Cyberdyne could help workers clean up Fukushima nuclear mess," *Observations* 9, November 2011.

Gupta, Sanjay, Interview with Hugo Herr on *The Next List*, 25 March 2012.

Hauskeller, Michael, "My Brain, my Mind, and I. Some Philosophical Assumptions of Mind-Uploading," *International Journal of Machine Consciousness* 4/1, 2012.

Kurzweil, Ray, *The Age of Spiritual Machines*, New York: Viking Adult, 1999.

Sandberg, Anders & Nick Bostrom, "Whole Brain Emulation. A Road Map," Future of Humanity Institute Oxford, 2008.

비판적 포스트휴머니즘의 기획:
배타적인 인간중심주의 극복*

임석원

1. 들어가는 말

요한 볼프강 폰 괴테Johann Wolfgang von Goethe의 『파우스트 2부』(1832)는 "새로운 인간에 의해 통제되고 제압되는 삶의 거대한 세계"(루카치, 1987: 69)를 보여주고 있다. 과연 새로운 세계는 어떤 모습일까? 파우스트의 조수였던 바그너는 호문쿨루스Homunculus의 발명 장면에서 "훌륭한 사유 능력을 지닌 두뇌까지도/장래에는 사유하는 인간이 만들 겁니다."(괴테, 2012: 124)라고 주장하기도 한다. 그는 아마도 더 이상 피조물의 지위에 머물지 않고 창조주의 위엄에 도전하고자 하는 인류 문명의 새로운 기획을 앞서 대변하고 있다. 주지하다시피 오늘날 현대 과학은 새로운 인간을 창조하고자 하는 바그너처럼 인공지능의 발

* 이 글은 "Trans-humanity in the Art"(가제, 2013년)에 실린 논문을 우리말로 옮기고 수정 · 보완한 것이다.

명을 꿈꾸고 있으며 인간적인 한계에서 벗어난 자유로운 '멋진 신세계'의 도래를 꿈꾸고 있다. 그런데 이러한 미래가 파우스트의 추구처럼 "자유로운 사람들과 함께하는 자유의 땅"(괴테, 2012: 366)[1]이 될지 아니면 메피스토펠레스의 계획처럼 인간 종족의 멸종(괴테, 2012: 371)으로 귀결될지에 대해 '포스트휴머니즘posthumanism'이라는 새로운 철학이 답하고자 한다.

아직 국내에서는 생소하게 들리는 '포스트휴머니즘'은 위와 같은 인공지능의 개발 시도와 무관하지 않다. 미국 문학평론가 이합 핫산Ihab Hassan은 '포스트휴머니즘'이라는 개념을 비판적으로 사용하기 시작한 1세대에 속한다고 평가받는데(Herbrechter, 2009: 33), 그가 주목했던 과학 기술 중에서 대표적인 것은 인공지능 분야였다(비교: Hassan, 1977: 846). 이러한 기술 발전이 소위 인간을 하등 동물과 구별시켜 주는 범주로서의 지적 능력을 기계 장치로 대체하거나 확장시킬 것이다. 그러면 결과적으로 '인간'에 대한 고전적인 정의나 개념들이 의문시되고 전복되기 시작할 것이다. 왜냐하면 예를 들어 근대 사회 이후 사람들이 르네 데카르트René Descartes의 유명한 명제("나는 생각한다, 고로 존재한다cogito ergo sum")에 근거해서 사유 기능을 가진 인간을 그렇지 못한 비인간과 엄격하게 구분했다면, 이제 포스트휴머니스트들은 인공 지능의 개발로 인해 이러한 사유 기능이 더 이상 인간만의 고유한 능력으로 간주될 수 없는 시대가 도래할 것이며, 그렇다면 이제 인간 존재의 고유성은 어디에 있는지 다시 정해야 할 것이라고 주장하고 있기 때문이다.

이처럼 포스트휴머니즘의 중심에는 20세기 후반부터 인간 능력의 향상 및 강화와 관련 있는 생명유전공학, 인지과학, 정보통신 및 매체 기

1 인용자 번역 일부 수정.

술, 컴퓨터공학, 사이버네틱 기술, 나노 기술 등과 같은 과학 기술의 놀라운 성과들이 자리 잡고 있다. 오늘날에는 의료 기술 덕분에 인간 수명이 크게 연장되고, 신체 기능을 개선시키는 약이 개발되고 있으며, 기계 장치가 신체 능력을 보완 및 강화하기 위해 인간의 몸과 결합될 뿐만 아니라 — 이를 '인간의 사이보그화'라고 말할 수 있다. — 심지어 유전자 조작을 통해 생명체가 복제되고 변이되고 있다. 이러한 현대 사회에서 사람들은 소위 '포스트휴먼', 즉 이러한 기술의 도입이나 유전자 변이에 의해 강화된 능력을 소유하고 있는 새로운 존재를 상상하기 시작한 것이다. 이러한 맥락에서 코믹 시리즈나 SF 소설 및 영화와 같은 대중문화에서 자주 등장하는 주인공이 언급될 수도 있을 것이다. 대중은 이들을 통해 실은 아직 '현실에 존재하지 않는' 포스트휴먼의 재현 양상을 추체험追體驗하고 있는 셈이다. 그런데 이러한 포스트휴먼의 재현을 단순히 대중문화의 상상력의 소산으로만 치부하기 힘들 만큼 우리의 현실 세계에서 포스트휴먼의 가능성은 점차 증대되고 있다.

포스트휴머니즘의 사상적 토대는 과학 기술의 발전뿐만 아니라 포스트모더니즘으로 대변되는 현대 철학이기도 하다. 따라서 포스트휴머니즘은 오늘날 현대 과학과 인문학이 가장 활발하게 통섭하고 있는 담론의 장이라고 할 수 있다. 소위 '포스트휴먼'의 출현으로 인해 발생하는 문제점과 가능성에 대한 진지한 성찰은 이러한 기술을 직접 개발하는 과학자뿐만 아니라, 시대적 변화를 예민하게 감지하고 누구보다 앞서 올바른 가치 판단을 모색하는 인문학자들에게 주어진 소명일 것이다. 이 글에서는 이러한 문제 의식과 관련해서 발터 벤야민Walter Benjamin의 진술들을 재구성해 보고자 한다.

2. 포스트휴머니즘의 양상들

포스트휴머니즘의 철학적 시작

포스트휴머니즘이라는 명칭이 아직은 유행에 따른 '의심스러운 신조어'처럼 들릴지 모른다. 그러나 과학 시대와 더불어 시작된 포스트휴머니즘의 진지한 의도는 무엇보다도 '인간중심적인 휴머니즘'의 한계를 전면적으로 비판하고 극복하는 것이다. 근대 사회에서 인간 본성과 인간의 절대적 우위가 신성불가침의 보편적인 가치로 확고하게 인정되어 온 것은 무엇보다도 합리성, 이성, 자율성, 창조성, 언어 능력 등의 고전적인 범주가 배타적으로 인간만의 고유한 속성으로 간주되어 왔기 때문이다. 그러나 이와 같은 인간중심적인 휴머니즘의 중요한 전제 조건이었던 '인간 주체' 개념은 지난 세기 이래로 언어학적, 정신분석학적 그리고 매체 철학적 고찰에 의해 점차 지배적인 위상을 상실했다. 부연하자면 언어가 인간의 사유를 미리 규정하고 있고, 거대한 무의식의 세계가 인간 의식 너머에서 주체의 자율적 의지와 무관하게 작동하고 있으며, 매체 기술이 단순한 도구적 기능을 넘어 인간의 지각 방식 및 존재 방식 자체를 구성하고 변화시킨다는 인식이 인간의 선험적 우위성에 대한 믿음을 흔들어 놓았다. 그래서 근대 이후 인간 주체를 정의하기 위해 사용했던 근거들은 그 효력을 상실하기 시작했고, 기존 인간관이 하나의 역사적 현상에 불과하다고 간주되고 있다. 근대 이후 500년 동안 지속되어 온 휴머니즘은 이러한 인간 주체 개념의 해체와 더불어 자신의 한계를 드러내고 있는 것이다. 이에 반해 포스트휴머니즘은 인간중심주의를 벗어나서 인간 대 비인간, 인간 대 기계, 인간 대 자연 등과 같은 휴머니즘의 이원론적 대립 구도를 지양하는 경계 허물기/넘어서기를 시도하고 있다.

본격적으로 '포스트휴머니즘'에 대한 이론적 · 철학적 논쟁이 전개된 시점은 1990년대라고 할 수 있다. 그리고 1990년대 후반부터 특히 영미권 연구자들이 활발하게 학술적 성과를 발표하고 있다(헤어브레히터, 2012: 4). 최근 국내에서도 '포스트휴머니즘'에 대한 연구가 점차 가시적인 성과를 보여주고 있다.

포스트휴머니즘의 철학적 뿌리는 프리드리히 니체Friedrich Nietzsche의 초인超人 사상이다. 니체는 『도덕의 계보학』(1887)에서 다음과 같이 진술한다.

> 이 미래의 인간은 이제까지 군림하던 이상으로부터 우리를 구원할 뿐만 아니라, 또한 그 이상에서 발생하지 않을 수 없었던 것, 즉 커다란 구역질, 허무에의 의지, 허무주의로부터도 우리를 구원해 줄 것이다. 여기에 울려오는 정오의 커다란 결의의 종소리는 다시금 의지를 자유롭게 하며 대지에는 그 목표를, 인간에게는 그의 희망을 되돌려 줄 것이다. 이 반反그리스도자, 반허무주의자, 이 신과 허무의 초극자 — 그는 언젠가는 반드시 올 것이다(니체, 1997: 104).

"모든 가치의 가치 전복"을 지향하는 니체처럼 포스트휴머니스트는 '미래의 인간'의 출현을 기다리고 있다. 왜냐하면 니체에게서처럼 이 미래의 인간은 경직되고 구태의연한 낡은 가치를 단호하게 깨부수고, 새로운 단계로 비약할 미래의 비전을 보여줄 것이기 때문이다. 분명히 그는 이제까지 군림하던 휴머니즘적 이상에 종속되어 있는 인간과는 확연히 다른 존재로서 휴머니즘 전통과의 단절을 요구한다. 그런데 니체의 초인 사상은 다른 한편으로는 미성숙한 인간을 각성시키고 근거 없는 터부taboo와 부당한 억압의 낡은 족쇄를 끊어버릴 것을 요구한다는 점에서 계몽주의적 전통을 극단적인 형태로 계승하고 있는 셈이다.

이러한 양가성兩價性은 니체의 영향을 받은 포스트휴머니즘에서도 나타난다. 즉, 일부 포스트휴머니스트들은 계몽주의적 휴머니즘이라는 전통과의 단절을 강하게 요구하는 것처럼 보이지만, 찬찬히 들여다보면, 청산되어야 할 어떠한 전통적인 사고 방식이 여전히 그들의 주장 속에서 지속되고 있는 경우가 종종 있다. 이에 대해서는 포스트휴머니즘의 양상을 다루는 부분에서 다시 한 번 언급하도록 하겠다.

프랑스의 후기구조주의 철학자 미셸 푸코Michel Foucault 역시 포스트휴머니즘 사상의 한 갈래를 형성하고 있다. 그는 『말과 사물』(1966)에서 '인간'이라는 근대적 발명품의 종말을 예언하고 있다.

> 사유의 고고학이 분명히 보여주듯이 인간은 최근의 시대에 발명된 형상이다. 그리고 아마 종말이 가까운 발명품일 것이다. 만약 그 배치가 출현했듯이 사라지기에 이른다면, (……) 장담할 수 있건대 인간은 바닷가 모래사장에 그려 놓은 얼굴처럼 사라질지 모른다(푸코, 2012 : 526).

여기서 휴머니즘의 오랜 전통 속에서 보편적이고 고유한 가치를 지닌 존재로 당연히 간주되어 온 '인간'의 종말이 조심스럽지만, 매우 확실하게 선언되고 있다. 물론 이것은 생물학적 의미에서의 종말론은 아니다. 그렇다기보다 푸코는 근대 이후 휴머니즘이라는 틀 속에서 형성되어 온 '인간'에 대한 개념을 하나의 역사적 현상으로 규정하고 그것의 지속 가능성을 부정적으로 평가한 것이다. 그런데 이처럼 인간(정확히 말해 인간에 대한 특정한 생각)을 하나의 역사적인 단계로 설정하는 푸코가 예언했던 이행 과정이 포스트휴머니스트의 입장에서 보면 이미 진행되고 있는 것이다.

포스트휴머니즘은 이처럼 인간 존재를 정의하기 위해 어떠한 형이상학적 본질도 전제하는 것을 거부하고 주체의 배타적인 우위성을 회의하는 포스트모더니즘의 비판을 현대 과학 시대의 맥락 속에서 수용하고 있다.

포스트휴먼 담론의 분화

우리가 이미 포스트휴먼의 시대에 살고 있는지에 대해 확실히 긍정하기는 힘들다. 그러나 적어도 '포스트휴머니즘'의 시대로 진입하고 있다고 말할 수는 있을 것이다. 이는 근대 휴머니즘이 명확히 그어놓았던 철학적 · 사회적 · 문화적 경계가 의문시되고, 점차 인간과 비인간, 인간과 자연, 그리고 인간과 기계 사이의 경계가 허물어지고 있는 오늘날에 포스트휴머니즘이 우리들이 직면하고 있는 이러한 시대적 문제와 가장 진지하게 대결하고 있다는 점에서 그러하다.

포스트휴먼 담론은 크게 세 가지 입장으로 나뉜다.

첫째 유형은 포스트휴먼적 미래에 대해 암울한 비전을 제시하며 경고하거나, 기술 유토피아에 의해 간과되기 쉬운 사회적 · 윤리적 가치의 우선성을 강조한다. 이 입장을 '부정적 포스트휴머니즘'이라고 부를 수 있다. 이들은 궁극적으로 포스트휴먼의 출현을 가능케 할 과학 기술의 발전을 부정적으로 전망한다는 점에서 엄밀한 의미의 포스트휴머니스트라고 할 수 없을 것이다. 그렇지만 이들은 포스트휴먼과 관련된 논의를 통해 이에 대한 문제 의식을 폭넓게 확장시켜 줄 뿐만 아니라, 포스트휴먼의 가능성을 단순히 공상 과학 소설의 상상으로 간주하지 않고 실제 실현 가능한 것으로서 매우 진지하게 접근하고 있다는 점에서 넓은 의미에서의 포스트휴머니즘 담론에 포함되어 있다. 포스트휴먼적 미래에 대해 불안해하고 그러한 미래의 위험성을 경고하는 대표적인 사람은 마이클 샌델Michael Sandel, 위르겐 하버마스Jürgen Habermas와 프랜시스 후쿠야마Francis Fukuyama이다. 특히 후쿠야마는 『우리의 포스트휴먼적 미래*Our Posthuman Future*』(2002)(국내에는 『부자의 유전자 가난한 자의 유전자』라는 제목으로 번역되어 있음)에서 오늘날의 생명공학 기술이 인간 본성을 변화시키고 그 결과 "역사의 포스트휴먼적 단계posthuman stage of history"를 초래할 것이라고 경고한다(후쿠야마, 2003: 25). 즉, 그는 인간에게 어떠한 고유한 본성이 있고 이것을 변화시키는 것은 위험하다고 주장하는데, 그가 특히 우려하는 바는 바이오 기술이 새로운 사회적 불평등을 야기할 것이라는 데에 있다. 즉, '유전자적으로' 부유한 자와 가난한 자로 구성된 사회에서 유전자 조작을 통한 강화가 역시 불평등하게 이루어질 개연성이 매우 크며, 따라서 이것은 새로운 사회적 갈등의 요인이 될 것이라는 주장이다. 이와 같은 관점에 따르면, 포스트휴먼적 미래는 이상적인 유토피아라기보다는 사회적 · 윤리적으로 정당하지 않은 세계인 것이다(비교: O'Mathúna, 2009: 186).

포스트휴먼적 미래에 부정적인 이 입장은 포스트휴머니즘을 과학 기술의 발전을 통해 "인간의 신체, 마음과 영혼을 향상시키며", 더 나아가 "새로운 종인 포스트휴먼에 다다를 수도 있는 인간 진화를 통제하고자 하는"(O'Mathúna, 2009: 200) 시도로서 "인간을 기술적으로 향상시키는 방법을 중심으로 형성된 일군의 철학"(O'Mathúna, 2009: 162)이라고 다소 일면적으로 정의내리고 있다. 이 정의에 따르면, 포스트휴머니즘은 전적으로 과학 기술의 성공과 결부되어 있다. 그리고 그들이 과학 기술을 어떻게 판단하는지에 따라서 포스트휴머니즘에 대한 그들의 입장도 정해진다고 할 수 있다. 다시 말해 이들은 포스트휴머니즘에 대한 평가에 앞서 이미 과학 기술에 대해 부정적으로 평가하고 있고, 따라서 포스트휴머니즘 역시 부정적으로 묘사하는 것이다. 물론 이들은 '과학 기술의 발전'에 맹목적으로 순응하지 않고 포스트휴머니즘 담론을 윤리적 관점에서 바라보는 계기를 마련해 준다는 점에서 의의를 지닌다. 하지만 인간의 '과학 기술적' 향상의 부작용을 전면에 내세움으로써 포스트휴머니즘의 실질적인 다른 의도를 제대로 다루지 못한다. 왜냐하면 오늘날처럼 과학 기술이 비약적으로 발전하는 시대에 인간 존엄성과 그 근거에 대한 물음에 답하는 것은 인간과 비인간 사이의 배타적인 경계선을 해체하고 있는 포스트휴머니즘에 의해 훨씬 더 복잡해졌고, 인간 신체에 개입하고 있는 과학 기술과 기계 장치는 이러한 경계 해체에 대한 구체적인 한 예에 지나지 않을 것이기 때문이다.

둘째 유형은 포스트휴먼적 미래를 기술결정론적인 관점에서 낙관적으로 또는 불가피한 것으로 바라보고 있는 입장이다. 이러한 입장을 대표하는 한스 모라벡Hans Moravec, 레이 커즈와일Ray Kurzweil 등은 현대 과학 기술의 눈부신 발전이 우리 인류를 멀지 않은 미래에 향상된 능력을 지닌 새로운 종으로 변화 혹은 진화시킬 것이라고 예언한다. 이들은 인간과 기계, 인간과 정보의 융합을 통해 육체적 한계(노화, 질병, 죽음, 공간 제약)를 극복하는 '포스트휴먼'을 약속한다. 이들 기술우호적인 포스트휴머니스트는 이제 생명 진화와 기술 진화가 하나의 동일한 패턴을 따르는 연속선상에서 진행된다고 생각하고, '허약한' 인간 육체를 '더 나은' 기계로 대체하는 것을 환영한다. 그뿐만 아니라, 이들은 마치 모라벡의 소설에서처럼 인간 두뇌를 정밀하게 스캔하여 인간 의식을 컴퓨터와 같은 비유기적인 기계 장치에 업로딩하는 미래 세계에서 실현 가능해질 정신의 탈육체화를 꿈꾼다(비교: Kurzweil, 2008: 20-25). 이로써 지금까지와 같은 형태의 인간 종은 점차 사라지고 새로운 종으로서 '포스트휴먼'이 등장할 것이라는 것이다. 옥스퍼드대학교 휴머니티 미래연구소Future of Humanity Institute Oxford 소장인 닉 보스트롬Nick Bostrom도,

비록 윤리적인 측면을 함께 고려하기는 하지만, 궁극적으로는 인간 능력을 확장시키기 위해 과학 기술을 사용하는 것을 옹호한다.

특히 도나 해러웨이Donna Haraway의 "사이보그 선언문A Manifesto for Cyborgs"이 주목하고 있는 사이보그적 존재는 "인간적인 것과 기술적인 것의 경계에 걸쳐 있으면서 '자연적인 것'과 '인위적인 것' 사이의 그동안 당연시되어 온 많은 구분을 파열"(Graham, 2002: 200)시키고, "인류가 그동안 자연과 기술로서 규정되어 온 것과 새롭게 관계맺음"(Graham, 2002: 202)을 상징하고 있다. 다시 말해, 인간의 사이보그화를 통해 이제 포스트휴먼 시대의 주체는 더 이상 비인간적인 타자(기계, 동물, 괴물)를 지배하고 배제하는 과정이 아니라, 타자와의 혼종 속에서 공진화共進化할 것이다.

이처럼 인간의 사이보그화를 적극적으로 받아들이고 따라서 인간 존재의 불가침성을 더 이상 터부시하지 않는 이들 포스트휴머니스트의 태도는 기존의 인간 중심적인 서양 철학의 전통과 완전히 단절하고 있는 것처럼 보인다. 기술우호적인 포스트휴머니스트 중에서도 특히 '트랜스휴머니스트'로 불리는 이들은 무엇보다도 과학 기술을 통한 인간 향상 및 강화를 열광적으로 옹호하고, 심지어 인간 정신을 전기 신호나 전자 정보처럼 컴퓨터와 같은 기계 장치에 저장할 수 있는 시대가 되면 노화하고 병들기 쉬운 인간 신체는 불필요해질 수도 있으며, 언제든지 다른 물질로 대체될 수 있다고 예언한다. 그런데 여기서 주목해야 할 점은 이와 같은 '정신 업로딩mind-uploading'에 의해 대변되는 극단적인 탈체화脫體化, disembodiment가 오히려 이성적 정신을 절대시했던 휴머니즘적 전통 하의 정신과 육체의 이분법적 구분을 답습하고 있을 뿐만 아니라, 정신 업로딩을 개인적인 선택의 문제로 간주하는 이러한 기술문화에 의해 옹호되고 있는 가치들이 실은 근대적 주체의 형성을 가능케 했던 자유주의적 개인주의와 별반 다르지 않다는 점이다. 즉, 서구의 합리적 개인주의가 극단적인 모습으로 변형되어 트랜스휴머니즘 속에서 여전히 지속되고 있음을 보여준다. 이는 앞서 언급했던 니체가 포스트휴머니즘에 미친 양가적兩價的 영향의 한 예이기도 하다.

따라서 기술혐오적인 입장과 마찬가지로 기술우호적인 낙관적인 포스트휴머니즘에서도 '휴머니즘 비판'이라는 포스트휴머니즘의 기획은 부수적인 것으로 되기 쉽다.

셋째 유형은 기존 휴머니즘의 한계를 비판하려는 의도에 좀 더 충실하고자 한다. 이러한 유형에 속하는 포스트휴먼 담론은 일반적으로 '비판적 포스트휴머니즘'이라고 일컬어진다. 이들은 기술에 대한 공포와 의심 때문에 과학 기술의 성과를 거부하는 디스토피아적 입장과 기술 우호적인 관점에서 과학 기술의 발전에 인류의 미래를 맡기는 유토피아적 입장 모두에 비판적으로 접근한다. 따라서 독일의 포스트휴머니즘 연구가인 슈테판 헤어브레히터Stefan Herbrechter가 지적하듯이 비판적 포스트휴머니즘은 한편으로는 과학 기술을 전적으로 두려워하지 않고, "기술문화의 급진적인 변화에 대해 개방적인 태도"(헤어브레히터, 2012: 14)[2]를 취해야 한다. 새로운 시대를 위한 기술혁신 자체가 인간을 위협하는 것이 아닐 뿐만 아니라, 인간에게 유익한 변화를 선도하는 측면이 충분히 있기 때문이다. 다른 한편으로 비판적 포스트휴머니즘이 서구 철학의 전통과의 전면적인 단절이라기보다는 "이미 오래전부터 휴머니즘을 — 부분적으로는 휴머니즘 전통에서 출발해서 — 비판해 온 기존 사유 방식"(헤어브레히터, 2012: 14)[3]의 연속선상에 있다는 점은 부인될 수 없다. 이에 대해서는 이미 앞의 '포스트휴머니즘의 철학적 시작'에서 간략히 살

2 인용자 번역 일부 수정.
3 인용자 번역 일부 수정.

펴본 바 있다. 이와 같은 비판적 포스트휴머니즘의 대표적인 주창자로서 캐서린 헤일즈Katherine N. Hayles, 캐리 울프Cary Wolfe, 닐 배드밍턴Neil Badmington과 엘레인 그레이엄Elaine Graham 등을 언급할 수 있다.

비판적 포스트휴머니즘의 관점에서 볼 때 "기술적 · 문화적 개념으로서의 포스트휴먼"(Hayles, 1999: 22)은 특정한 역사적 조건 하에서 기술과 문화가 새롭게 편성되어 나타난 재구성체이다. 그래서 헤일즈는 포스트휴먼적 주체를 "하나의 혼합체, 즉 이질적인 구성 요소들의 집합물이고 물질 정보의 총체로서 이것의 경계는 계속 구성되고 재구성된다"(Hayles, 1999: 3)고 파악한다. 이 관점에 따르면, 포스트휴먼적 주체는 순수 계몽적 주체와는 거리가 멀지만 그렇다고 해서 반드시 기계 인간일 필요는 없는 것이다. 인간과 기계의 결합 못지않게 포스트휴머니즘에서 중요한 것은 비非주체를 더 이상 지배와 통제의 대상으로 규정할 수 없게 만든 기술의 등장이다. 헤일즈는 인간의 사이보그화에서 인간 신체를 단순히 지배와 통제의 대상으로 간주하고 단지 정신하고만 자신을 동일시하는 자유주의적 휴머니즘이 지속되고 있음을 경고한 바 있다(Hayles, 1999: 4-5). 이와 같은 고전적인 휴머니즘과 포스트휴머니즘의 착종에 대해 배드밍턴 역시 주목하고 있다. 자크 데리다Jacques Derrida의 사유 방식을 끌어들이고 있는 그에 따르면, 포스트휴머니즘 내에서 여전히 '휴머니즘의 다시 쓰기'가 진행되고 있는데, 왜냐하면 어느 누구도 완전히 자신이 속한 담론의 바깥에서 생각하고 진술할 수 없기 때문이다. 그렇지만 그는 휴머니즘적인 것을 반복하더라도, 이 반복을 데리다식의 '어떤 특정한 방식으로', 즉 "인간 중심적인 사고의 해체"(Badmington, 2003: 15)를 염두에 두고 수행함으로써 고전적 휴머니즘을 극복할 수 있는 계기를 포스트휴머니즘이 마련해 줄 것이라고 본다. 그래서 그는 "어떻게 휴머니즘이 영원히 스스로를 포스트휴머니즘으로서 다시 쓰고 있는지 노출시켜 주는 치명적인 모순들, 내적 불안정성"(Badmington, 2003: 15-16)을 발견하는 작업을 강조한다. 이와 같은 예에서 볼 수 있듯이 비판적 포스트휴머니즘은 포스트휴머니즘 내의 휴머니즘적 유산을 청산하는 한편, 포스트휴먼화의 긍정적인 잠재성을 설명하고자 한다.

포스트휴머니즘에 대한 지금까지의 개관을 포스트모더니즘과의 주요한 차이점을 언급하면서 마무리짓고자 한다. 앞서 언급했다시피 포스트휴머니즘은 근대성의 비판이라는 측면에서 포스트모더니즘적 사유의 영향을 많이 받기는 했지만, 이 두 사조의 결정적인 차이점을 말하자면, "인간중심주의적인 헤게모니를 적극적으로 전복시키려고 하는" 포스트모더니즘이 휴머니즘이 여전히 지배하고 있는 세계를 대면하고 있었다면, 이와는 달리 21세기에 본격적으로 과학과 인문학의 경계를 허물고 있는 포스트휴머니즘은 '인간'과 휴머니즘의 사라짐과 몰락을 엄연한 하나의 사실로서 경험하고 있다(Badmington, 2006: 240-241).

3. 비판적 포스트휴머니즘의 사상가로서 발터 벤야민

지금까지 포스트휴머니즘의 양상을 개관해 보았다. 이러한 포스트휴머니즘 담론과 결부시켜 살펴볼 수 있는 독일 매체이론가로는 발터 벤야민Walter Benjamin, 귄터 안더스Günther Anders, 프리드리히 키틀러Friedrich Kittler 등이 있다.

안더스는 기술 매체의 잠재력보다는 매체 현실에 사로잡혀 있는 인간에 대해 종말론적인 문화 비판을 수행한다. 그의 대표작인 『인간의 골동품성*Antiquiertheit des Menschen*』(1956/1981)이라는 제목에서 짐작할 수 있듯이, 안더스는 인간이 빠른 속도로 놀라운 기계 장치를 개발하고 새로운 매체를 고안해 내지만, 결국 인간은 자신의 통제를 벗어나는 기계를 따라잡지 못해 자신의 생산물보다도 낡은 존재로 전락할 것이라고 진단한다. 그는 우리가 기술을 자유롭게 사용하고 있다는 생각을 하나의 환상이라고 일갈하고 기술이 인간의 생활 세계에 파괴적인 영향을 미치며 결국 인간 주체의 지위를 해체한다고 경고한다. 즉, 그의 "부정적 인간학"에 따르면 기술의 승리는 궁극적으로 "역사의 주체로서 인간의 실종"이다.

오늘날 독일 출신의 현대 매체이론가 중에서 가장 주목받는 키틀러는 고전적 휴머니즘의 환영들을 추방하기 위해 매체 기술을 이용하고 있다는 점에서 포스트휴먼적 매체이론가로 분류될 수 있다. 특히 인간의 의식, 사고, 인지와 행동을 매체 기술의 효과와 결부시켜 분석하고 있는 키틀러는 "인간을 규정하고 있는 것은 (……) 기술적인 표준"(Kittler, 1993: 63)이라고 단언함으로써 고도의 과학적 기술 발전이 인간 정신의 영역에 미친 영향을 고찰하는 포스트휴머니즘에 상응하는 기술적인 매체 개념을 정립했다.

무엇보다도 벤야민은 인간 개념의 변화에 대해 좀 더 주목한 비판적 포스트휴머니즘에 가깝다. 벤야민의 포스트휴먼적 사유를 다음에서 간략히 살펴보도록 하겠다.

벤야민의 매체 분석: 인간과 기계의 상호 작용

최근 몇 년 전부터 연구가 사이에서 벤야민이 포스트휴머니즘과 연계되어 다루어지고 있다. 예를 들어 헤어브레히터는 그의 포스트휴머니즘 입문서에서 기술 매체의 가능성을 긍정적으로 진단한 벤야민을 언급하고 있는데, 이는 매체에 의해 형성된 "기술적 잠재성과 문화적 활용 사이의 유희 공간"(헤어브레히트, 2012: 265)[4]이야말로 포스트휴먼의 거주지이기 때문이다. 이처럼 그동안 전혀 다루지 않은 것은 아니지만, '인간중심주의로부터의 탈주'를 전면적으로 내세우고 있는 포스트휴머니즘을 벤야민과 연결시키는 작업은 이제까지 본격적으로 진행되지 않았다.

벤야민은 인간과 기술, 인간과 매체, 인간과 기계의 '사이 공간'에 대해 누구보다도 진지하게 사유했다. 앞선 논의에서 이미 살펴보았다시피, 이러한 사유가 바로 포스트휴머니즘의 출발점이다.

벤야민이 그의 예술 작품 에세이에서 '현대 과학과 그것의 엄청난 혁신으로 인해 예술의 기술적인 복제가 가능해짐으로써 예술 개념 자체가 어떻게 변했는가' 하는 물음을 제기했던 것과 마찬가지로 오늘날 우리는 유전자 복제 및 생명공학 기술과 같은 현대 과학의 발전이 인간 개념 자체를 어떻게 변화시킬 것인지에 대해 진지하게 물어보아야 할 것이다.

벤야민의 매체 분석은 인간과 기계의 결합으로 새로워진 공간을 제대로 파악하기 위한 시도라고 볼 수 있다. 이때 벤야민은 더 이상 주체적 인간, 개인의 자율성이나 체화된 경험에 초점을 맞추지 않고, 오히려 '인간'이 사라진 공간과 도시 현장을 찍은 사진에 주목한다. 롤프 괴벨Rolf J. Goebel의 표현을 따르자면, 이것은 "대도시를 바라보는 일종의 포스트휴먼적 시야"(Goebel, 2011: 192)이다. 이러한 탈인간중심적 · 포스트휴먼적인 도시 지각에 기여한 사진은 두말 할 나위 없이 유진 앗제Eugène Atget의 사진이다.

사진에서 사람의 모습이 뒷전으로 물러나게 되자 비로소 전시적 가치는

4 인용자 번역 일부 수정.

처음으로 제의적 가치보다 우월한 위치를 차지하게 된다. 이러한 변화 과정에서 한 획을 그은 사람이 앗제이다. 앗제가 지니는 비견할 수 없는 의의는 그가 사람의 모습이 보이지 않는 1900년경의 파리 거리를 포착했다는 점에 있다(벤야민, 2007a: 59).

여기서 벤야민이 극찬하고 있는 앗제의 공적은 "질식시킬 듯한 분위기"를 소독하고 "대상을 아우라에서 해방시키는 작업"(벤야민, 2007c: 183)을 개시했다는 것이다. 이러한 아우라의 대표적인 최후 보루는 '인간'이었다. 그런데 여기서 인간 주위에 조성된 아우라는 마치 인간의 고유한 본성 및 정신을 중시하는 고전적 휴머니즘의 일부처럼 보인다. 휴머니즘은 인간이 세계의 한가운데에서 절대불가침의 존엄성을 지닌 존재라는 믿음이며 아우라는 그러한 인간을 감싸서 보호하고 있다. 따라서 앗제의 사진에서 인간이 사라진 것은 아우라의 축출일 뿐만 아니라, 인간 중심적인 휴머니즘으로부터의 해방이기도 하다. 이후 벤야민은 예술작품 에세이에서 전통의 동요를 잘 대변해 주고 있는 아우라의 위축을 "인류의 위기와 갱신"(벤야민, 2007a: 47)[5]과 연결시키고 있다. 그리고 그에 따르면, 이러한 인류의 갱신과 관련 있는 과정을 가장 강력하게 매개하고 있는 것이 벤야민이 살던 당시에는 영화 매체였던 것이다. 유추하자면 벤야민의 매체 분석이 지닌 의미는 예술의 영역뿐만 아니라 개별 매체의 영역도 훨씬 넘어서서 "종種으로서의 인간은 수만 년 전 이래로 발전의 끝에 도달해 있기는 하지만, 종으로서의 인류는 이제 시작 단계에 있다"(벤야민, 2007d: 164)는 포스트휴먼적 전망까지 아우르고 있다.

5 인용자 번역 일부 수정.

벤야민의 포스트휴먼적 지향점으로서 '제2기술'

벤야민이 예술 작품 에세이를 통해 지향했던 바는 "기술을 자신의 기관器官으로 병합할" 수 있는 사회의 도래이자 "사회의 근원적인 힘들을 극복할"(벤야민, 2007a: 95, 149)[6] 수 있는 기술의 발전이다. 그리고 그는 이러한 유토피아적 세계에 대한 기대를 좌절시킨 대표적인 예로서 제국주의 전쟁을 언급하면서 이 전쟁을 "인간 재료"의 투입을 요구하는 "기술의 반란"(벤야민, 2007a: 95, 149)으로 규정한다. 벤야민이 한편으로는 앞장의 기술 우호적인 포스트휴머니스트처럼 기술을 마치 유기적 조직의 일부처럼 병합할 수 있고 이를 통해 사회의 근본적인 한계를 극복할 수 있기를 기대하지만, 그는 다른 한편으로는 부정적 포스트휴머니즘의 주장보다 한 발 더 나아가 인격화된 기술에 의해 야기된 종말론적인 시나리오를 이미 진행된 역사적 사실로 진술하고 있다. 벤야민은 이처럼 기술혐오주의적인 거부와 기술결정론적인 낙관 사이에서 기술의 잠재적 가능성과 위험성 모두 주목하고 있다.

벤야민은 인간과 기술, 인간과 기계의 관계를 새롭게 규정하고자 한다. 이 점은 이미 『일방통행로』(1928)의 마지막 글인 「천문관 가는 길 Zum Planetarium」에서 확인되고 있다. 여기서 그는 "기술의 정신 속에서"(벤야민, 2007d: 163) 우주와 새롭게 관계 맺을 인류의 신체physis가 조직될 것이라고 예측하고 있다. 그런데 그는 이것이 휴머니즘적 전통을 연상시키는 "평화주의적 이성적 판단"에 의한 것이라기보다는 "인류의 팔다리를 뒤흔들어 놓은"(벤야민, 2007d: 164) 도취적 감정의 산물이라고 본다. 이것은 기술의 발전과 더불어 등장할 '새로운 몸'에 대한 은유

6 인용자 번역 일부 수정.

일 것이다. 기술과 관련해서 나타나는 이러한 탈휴머니즘적인 관점은 이후 1931년의 단편글 「미키마우스에 대해 Zu Micky-Maus」에서 재차 확인된다. 벤야민에 따르면, 미키마우스는 "피조물이 인간과 유사한 점을 모두 탈각할지라도 건재하리라는 점"을 보여주고, 이로써 "인간을 중심으로 구상된 피조물의 위계 질서를 폭파시킨다"(벤야민, 2007b: 259 이하). 이것은 '현재 모습 그대로의 인간'의 종말을 아무런 동요 없이 담담하게 받아들이고 있는 포스트휴머니즘의 탈인간중심적인 사유와 닮아 있다. 이후 예술 작품 에세이에서 등장하는 "지구 주위를 나는 미키마우스"(벤야민, 2007b: 84)는 이러한 사유를 이어받고 있는데, 여기서 벤야민은 기술, 특히 영화에 의해 가능해진 집단적 꿈의 형상으로 더 이상 인간이 아닌 미키마우스를 설정하고 있는 것이다.

벤야민의 포스트휴먼적 지향점은 '제2 기술zweite Technik'에서 잘 나타나 있다. 아마도 예술 작품 에세이의 2판과 3판의 가장 큰 차이점 중의 하나는 2판에만 있는 '제2 기술'에 대한 논의일 것이다. 이 부분이 3판에서 삭제되었음에도 불구하고, 벤야민의 제2 기술에 대한 사유가 더 이상 유효하지 않은 것은 아니다. 왜냐하면 앞서 인용되어 있는 3판 추기에서 '사회의 근원적 힘을 극복'할 수 있을 만큼 기술이 아직 발전하지 못한 점을 지적한 벤야민이 염두에 두고 있는 것이 바로 이 제2 기술이기 때문이다. 벤야민은 제2 기술을 다음과 같이 설명한다.

> 혁명이란 집단의 신경 감응이다. [……] 이때 집단의 기관器官은 제2 기술 속에 있다. 이 제2 기술은 하나의 체제로서, 여기서 자연의 근원적인 힘들과 유희하기 위해서는 사회의 근원적인 힘들을 극복하는 것이 전제되어 있다. [……] 바로 이 제2 기술이 인간을 점점 더 노동의 고역에서 해방시키는 쪽으로 나아가기 때문에, 다른 한편 개인은 자신의 유희 공간이 일순간

엄청나게 확장된 것을 보게 되는 것이다. [……] 제2 기술이 자신의 최초의 혁명적 성과들을 확보하자마자 사랑이나 죽음 같은, 제1 기술에 의해 파묻혀 있던 개인적 삶의 문제들이 새로이 그 해답을 갈구하게 된다(벤야민, 2007a: 57-58).[7]

다시 말하자면, 벤야민이 예술 작품 에세이에서 독자들에게 호소하고 싶었던 것은 이 '제2 기술의 구현'이었다. 그리고 이것이 그가 영화에 부여한 과제였다. 물론 그 역시 이러한 목표를 달성하기에는 사회가 충분히 성숙하지도 기술의 수준이 충분히 높지도 않음을 알았다. 그러나 인간의 자연 지배를 추구하는 제1 기술 대신 "자연과 인류의 어울림"(벤야민, 2007a: 57)을 지향하는 제2 기술, "자연을 지배하는 것이 아니라, 자연과 인간의 관계를 지배하는"(벤야민, 2007d: 164) 기술을 옹호하는 벤야민은 인간과 기계, 인간과 기술의 관계를 새롭게 정립하고 있다. 이제 그에게 중요한 과제는 "사람과 기계 장치 사이의 균형을 만들어 내는"(벤야민, 2007a: 82) 것이다. 그리고 이 과제를 사회에서 실현시킬 수 있는 데 결정적인 역할을 하는 것이 바로 영화 매체라고 벤야민은 강조한다. 이와 같은 벤야민의 시도는 예술 작품 에세이 3판에서 "예술과 과학의 상호 침투"(벤야민, 2007a: 137)라는 표현으로 대체되기는 하지만 여전히 지속된다.

정리하자면, 벤야민은 잠재적으로 가능성과 위험성을 모두 품고 있는 과학 기술 시대의 도래를 목격하면서 새로운 패러다임으로의 전환을 제시하고 있다. 즉, 폐쇄적인 자기동일성의 논리에 갇혀 있는 인간 중심적인 휴머니즘을 넘어서 비인간적인 것과의 배타적 구분을 지양하고, '인

7 인용자 번역 일부 수정.

간'의 협소한 세계를 폭파시키며 인간과 자연, 기술의 공진화共進化, Koevolution를 가능케 한다. 이 점이 기존 휴머니즘의 한계를 극복하고자 하는 포스트휴머니즘의 기획과 맞닿아 있는 것이다.

4. 나오는 말

포스트휴머니즘은 인간중심주의적 사유의 한계를 벗어나지 못하는 기존 휴머니즘 전통을 극복하고자 하는 시도 중의 하나이다. 현대 과학 기술에 대한 성찰을 소홀히 다루었던 포스트모더니즘과는 달리 포스트휴머니즘은 오늘날 과학 시대의 성과와 가능성을 적극적으로 인문학적 담론에 끌어들이고 있다. 여기서 포스트휴머니즘이 하나의 대표적인 비전으로 제시하고 있는 '인간과 기계의 혼종성'이나 '사이보그적 존재'는 현대 과학의 발달이 기존의 인간 개념을 변화시키고 계속 재구성할 것이며, 따라서 기계적인 것의 영향을 완전히 배제하고 있는 인간 이해는 시대착오적임을 암시해 주고 있다.

포스트휴머니즘에 대한 논의는 민감한 반응을 불러일으킬 수 있고 실제로 독일에서는 그러하다. 어떠한 포스트휴먼적 발상은 나치의 과거를 연상시키기 때문이다. 그러나 우리는 포스트휴머니즘의 주요 사상가들이 궁극적으로 지향하는 바가 위계적인 기존 질서에 대한 저항이자 지배 및 종속 관계의 전적인 배제라는 점을 염두에 두면서 다가올 미래가 요구하고 있는 사유를 펼쳐야 할 것이다.

참고 문헌

괴테, 요한 볼프강 폰, 『파우스트 2부』, 김재혁 옮김, 웅진씽크빅, 2012.

니체, 프리드리히, 『도덕의 계보』, 김태현 옮김, 청하, 1997.

루카치, 게오르크, 『독일문학사』, 반성완 · 임홍배 옮김, 심설당, 1987.

벤야민, 발터, 「기술복제 시대의 예술작품」, 『기술복제 시대의 예술작품. 사진의 작은 역사 외』, 최성만 옮김, 도서출판 길, 2007a.

______, 「미키마우스에 대해」, 『기술복제 시대의 예술작품. 사진의 작은 역사 외』, 최성만 옮김, 도서출판 길, 2007b.

______, 「사진의 작은 역사」, 『기술복제 시대의 예술작품. 사진의 작은 역사 외』, 최성만 옮김, 도서출판 길, 2007c.

______, 「일방통행로」, 『일방통행로. 사유 이미지』, 김영옥 · 윤미애 · 최성만 옮김, 도서출판 길, 2007d.

푸코, 미셸, 『말과 사물』, 이규현 옮김, 민음사, 2012.

헤어브레히터, 슈테판, 『포스트휴머니즘』, 김연순 · 김응준 옮김, 성균관대학교 출판부, 2012.

후쿠야마, 프랜시스, 『부자의 유전자 가난한 자의 유전자』, 송정화 옮김, 한국경제신문, 2003.

Badmington, Neil, "Theorizing Posthumanism," *Cultural Critique* 53, Winter 2003.

______, "Posthumanism," *The Routledge Companion to Critical Theory*, Simon Malpas & Paul Wake (ed.), London: Routledge, 2006.

Goebel, Rolf J., "Medienapparaturen und Großstadttopographie bei Walter Benjamin," *Euphorion*, Bd. 10, 2011.

Graham, Elaine, *Representations of the post/human. Monsters, aliens and others in popular culture*, Manchester: Manchester University Press, 2002.

Hassan, Ihab, "Prometheus Performer: Toward a Posthumanist Culture? A University Masque in Five Scenes," *The Georgia Review*, Vol. 31, No. 4, 1977.

Hayles, Katherine N., *How we became Posthuman. Virtual Bodies in Cybernetics, Literature, and Informatics*, Chicago: University of Chicago Press, 1999.

Herbrechter, Stefan, *Posthumanismus*, Darmstadt: WBG, 2009.

Kittler, Friedrich, *Draculas Vermächtnis. Technische Schriften*, Leipzig: Reclam, 1993.

Kurzweil, Ray, "The coming merging of mind and machine," *Scientific American Report*, Special Edition, February 2008.

O'Mathúna, Dónal P., *Nanoethics: Big ethical issues with small technology*, London & New York: Continuum, 2009.

들뢰즈, 변신의 괴물학*

이찬웅

1. 들어가는 말

철학이 세계를 분절하는 새로운 방식을 탐색하는 활동이라 한다면, 언제나 이 학문은 동물학과 긴밀한 연관을 맺게 된다. 왜냐하면 동물학이야말로 분류를 목적으로 하는 — 이 경우는 동물을 대상으로 삼는 — 대표적인 학문이기 때문이다. 플라톤Platon 이래로 철학은 자신의 원리를 생명체의 분류에 적용함으로써 적합성을 획득하고 강화하고자 했다.[1] 또는 아리스토텔레스Aristoteles의 경우처럼, 어떤 철학의 중심 개념들 자체가 생물학적 관찰로부터 나오는 경우도 있다. 이런 뜻에서 모든 철학

* 이 글은 『불어불문학연구』 93집(2013년 3월)에 실린 논문을 수정 · 보완한 것이다.

1 들뢰즈는 플라톤의 철학, 더 나아가 철학 일반의 근본적 관심이 사물들을 분류하는 데 있다는 점을 지적한다: "이데아 이론의 동기는 선별하고 걸러내려는 의지 쪽에서 찾아져야 한다. 차이를 만들어내는 것이 문제인 것이다. [……] 플라톤의 기획은 우리가 구분의 방법을 참조할 때에만 진정으로 모습을 드러낸다."(Deleuze, LS, 292. 들뢰즈의 문헌을 인용할 경우, 논문 맨 끝에 제시된 약호와 쪽수를 표기하기로 한다.)

은 자신만의 동물학을 품고 있다고 말할 수 있을 것이다. 물론 그 관계는 명시적일 수도 있고, 함축적일 수도 있다. 그러니까 동물학적 사고가 어떤 철학의 핵심에서 작동할 수도 있고, 아니면 어떤 철학의 실험적 관념들의 독창성과 유효성을 드러내기 위한 잠재적 장이 될 수도 있다.

우리는 이 글에서 현대 철학자 질 들뢰즈Gilles Deleuze, 1925-1995가 19세기 동물학자 에티엔 조프루아 생틸레르Étienne Geoffroy Saint-Hilaire를 인용하는 이유와 양상을 살펴보고자 한다. 조프루아는 『차이와 반복』, 『스피노자와 표현의 문제』, 『천 개의 고원』, 『주름』 등, 들뢰즈의 주요 저작에서 빈번하게 등장한다. 그렇긴 하지만, 위에서 말한 것처럼 철학과 동물학 사이의 긴밀한 연관을 염두에 둘 때에만 우리는 이 이상한 연합을 이해할 수 있다. 왜냐하면 들뢰즈는 이 박물학자를 끌고 들어와 바루흐 스피노자Baruch de Spinoza의 동물학이라는 빈 자리를 채우려 하지만, 정작 이 과학자는 스피노자를 거의 언급하지 않았기 때문이다. 하지만 이 도입과 더불어, 스피노자의 사유 안에 접혀 있던 함축들이 생기론적vitaliste 관점에서 과격화되고, 누구도 예견하지 못했던 기이한 모습을 드러낸다.

따라서 우리가 조프루아에 주목하는 이유는 들뢰즈가 형이상학과 자연학, 존재론과 동물학을 오가면서 "존재의 일의성l'univocité de l'Être" 테제를 어떻게 동물의 "구성의 단일성l'unité de composition" 이론 안에서 구체화시키는지 해명하고자 하는 것이다. 먼저, 스피노자와 아리스토텔레스의 사상을 신체의 문제를 중심으로 대비하면서 문제가 되는 철학적 배경을 파악하도록 하자. 그 다음으로, 조프루아의 핵심 주장인 '모든 동물의 구성이 단일하다'는 테제가 무엇을 의미하는지 설명하고, 들뢰즈가 왜 이것에 큰 가치를 부여하는지 살펴보도록 하자. 셋째로, 들뢰즈가 조프루아의 괴물학tératologie을 인용하는 두 주요 저작 사이에 미묘한 차이가 있는데, 이 차이의 의미를 살피고, 더 나아가 이를 통해 들뢰즈 사유의 궤적의 변화를 포착해 보자. 마지막으로, 들뢰즈 사상의 좀 더 일반적인 관점에서 구성의 단일성 테제의 철학적 의의가 무엇인지 살펴보도록 하자.

2. 스피노자의 동물학

들뢰즈의 스피노자 연구는 1968~69년 소위 "스피노자 르네상스"를 불러일으킨 주요 원인 중 하나였다. 그럼에도 그의 스피노자 연구는 일련의 다른 해석과 뚜렷하게 구별되는 특징을 보여준다. 본인 스스로 강조한 바, 그의 스피노자 해석은 연역적이고 사변적인 관점이 아니라 경험적이고 구축적인 관점에서 전개된다. 스피노자의 『윤리학*Ethica*』과 관련하여 들뢰즈의 해석은 절대적인 출발점, 그러니까 자기 원인 개념에서 출발하여 연역적인 방법에 따라 증명을 세부적으로 보충하고 완성하려 하지 않는다. 그 대신, 우리의 실존 조건을 끊임없이 상기시키고 논의의 실마리로 삼는 독해를 제시한다. 그런데 이 실존 조건은 『윤리학』의 중간, 즉 3부에 와서야 나타난다. 우리는 절단된 관념과 수동적 변용에 종속된 채 이 세계에 태어난다는 것이다.[2] 이런 이유에서, 『스피노자와 표현의 문제』(1968)에서 들뢰즈는 우리는 영원한 본질을 대상으로 하는 인식에 매개 없이 도달할 수 없으며, 능동적 변용을 매개 없이 향유할 수 없다고 여러 차례 말한다. 그리고 『스피노자 실천철학』(1981)에서 "스피노자를 사이(=환경)에서 지각하고 이해해 보자"라고 말할 때, 『윤리학』의 한복판, 즉 우리의 실존 조건으로부터 스피노자의 사상을 접근해

2 Deleuze, SPE, 252, 266 참조.

보자라는 뜻으로 이해할 수 있다.[3]

들뢰즈는 자신의 스피노자 해석에서 무엇보다 어떤 종류의 혼동을 막는 데 집중하는 듯 보인다. 그러니까 신神의 생산 활동에 대한 인과적 이해와 우리가 지복至福, béatitude에 이르기 위한 경험적 노력은 서로 구별되어야 한다는 것이다. 경험론적 영감 안에서, 핵심적인 문제란 우리의 실존 조건 안에서 3종의 인식과 기쁨의 능동 정서로 **이행**하기 위해 무엇을 해야 하는가에 있다. 만일 들뢰즈의 해석이 스피노자 체계의 내적 경제에 상당한 변형을 가하는 것으로 평가된다면,[4] 이는 그의 독창적인 해석이 바로 이러한 문제를 바탕으로 하고 있기 때문이다.

들뢰즈의 경험론적인 독해는 신체에 대한 새로운 개념화를 기반으로 삼고 있다. 신체는 완결된 형상이나 고정된 기능이 아니라 다음과 같은 관점에서 규정되어야 한다는 것이다. 외연적extensif 관점에서는 입자의 운동에 의해 규정되고, 그와 동시에 내포적intensif 관점에서는 역량의 정도에 의해 규정된다. 그리고 입자 간의 특정한 관계에는 특정한 역량의 정도가 그 개체의 본질로서 상응한다. 요컨대, 다음 두 질문은 서로 등가적이다: '어떤 하나의 신체의 구조는 무엇인가?', 그리고 '그 신체는 무엇을 할 수 있는가?' 그런데, 이렇게 운동과 역량의 관점에서 신체를 새롭게 규정하는 것은 궁극적으로 **관계**rapport의 문제를 부각시킨다. 항이나 형상보다 관계나 구조가 더 우선한다는 것이다. 왜 그러한가? 스피노자가 설명하는바, 윤리학적 이행의 문제는 정서와 인식이라는 두 가지 관점에서 조명될 수 있는데, 그 각각의 경우에 대해 살펴보자.

먼저, 정서affect와 관련하여, 우리는 일련의 성질을 지닌 변용affection

3 Deleuze, SPE, 17–18장; Deleuze, SPP, 164.

4 Cf. Pierre Macherey, "The Encounter with Spinoza", p. 149, in Paul Patton (éd.), *Deleuze: A Critical Reader*, Blackwell, 1996: "들뢰즈의 스피노자에 대한 표현주의적 독해는 자기에게 필요한 최소한의 탈구들을 도입하면서 텍스트가 자신 밖으로 벗어나도록 강제한다."

을 겪는다. 그것은 슬픈 수동 정서, 기쁜 수동 정서, 그리고 (언제나 기쁜) 능동 정서이다.[5] 여기에서 핵심적인 연결고리는 중간에 놓여 있다. 즉, 그것은 기쁜 수동 정서와 연관된다. 왜냐하면, 결국 중요한 문제는 기쁜 수동 정서를 최대한 증가시켜서 기쁜 변용을 향유할 수 있도록 해야 하는 것이기 때문이다.[6] 그런데 수동적 변용의 기쁨을 증가시키는 것은 무엇보다 기쁜 만남을 조직하는 것을 통해 이루어진다. 어떤 만남이 기쁠 때, 이는 내 신체와 다른 신체가 서로 적합하다는 것을 의미하고, 이는 역량을 증가시킨다. 이처럼 기쁨은 신체 사이의 관계에서 주어지고, 그로부터 사고된다.

다른 한편, 인식과 관련하여 세 가지 종류가 있다. 첫 번째는 감각적이고 우연한 성질의 관념이다. 두 번째는 관계에 관한 것이다. 그리고 세 번째는 본질에 관한 것이다. 인식의 단계에서, 우리는 첫 번째의 영역에서 **단절적으로** 벗어나도록 촉구되는 반면, 관계에 관한 인식에서 본질에 대한 인식으로 이어지는 **연속적인** 길 위에 올라서도록 요구된다. 이 후자의 이행이 연속적이라는 점은 들뢰즈뿐만 아니라, 많은 스피노자 연구자가 강조하는 바이기도 하다. 관계에 관한 인식은 우리를 신神에 대한 관념으로 나아가게 하는데, 왜냐하면 바로 그 관계가 신의 본질을 표현하기 때문이다. 이렇게 해서 우리는 신 안에 포함된 사물의 독특한 본질 essences singulères에 대한 인식의 지대 안으로 들어가게 된다. 관계라는 개념은 여기에서도 여전히 핵심적인 역할을 수행한다. 사이에 위치하는

5 들뢰즈에 따르면, 기쁨이 역량에 증가에 있다는 점에서 어떤 수동 정서는 기쁠 수 있다. 우리의 신체가 다른 신체에 적합할 때, 우리는 역량이 증가함을 느낀다(기쁨). 비록 그 원인이 우리의 신체 안에 포함되어 있지 않지만 말이다(수동). 이 도식은 들뢰즈의 스피노자주의의 독특한 점들 중 하나를 형성하며, 몇몇 스피노자 전문가는 동의하지 않는 지점이기도 하다.

6 그러므로, 윤리적 과제는 두 가지 근본 문제로 이중화된다. 먼저, "최대한의 기쁜 수동 정서로 변용받기 위해 무엇을 해야 하는가?"; 이어, "우리 스스로 능동적인 변용을 산출하기 위해 무엇을 해야 하는가?"(Deleuze, SPE, 249, 252–53).

것은 이처럼 들뢰즈에게서 관계를 사유하는 것을 의미한다.

이렇듯 윤리적 이행의 문제에서 구조 또는 관계의 개념이 핵심적인 것으로 부각될 때, 여기에는 순수한 관계의 관점에서 신체를 개념화하는 새로운 생물학적 교의가 요구된다. 여기가 바로 조프루아 생틸레르가 스피노자적 영웅으로 등장하는 지점이다. 이 19세기의 박물학자naturaliste는 신체를 요소들의 관계로 개념화하는 기반 위에서 새로운 동물학을 확립하고자 했다. 스피노자와 조프루아 사이의 개념적 연관은 놀라운 것이다. 아마도 이 연결은 들뢰즈의 독창성이 최고로 발휘되는 지점 중 하나일 것이다. 확실히 스피노자는 생물학이라 불릴 만한 연구를 개진하지 않았다. 하지만 들뢰즈가 강조하는 것처럼, 스피노자에 대한 생물학적, 또는 어떤 의미에서 실존주의적 독해는 중요하다. 그리고 들뢰즈의 종합 안에서, 조프루아가 바로 스피노자주의에 함축된 생물학적 이념을 명확히 하고, 연장하고, 과격화할 수 있게 해 준다.[7]

그리고 이 스피노자-조프루아라는 반反계보학적 연합alliance의 반대편에는 아리스토텔레스가 놓여 있다. 들뢰즈는 이러한 기획이 무엇보다도 오래된 만큼 강력한 아리스토텔레스주의에 맞서기 위한 것이라 공언한다. "스피노자는 상식의 태도뿐 아니라 아리스토텔레스의 전통에 공격을 가한다."[8] 사실 아리스토텔레스의 전통과 상식의 태도가 한데 묶여 논의되는 것은 어쩌면 당연한 일이다. 왜냐하면 아리스토텔레스 자신이 여러 차례 강조하듯이, 그의 철학은 상식에 호소하고 있고, 또 상식에 존재론적 토대를 제공하려는 것이기 때문이다. 따라서 여기에서 아리스

7 Deleuze, SPE, 257: "그럼에도 스피노자의 지적은 그 자신을 조프루아의 선구자로 만들기 충분하다."; 같은 곳, 각주 15: "그[조프루아]는 라이프니츠를 원용하고, 다양성 안에 통일성이 있다는 원리를 내세우길 좋아한다. 그럼에도 우리가 보기에 그는 훨씬 더 스피노자주의자이다; 왜냐하면 그의 자연철학은 일원론이고, 그는 내적이건 외적이건, 모든 목적성의 원리를 배제한다."

8 Deleuze, SPE, 256–7.

토텔레스의 동물학적 교의를 먼저 살펴보는 것이 필요할 듯하다. 그가 동물학 분야를 정초했으며, 상식의 일반적인 생각을 대표하고 있기 때문이다.[9]

아리스토텔레스는 관찰 가능한 유사성에서 출발하여 두 개의 근본적인 기초 개념을 정초한다. 즉, 유類와 종種이 그것이며, 관찰된 유사성은 이것들을 매개로 배분된다.[10] 아리스토텔레스가 쓴 문헌 안에는 다양한 정식이 등장하지만, 유와 종에 대한 핵심적인 정의를 간추리면 다음과 같다. 먼저 종은 **신체적 형태와 유기적 기능의 동일성**을 통해 정의된다. 이런 이유에서, 예를 들어 피에르와 폴은, 이런저런 차이가 있지만, 인간이라는 같은 종에 속한다고 이야기된다. 그 다음, 유와 관련해서는 동일성이 아니라 유사성이 문제가 되는데, 하나의 유 안팎으로 두 종류의 유사성이 있다. 같은 유 안에서 다른 종 사이에는 **형태의 유사성**ressemblance de forme이 있고, 다른 유 사이에는 **기능의 상사성**similitudes de fonction이 있다.[11] 예를 들어 형태상의 관점에서, 인간의 코, 눈, 살과 뼈는 말[馬]의 그것들과 유사하다. 이 때문에 인간의 종과 말의 종을 같은 유, 즉 포유류로 한데 묶을 수 있게 된다. 이렇듯, 기관이 같은 유 안에서는 확대나 축소와 같은 변모와 변이의 모습을 보여준다. 다른 한편, 형태상의 유사성은 더 이상 발견하기 어렵지만, 새의 깃털과 물고기의 비늘이 기

9 생물학자로서 아리스토텔레스의 위대함은 단지 생명체에 대한 넓은 관찰의 폭에만 있지 않고, 그가 고려하고 있는 관점의 다양성에도 있다. 아리스토텔레스는 완전한 생물학 체계를 세울 의도가 없었다고 많은 주석가가 지적한 바 있다. 그렇긴 하지만, 여기에서는 그의 형이상학과 전체적인 관심을 염두에 두면서, 그의 생물학적 사유의 주된 경향을 추출하고자 한다.

10 동물학의 역사와 관련하여, 우리는 주로 다음의 책을 참조한다: Edmond Perrier, *Philosophie zoologique avant Darwin*, Paris: Alcan, 1884. 이 저서는 들뢰즈 본인이 참조한 것이기도 하며, "조프루아와 퀴비에에 관한 뛰어난 장章들"을 포함하고 있다고 강조한 바 있다(Cf. Deleuze et Guattari, MP, 63). 그리고 참고로 원어를 밝혀두자면, 유類와 종種의 개념어는 각각 그리스어에서 genos/eidos로 착상되었고, 이후 라틴어에서 genus/species로, 프랑스어에서는 genre/espèce로 옮겨졌다.

11 이 정식과 관련하여, 다음 참조. J. -M. Le Blond, "Introduction: Aristote philosophie de la vie," pp. 64–65, in Aristote, *Les Parties des animaux*, Paris: Aubier, 1945.

능상 유사한 역할을 수행한다는 점에 주목할 수 있다. 이런 경우는 서로 다른 유에 속하는 것으로 분류해야 하며, 여기에는 기관들 사이에 기능적 상사성이 놓여 있다.[12]

이처럼 아리스토텔레스는 유사성의 정도에 입각해 세계를 재구성한다. 즉, 감각적 특성을 출발점으로 삼아, 먼저 유와 종의 고정점을 여러 수준에서 세우고 생명체로부터 유적이고 종적인 동일성에 적합한 요소를 추출해 낸다. 반면 여기에서 벗어나는 요소는 우연한 것으로 간주한다. 끝으로, 유와 종 사이의 유사성에 따라 구성된 위계적 사다리를 거슬러 올라가면서 세계의 통일성을 조망한다. 이것이 유사성을 매개로 생명체의 다양성을 동일성에 종속시키는 아리스토텔레스의 방식이다. 이러한 아리스토텔레스의 교의는 동물학의 역사에서 강력한 영향을 미쳤다.

그러나 19세기 초에 있었던 역사적인 논쟁에서 강력한 반론에 부딪치게 된다. 과학사에 길이 남게 되는 이 논쟁이란 1830년 파리 자연사박물관에서 있었던 조르주 퀴비에Georges L. C. F. Baron Cuvier와 조프루아 사이의 진화론 논쟁을 말한다. 이 토론을 자세하게 소개하고 평가하는 것은 논문 분량의 제약상 다른 글의 과제로 남겨놓아야 할 것 같다. 여기에서는 우리의 논의를 진행하는 데 필요한 최소한으로 그 핵심을 소개하는 것에 만족하도록 하자. 당시 문제가 되었던 것은, 서로 다른 종 사이에서 수없이 많은 유사성이 발견되는데 이 사실을 어떻게 받아들일까 하는 것이었다. 구체적으로 말하자면, 유사성에 따라 종種을 묶다 보면, 최종적으로 그것이 어떤 하나의 추상적인 종을 향해 수렴해 가는지, 아니면 유사성이 그렇게까지 확실한 것은 아니어서 여러 개의 최상위 종을 상정해야 하는지 사이의 문제였다. 조프루아는 전자의 입장이었던 반면,

12 이 예들을 다음에서 가져온 것이다. Aristote, *Histoire des animaux*, cités par Edmond Perrier, *Philosophie zoologique avant Darwin*, pp. 8–9.

퀴비에는 후자의 입장이었다. 당시 다수의 생각은 퀴비에를 따랐고, 조프루아는 지나치게 대담한 가설을 제기한 것으로 공격받았다. 여기에서 우리의 관심을 끄는 것은, 이 과학적 논쟁의 세부 사항이라기보다, 이로부터 들뢰즈가 어떤 존재론적 함축을 발견하고 추출해 내는가 하는 것이다.

3. 구성의 단일성

조프루아는 다양한 종의 신체적 구성이 단일하다는 점에서 이를 "구성의 단일성unité de composition"이라고 일컫는다. 『천 개의 고원』에서 들뢰즈는 펠릭스 과타리Felix Guattari와 함께 '구성의 단일성'이라는 원리를 전면에 내세운다. 이는 들뢰즈의 사유에서 매우 중요한 위치를 차지한다. 왜냐하면 **구성의 단일성이라는 이론은 존재의 일의성이라는 테제의 생물학적 버전**이기 때문이다. 들뢰즈는 존재의 일의성 테제를 다음과 같이 정식화한다. "존재는 단 한 가지 같은 의미로, 서로 다른 것들을 통해 언명된다."[13] 이 테제는 간략해 보이지만, 일의성의 사유에서 어려운 과제를 부과한다. 다양한 방식으로 실존하는 것을 단 하나의 산출하는 도면/평면plan[14]에 입각해 설명할 수 있어야 하기 때문이다. 이 과제는 일의성의 철학의 성과를 판가름짓는 결정적인 중요성을 지닌다. 왜 그런가?

만약 여러 집단의 생명체가 상호 호환 불가능한 두 개의 도면으로 귀착된다면, 이 두 도면을 분리시키는 무엇인가가 이들 바깥에 있다고 상

13 Deleuze, DR, 53.

14 plan의 의미와 번역과 관련해, 조프루아에게는 도면이라는 뜻이 강하고, 들뢰즈는 평면이라는 내포를 강하게 부각시켜 사용한다. 이런 이유에서 여기에서 우리는 부득이하게 도면과 평면을 병기하거나 문맥에 따라 혼용해서 사용하고자 한다.

정해야만 한다. 그렇다면 순수 일의성의 존재론의 기획은 성공할 수 없게 된다. 왜냐하면 상정된 그 무엇은 존재를 산출하는 도면에서 벗어나는 초재적超在的, transcendant인 질서에 속할 것이기 때문이다. 따라서 도면의 복수성pluralité은 곧바로 존재의 의미의 복수성을 함축하게 된다. 그리고 이는 다시 어떤 신학적인 의도 내지 종교적인 의지로 귀속된다. 이 과제는 이처럼 결정적으로 중요하지만, 일의성의 철학에 큰 난점을 부과하는 듯 보인다. 사실 사물의 명백한 다양성이야말로 존재의 다의성équivocité을 지지하는 자들이 언제나 내세웠던 것이다. 요컨대, 단 하나의 '모델'로 환원하기에는 세상에 너무나 다양하고 많은 사물이 있다는 것이다.[15]

들뢰즈는 조프루아의 중요성과 혁신성을 높게 평가하는 이유에는 바로 이러한 배경이 놓여 있다.[16] 조프루아는 다양한 신체가 단일한 구성을 가지고 있다는 것을 발견할 수 있는 깊은 층위로 우리를 안내한다. 우리가 신체의 기관이 아니라, 그것을 구성하고 있는 요소의 수준으로 내려갈 때, 다시 말해 "해부적학 요소" 사이의 연결에 주목할 때, 단 하나의 유일한 도면이 모습을 드러낸다. 기관이 '구체적'이라면, 반면 그 요소는 '추상적'이다. 저자들이 요소를 추상적이라고 말하는 이유는, 감각으로 포착되는 형태나 기능이 아니고 사유를 통해 파악되는 위치와 연결connexion이기 때문이다.[17] 이 구분은 들뢰즈의 좀 더 일반적인 맥락에

15 조프루아와 퀴비에의 대면을 일의성과 다의성 간의 대립 안에서 명시적으로 조명해야 할 필요성은 다음에서 지적된 바 있다. Anne Sauvagnargues, *Deleuze. De l'animal à l'art*, in F. Zourabichvili, etc., *La philosophie de Deleuze*, PUF, 2004, pp. 138–145.

16 Deleuze et Guattari, MP, 60 참조: "조프루아 생틸레르에게 영광의 노래를 바칠 필요가 있지 않았겠는가?"

17 Geoffroy, *Principes de philosophie zoologique* (1830), Paris: Pichon et Didier, in Hervé Le Guyader (ed.), *Geoffroy Saint-Hilaire*, Paris: Belin, 1998, p. 134: "형태와 기능은 전반신前半身의 마지막 체간에 대해서는 전적으로 2차적인 조건이므로 이것에 대한 고려에서 멈추지 않을 때, 나는 이 체간이 실존하는 것만큼이나 명백히 그것을 발견한다 : 바로 이것이 추상적으로 그리고 그것만 따로 내가 무엇보

서 중요하다. 유기적 기관과 비유기적 요소 사이의 구분은 『안티오이디푸스』와 『천 개의 고원』 전체에 걸쳐 "분자적" 사유와 실천을 가능케 하는 구도이기 때문이다. 들뢰즈는 이러한 기관 아래의 요소의 발견을, 다른 분과를 참조하면서 확장, 일반화한다. "몰적인 요소", "실체", "형태"는 감각적인 수준에서 구체적이고 서로 다른 반면, 이것을 구성하는 것, 즉 "분자적 재료", "실체적 요소", "형식적 관계 또는 연결"은 추상적이고 서로 같다.[18]

그렇다면 조프루아가 발견한 순수 해부학적 요소의 문제를 살펴보자. 생명체의 경우에, 또는 "유기체적 지층"의 수준에서, 요소가 이루는 순수 관계의 체계는 다음과 같이 명명된다. 『차이와 반복』에서부터 조프루아의 표현법대로 "단 하나의 유일한 추상적 동물un seul et même Animal abstrait"이라 일컬어지거나, 『천 개의 고원』에서는 들뢰즈-과타리의 특유의 용어법에 따라, "단 하나의 유일한 추상적 기계" 안으로 포함되게 된다. 물론, 이 개념은 동물 간의 차이를 부정하거나 동물을 하나의 모델로 환원하려는 것이 아니다. 이 '추상적 동물'은 결코 어떤 **이상적인**idéal 모델 같은 것이 아니다. 다시 말해, 가장 큰 완전성을 가진 어떤 특정한 생명체를 다른 것보다 우월한 것으로 특권화하려는 것이 아니다. "동물

다 고려하는 것이다."(강조는 인용자)

18 들뢰즈는 구성의 면을 "추상적"이라고 특징짓는다. 왜냐하면 이 수준에서 우리는 "순수한 재료", "비형식적 요소", "익명의 물질", "만질 수 없도록 미세한 물질"만을 찾아낼 수 있으며, 여기에는 형식도 기능도 없다. 간단히 말해, 들뢰즈에게 추상적인 것들이란 무한히 작아서, 양, 질, 형식을 통한 식별 가능성이 결여된 것들을 의미한다. 이 점과 관련하여, 들뢰즈는 스피노자를 원용하는데, 이 근대의 철학자가 형식도 기능도 없이 "무한히 작은 궁극 부분들"의 현실적 실존을 긍정하기 때문이다(MP, 310; SPE, 187 이하 참조). 그럼에도 불구하고, 이 관념은 곧바로 한 가지 난점을 야기한다. "유한한 요소"도 아니고, "무한정 분할 가능한 것"도 아니라면, 이것들은 무엇이란 말인가? "무한히 작은 부분"이라는 표현은 그 자체로 모순 아닌가? 17세기에 착상된 이 문제적 개념은 19세기 수학에 와서야 엄밀한 형식을 얻게 된다. 이것은 "운반적인"(DR, 229) 특성을 부여하길 거부한 정적인 해석 내에서 "미분적différentielle"이라는 개념으로 대체된다. 이렇게 해석된 개념은 들뢰즈 철학의 구성에 근본적으로 기여한다. 들뢰즈의 '추상적인 것'을 이해하기 위해서는 따라서 철학사뿐만 아니라 수학사에 대한 접근이 요구된다.

그 자체Animal en soi"는 일종의 위상학적 연결의 집합이며, 무한히 많은 방식으로 그 연결은 변형된다. 그러므로 이렇게 말할 수 있다면, 이것은 차라리 **이념적**idéel이라고 말해야 할 것이다. 이상적이라는 말과 달리, 이념적이라는 말이 추상 작업을 통해 구체적인 생명체로부터 추상해 낸 것을 의미한다는 뜻에서 말이다. 또한 이 추상된 것이 동물 안에서만 존속한다는 점에서 완전히 내재적인 개념이다. 이런 이유에서, 우리는 여기에서 존재의 일의성 테제의 생물학적 버전을 보게 된다. **'추상적 동물'은 같은 연결의 위상학적 변형을 통해 서로 다른 무한히 많은 신체로 전개된다.** 요컨대, 들뢰즈가 존재자의 다양체를 포괄하는 일의적 존재를 사유하고자 할 때, 이는 잠재적 '동물'을 추상해 내는 보편적 동물학을 요구한다. 그리고 역으로, 이 잠재적 '동물'은 동물들의 다양체 안에서 현실화된다.

그런데, 들뢰즈와 조프루아의 괴물학과 함께, 좀 더 일반적인 차원에서 일의성과 차이 사이의 관계에 대해 생각해 보는 것이 좋겠다. 구성의 도면(=평면)의 단일성 원리는 차이와 관련하여 무엇을 함축하는가? 먼저, 유사성과 차이의 관계와 관련하여 피상적인 이해에 머물지 않도록 유념할 필요가 있다. 에드몽 페리에Edmond Perrier가 적절하게 지적하듯이, 아리스토텔레스나 카를 폰 린네Carl von Linné같이 종種의 안정성을 신봉하는 지지자들은 동물들 사이의 차이에 관심을 기울이고, 오히려 조르주 뷔퐁Georges Louis Leclerc Buffon이나 조프루아 같이 종의 불안정성에 예민한 연구자들은 동물 사이의 유사성에 주목한다. 언뜻 보기에 이 점은 우리에게 이상하게 보인다. 왜냐하면 들뢰즈는 조프루아와 함께 그리고 아리스토텔레스의 반대편에서 차이의 철학을 내세우기 때문이다. 그러나 두 지지자 그룹은 서로 반대 방향으로 움직이면서 교차한다. 종의 안정성을 주장하는 이들은 여러 종을 분리시키고 종의 동일성을 견고히 하기 위해 그러한 차이들을 사용하는 반면, 종의 불안정성을 사유하는 이들은 그러한 유사성을 지나 최종적으로 다양체 사이의 어떤 공통 지점에 도달한다.

따라서 들뢰즈의 차이의 철학이 차이에 대한 무차별적인 긍정이나 무조건적인 수용을 의미하는 것이 아니라는 점이 지적되어야 하겠다. 왜냐하면 우리는 언제나 개념적 동일성에 종속된 외면적 차이만을 생각할 위험이 있기 때문이다. 문제는 자기동일적인 것들의 속박으로부터 차이를 방어하는 것이고, 차이를 끌어올려 존재자 자체의 보편적 구성의 평면을 이루는 요소를 지시할 수 있게끔 하는 것이다. 바로 이 지점에서 조프루아와 스피노자는 같은 관점을 공유한다. 전자의 동물학자에 따르면, 모든 동물은 해부학적 요소의 구성을 통해 그리고 역동적 구조의 변신을 통해 생성된다. 마찬가지로 후자의 철학자에 따르면, 모든 실존하는 양태는 무한히 작은 물체의 빠름과 느림을 통해 그리고 속성의 역동적인 변형을 통해 산출된다.[19] 들뢰즈가 스피노자와 조프루아에게서 똑같이 발견하는 것은 바로 이처럼 존재의 일의성 안에서, 그리고 구성의 단일성 안에서 차이를 가장 멀리까지 밀고 나아가는 것이다.

4. 실험괴물학

형식 없는 요소의 차이로부터 다양한 개체가 발생하는 것은 들뢰즈의 사유 체계에서 크게 보아 두 가지 모습으로 나타난다. 현실적 다양체들

19 들뢰즈는 스피노자에게서 연장延長의 역동적 성격에 대해 강조한다. "스피노자에게서 속성들은 역동적이고 능동적인 형식들이다"; "속성들은 피조물과 신神에, 양태들과 실체에 공통적인 존재 형식들로서 직접적으로 도달된다"(Deleuze, SPE, 36–37). 여기에서 스피노자의 연장과 조프루아의 동물 그 자체는 서로 가까워진다. 그것들은 모두 통일체와 다양체에 공통적인 형식 또는 구조이다.

이 그 역시 다양체인 잠재적 이념들에 의해 산출되거나(『차이와 반복』), 구체적 배치물은 추상적 기계 안에서 긍정된다(『천 개의 고원』). 그런데 조프루아가 인용되는 방식과 위상을 고려할 때, 『차이와 반복』(1968)과 『천 개의 고원』(1980) 사이에는 미묘한 차이가 있는 것 같다. 이 간격은 이 19세기의 동물학자의 천재성을 위치시키고 동시에 제한하는 양상과 관련된다. 『차이와 반복』에서 그의 관념idée은 들뢰즈의 이념Idée론의 훌륭한 한 예로서 고려되고 있지만, 곧이어 그것의 불충분성이 지적되고 현재의 유전학에 자리를 양보한다. "해부학적 요소는, 이것들은 주로 뼈로 되어 있는데, 이 역할을 수행할 수 있는가, 마치 근육의 필요성이 이것들 사이의 관계에 제한을 가하지 않는 것처럼 (……) ?"[20] 이 반문에서 보듯이, 조프루아 이론이 대담하고 혁신적이긴 하지만, 그의 해부학적 요소는 여전히 너무 현실적actuel이어서, 들뢰즈가 잠재적인virtuel 것으로서 파악하는 생물학적 이념에 미치지 못한다. 생물학적 이념에 적합한 요소는 기관을 이루는 작은 뼈들이 아니라 현대의 유전학적 염색체에서 발견된다. 후자는 완전히 잠재적이면서 들뢰즈적인 의미에서 이념의 역할을 수행한다: "근접 관계로 이루어진 복합체", "변별적(=미분적) 요소", "상호적이고 완결적인 이중 규정 안에서 특별한 점." 간단히 말해, 조프루아의 해부학적 요소는 근육처럼 현실적인 기관들 안에 이미 육화되어서, 분화를 일으키기에는 충분히 잠재적이지 못하다.

반면, 『천 개의 고원』에서 해부학과 유전학 사이의 간극은 약화된다. "조프루아가 프로틴과 핵산이 아니라 해부학적 요소를 실체적 단위로 선택했던 것은 거의 중요하지 않다."[21] 확실히 여기에서도 조프루아의 동물학은 신진화론néo-évolutionnisme(에드몽 페리에Edmond Perrier와

20 Deleuze, DR, 240.
21 Deleuze et Guattari, MP, 61.

조지 심프슨George Gaylord Simpson)과 유전학(자크 모노Jacques Monod)에 자리를 내어준다. 그러나 여기에서 좀 더 강조되는 것은 이것들 사이의 연속성, 발전 그리고 심화이다.[22] 이렇게 양자가 더 가까워지는 것은 세 번째 고원 「도덕의 지질학」의 문학적 장치 안에서 이해될 수 있다. 여기에서 주인공인 챌린저 교수의 강연은 퀴비에 진영과의 엄격한 대립 안에서 진행된다. 의미심장하게도, 들뢰즈 본인이 『차이와 반복』에서 던졌던 의문이 여기에서는 퀴비에의 후예인 비야으통Vialleton에 의해 제기된다. "그리고 설령 접는 것pliage이 좋은 결과를 준다 할지라도, 누가 그것을 감당할 수 있겠는가? 조르푸아가 해부학적 요소만을 고려한 것은 우연이 아니다. 어떤 근육, 인대, 연결 부분도 살아남지 못할 것이다."[23]

여기에서 저자들의 페르소나인 챌린저 교수는 인간을 접어 오징어를 만들 수 있다고 아무렇지 않게 말한다. 이 일화는 조프루아로부터 가져온 것인데, 동물을 접는 과정에 대한 설명은 이상한 괴물을 만드는 방식처럼 보이고, 이는 다른 대담자들을 분노케 한다. 이들이 분개하는 것은 어찌 보면 당연한데, 접기라는 방식이 상식과 아리스토텔레스주의가 신체에 부과하는 요구 조건을 무시하고 있기 때문이다. 즉, 각 기관이 수행할 수 있는 여러 기능 중 탁월한 것으로서 고정된 기능, 종이 갖는 완전성의 정도의 단계 등을 무시한다는 것이다. 세 번째 고원 내의 격렬한 논쟁 상황은 조프루아의 고립감과 기이함, 그리고 그만큼 큰 유머를 느끼게 한다.

조프루아의 위상과 관련하여 『차이와 반복』과 『천 개의 고원』 사이에

22 Deleuze et Guattari, MP, 326 참조: "형식이 없는, 최소한 상대적으로 형식 없는 요소, 모든 종류의 분자와 입자 사이에는 오직 운동과 정지의 관계들, 빠름과 느림의 관계만이 있다". 여기에서, "형식 없는 요소들"은 발생적 요소를 지시한다. 반면 "최소한 상대적으로 형식 없는"이라는 표현은 조프루아의 해부학적 요소를 가리킨다.

23 Deleuze et Guattari, MP, 61.

뉘앙스의 차이가 있는 것은, 들뢰즈가 그의 생각들을 도입하고 배치하는 동기에 기인한다. 전자에서 들뢰즈의 관심이 생물학의 예로부터 순수한 이념을 추출해 내는 데 있다면, 후자에서 그는 현실적인 층위에서만 고려된 조건을 위반하는 시범적인 실험을 선보이는 데 전념한다. 전자에서 독자는 조프루아의 불충분성이 극복하는 지점까지 인도된다. 즉자적 차이가 가장 순수한 상태에서 현시되는 지점까지 말이다. 반면 후자에서 독자들은 새로운 창조적 방식 — 이 경우는, 접기 — 이 상식에 정면으로 맞서는 논쟁적이고 도발적인 상황에 맞닥뜨리게 된다. 전자의 원용이 이론적이고 형이상학적인 반면에, 후자의 사용은 상대적으로 실천적이고 교육적이다. 전자에서는 차이를 생각하는 것이 문제가 된다면, 후자에는 차이를 만들어 내는 것이 중요하다. 그리고 아마도 이 뉘앙스의 차이는 단지 조프루아의 위상에만 관련되는 것은 아닐 것이다. 이 두 가지의 동기, 즉 사유pensée와 실천pratique은 들뢰즈의 대표적인 두 권의 저작, 『차이와 반복』과 『천 개의 고원』의 전체 기획을 특징짓는다. 그리고 더 나아가, 그의 두 시기, 즉 과타리 이전과 이후의 시기를 특징짓는다.

이러한 이행은 우리를 이론적 사유에서 실천적 윤리로 이끈다. 이런 궤적 안에서 괴물을 대하는 태도에도 변화가 동반된다. 이제 괴물은 이론적 발견의 대상이 아니라 실험과 창조의 대상이 된다. 여기에서 들뢰즈는 좀 더 분명하게 강조할 수 있게 된다. 차이를 주어진 것으로서 받아들이는 것이 아니라, "차이를 만든다faire la différence"는 것, 새로운 것을 창조해야 한다는 것이다. 이런 이유에서, 들뢰즈 스스로 조프루아만큼이나 괴물의 '제작'에 큰 관심을 갖는다. 조프루아는 신체적 이상성anomalie, 즉 괴물성monstruosité에 대한 연구에 토대를 놓았다.[24] 조프루

24 참고로, "괴물학/기형학tératologie"을 신조어로 명시적으로 제안한 것은 그의 아들 이지도르Isidore Geoffroy Saint-Hilaire이지만, 에티엔이 그에 앞서 자신의 박사 학위 논문에서 이러한 괴물성에 대한 연

아 이전까지, 괴물(기형)은 자연 법칙에서 벗어나는 우발적인 예외로 간주되었다. 즉, 그것들은 어떤 종의 표준적인normal 또는 규범적인normative 형태에서 멀리 떨어진 것으로 이해되었다. 이에 반해, 조프루아는 괴물이 자연 법칙이 정당하게 표현되는 방식이라고 설명한다. 그리고 더 나아가, 바로 괴물에 대한 연구를 통해 자연 법칙에 접근할 수 있다는 생각에 도달했다.[25] 이로부터 괴물을 창조하는 실험괴물학이 태어난다. 우리는 들뢰즈가 자신의 작업을 바로 이러한 실험괴물학의 전통에 기입한 것이라 말할 수 있다. 그는 유쾌한 어조로 자신의 저작들이 일종의 괴물이라고 말한 바 있다.[26]

5. 창조의 논리와 동물행동학

우리는 앞서 구성의 단일성 테제가 존재의 일의성의 생물학적 버전이라는 점을 보았다. 이렇듯 생물학과 존재론 사이의 긴밀한 연관을 염두에 둘 때, 이 테제는 다음 두 가지 점을 좀 더 분명하게 이해할 수 있게 해 준다. 먼저, 우리는 존재의 일의성과 진정한 생성의 사유가 동일한 외연을 지니고 있음을 확인할 수 있다. 유일한 평면을 긍정하는 것이란 결코 다자多者를 일자一者로 환원하는 것이 아니다. 유일한 평면에 대한

구를 수행했다.

25 Edmond Perrier, *Philosophie zoologique avant Darwin*, p. 99 참조: "자연 법칙에 대한 예외로 간주하기는커녕, 조프루아는 이것들이 그러한 법칙을 발견하고 연장하고 확증하는 데 기여하게 만들었다."

26 Deleuze, PP, 15: "저는 어떤 저자의 등에 붙어서는, 그가 아기를 낳도록 하는 상상을 했습니다. 그의 것이지만, 동시에 괴물스러운 어떤 아기 말이죠. 아기가 그의 것이라는 것, 이 점은 매우 중요합니다. 왜냐하면 그 저자는 실질적으로 제가 그에게 말하게 만드는 모든 것을 말해야만 했기 때문입니다. 그렇지만 아기가 괴물 같다는 점 또한 필연적이었습니다. 왜냐하면 그것은 저를 즐겁게 하는 모든 종류의 비밀스러운 탈중심화, 미끄러짐, 부수기, 방출을 통과해야만 했기 때문입니다."

사유가 중요한 것은, 그것이 창조의 논리를 드러내고, 우리를 새로운 것이 생산되는 장소 한복판에 서게 하기 때문이다. 이런 이유에서, 페리에는 조프루아가 "도면(=평면)의, 창조의 비밀 자체의 발견"[27]을 가져왔다고 극찬한다.

철학의 역사에서라면, 바로 이 문제와 관련하여 들뢰즈가 앙리 베르그손Henri Louis Bergson의 심오함을 발견한다. 베르그손의 위대함은 철학의 가장 근본적인 문제를 혁신했다는 데에 있다. 즉, 철학의 문제는 더 이상 영원성éternité이 아니라 새로움nouveauté에 있다는 것이다. 철학자가 답해야 할 문제는 이제 다음과 같은 것이다: 어떻게 새로움을 창조하는 것이 논리적으로 가능한가?[28] 들뢰즈가 이 문제를 제기할 때, 그는 생성의 논리와 일반 괴물학을 생각한다. 이 논리는 존재의 일의성의 사유를 통해서만 해명된다. 왜냐하면 앞서 말한 것처럼, 존재가 단 하나의 유일한 의미에서 긍정되지 않으면, 그것은 절대적으로 분리된 여러 개의 범주 또는 종 안으로 분할되고, 이것들 사이의 이행의 시도는 어두운 심연 안으로 추락할 것이기 때문이다. 따라서 생성은 존재 밖으로 벗어난다.

들뢰즈의 철학 한복판에서 파르메니데스Parmenides적인 문제가 메아리친다. 그렇지만 여기에서는 다른 어조 안에서, 즉 생기론vitalisme적인 어조로 울려퍼진다: "그 무엇도 존재를 나눌 수 없다, 하지만 존재가 생성 혹은 차이 그 자체인 한에서 그러하다."[29] 생성의 실천은 신체의 동형성isomorphisme을 긍정하는 존재론을 요구한다. 이 동형성의 차원이 현

27 Edmond Perrier, *Philosophie zoologique avant Darwin*, p. 112.

28 Deleuze, IM, 11 참조: "그 누구보다 이 점을 잘 알고 있었던 것은 베르그손이었는데, 그는 영원성이 아니라 '새로움'의 문제를 제기하면서 철학을 변형시켰다(어떻게 새로운 어떤 것이 생산되고 출현하는 일이 가능한가?)."

29 Deleuze, DR, 52; 『차이와 반복』, 101쪽 참조: "파르메니데스로부터 하이데거에 이르기까지 똑같은 목소리가, 저 홀로 일의성의 모든 전개 국면을 담아내는 메아리 안에서 되풀이되고 있다." 일의성의 관점에서 파르메니데스에 관한 또 다른 언급은, Pli, 42, note 8; 『주름. 라이프니츠와 바로크』, 59쪽, 각주 13 참조.

실적인 데 있지 않을지라도 말이다(이 차원은 맥락에 따라 잠재적이라 또는 이념적이라 불릴 것이다).[30] 구성의 평면의 단일성이라는 테제는 모든 신체가 같은 구조를 향유한다는 점, 하지만 운동의 다양한 관계에 따라 현실화된다는 것을 의미한다. 하나의 신체는 요소들 간의 관계에 의해 규정될 뿐, 형태나 기능에 의해 규정되지 않는다고 할 때, 그것은 속도에 따라 생성과 변신 안으로 들어간다. 극단적으로 말하자면, 임의의 신체는 어떤 종류의 생성도 능히 겪을 수 있다. 다만 어떻게 파괴를 피하면서 내적인 연결을 '신중히' 변형할 수 있는지 알고 있다는 조건 하에서 그러하다.

반대로, 존재의 다의성이 창조의 초월성과 어떻게 연결되는지 생각해 보자. 퀴비에는 다의성의 신봉자라 할 수 있다. 동물들은 서로 동형적이지 않은 네 개의 도면으로 귀속되고, 이 경우 동물은 — 그리고 마찬가지로 존재 역시 — 같은 의미로 긍정될 수 없기 때문이다.[31] 따라서 퀴비에가 새로운 종의 출현을 문제로 삼고자 하지 않았던 것은 놀라운 일이 아니다. 이런 식으로, 다의적 관점은 창조의 문제에 무관심하고, 초월적인 심급에 대한 의존 없이 이 문제를 설명하지 못한다. 아리스토텔레스 사상의 계보를 고려해 볼 때, 이러한 무관심 혹은 무능력은 단지 생물학의 영역에만 머물지 않고, 형이상학의 영역에까지 확장된다.

아리스토텔레스는 범주란 존재가 그것을 통해 언명되는 것ce dont l'Etre se dit이라고 정의하면서, 하지만 동시에 이 범주들이 존재와 맺는 관계를 설명할 수 없는 심각한 난점에 봉착한다.[32] 퀴비에의 고생물학

30 Deleuze et Guattari, MP, 61: "조프루아: 저는 동형성isomorphisme이 있다고 말했지, 상응 관계correspondance가 있다고 말한 게 아닙니다." 그런데 이렇게 구분되는 동형성이라는 개념은 루이 옐름슬레브Louis Hjelmslev와 레이몽 뤼이예르Raymond Ruyer에서 가지고 오는 듯 보인다.

31 이러한 의미에서 들뢰즈는 다음과 같이 말한다: "퀴비에에 따르면, 평면의 단일성은 유비의 단일성일 수밖에 없으며, 따라서 이질적이고 넘기 힘들고 환원 불가능한 구성을 따라 상이한 분지分枝 속으로 파편화되면서만 실현되는 초월적인 단일성일 수밖에 없다"(MP, 311).

32 이 문제와 관련해서는 이 글의 범위를 벗어나는 긴 존재론적 논의를 요구한다. 이에 관한 들뢰즈의 언급은, Deleuze, DR, 49–50 참조.

paléontologie이 아리스토텔레스의 존재론ontologie에 큰 영향을 받고 있는 것은 분명하다. 다의적 사유에서, 궁극종 사이의 분리는 생성의 이해 불가능성 그리고 실천 불가능성과 내적으로 긴밀하게 연결되어 있다. 누군가 이런저런 다른 것이 되고 싶다고 말할 때(예를 들어, 꼬마 한스가 말[馬]이 되고 싶다고 말할 때), 다의론자들은 종 사이의 간격 때문에 그것은 선험적으로 불가능하다고 판단할 것이다. 이처럼 생물학적인 교의와 존재론적인 함축이 서로 간에 지시하고 강화한다고 할 때, 우리는 스피노자가 아리스토텔레스에서 멀리 떨어져 있는 만큼이나 조프루아가 퀴비에에서 멀리 떨어져 있는 것을 발견한다.

다음으로 구성의 단일성 테제가 지니는 두 번째 의의를 살펴보자. 구성의 단일성이라는 원리는 신체의 동물행동학적éthologique 개념화를 정당화해 주는 기반을 제공한다. 사실, 우리는 조프루아가 『천 개의 고원』에서 동물행동학과 관련하여 한 번 더 원용되는 것을 볼 수 있다.[33] 들뢰즈의 독창적인 종합 안에서, 스피노자의 신체론과 동물행동학은 교차한다: 신체를 두 가지의 관점에서 파악하자. 한편으로, 구성 입자의 빠름과 느림에 따라 그것들을 규정하자. 그리고 다른 한편으로는, 그것들이 실제로 행할 수 있는 것들, 즉 변용태affect에 따라 그것들을 규정하자. 들뢰즈는 다음의 예들을 인용하길 좋아한다. 세 개의 변용태를 가진 진드기. 그리고 짐을 끄는 말은 경주하는 말보다 짐을 끄는 소에 더 가깝다.[34] 그렇지만 몇몇 사람은 어떻게 우리가 신체의 종이나 기관의 기능을 무시할 수 있는지, 그리고 (동물)행동학적인 윤리학이 진정으로 신체의 현실적인 구성 배치를 무시할 수 있는지 물을지도 모르겠다.

33 Deleuze et Guattari, MP, 311 이하 "어느 스피노자주의자의 회상"의 1과 2 참조. "퀴비에와 조프루아 생틸레르 간의 뒤얽힌 논쟁."

34 Deleuze et Guattari, MP, 314 그리고 Deleuze, SPP, 6장 "스피노자와 우리."

동물행동학자들처럼 우리가 신체에서 오직 그것의 구조와 변용태만을 고려할 수 있다면, 이는 다음과 같은 동물학적인 발견 덕분이다. 즉, 해부학적 요소와 행동 능력이 심층적인 수준에서 가장 결정적인 요인이기 때문이다. 종種이란 배아胚芽적 기관이 변신한 결과를 통계적으로 분류해 놓은 것일 따름이다.[35] 이때, 배아적 기관의 변모는 형식 없는 요소의 합성과 분해를 통해 진행된다. 이런 의미에서, 들뢰즈와 과타리는 구성의 평면을 다음과 같이 정의한다. "이곳에서는 형식 없는 요소와 질료가 춤춘다. 이것들은 속도에 의해서만 서로 구분된다. 그리고 자신들 간의 연결, 운동의 관계에 따라서 이런저런 개체화된 배치 안으로 들어간다."[36] 이러한 이유에서, 동물행동학적 윤리학은 필연적으로 단일한 평면 위에서 구상된 생물학을 요구한다. 내적 구조와 변용태의 관점에서 역량을 증가시키는 것, 이 실천적 과제는 다음과 같은 경우에만 그 가치를 획득하게 된다. 즉, 하나의 신체가 순수하게 구조와 변용태를 통해 규정될 때에만 그러하다.

우리는 지금까지 들뢰즈가 독창적으로 어떻게 조프루아를 끌어들여 스피노자적인 동물학을 구상하는지 살펴보았다. 존재의 일의성이라는 형이상학적 테제는 조프루아가 과감하게 제시했던 구성의 단일성이라는 테제 안에서 다시 한 번 긍정된다. 모든 동물은 단 하나의 추상적인 동물의 변신 또는 괴물이다. 이 테제는 어떤 초월적인 심급에 대한 귀속 없이, 순수하게 내재적인 평면 위에서 창조의 논리를 제공하며, 더 나아가 동물행동학의 구상을 가능케 한다. 들뢰즈는 스피노자의 신체론, 조프루

35 동물학자는 종을 가로질러 요소의 관계에 집중하면서, 이러한 변신 또는 그것의 평면/도면을 발견할 과제를 갖는다. Geoffroy, *Principes de philosophie zoologique*, p. 136 참조: "동물해부학자는 자신이 고려하고 있는 기관의 모든 변신을 놀라지 않고 가로지른다; 낙타나 말의 발에서 멈추지 않고, 필요하다면 이것을 직접 인간의 손과 비교할 수 있어야 한다."

36 Deleuze et Guattari, MP, 312.

아의 괴물학, 동물행동학의 변용론을 중첩시키며, 신체에 해방을 가져오고자 한다. 이제 신체와 그 기관들organes은 종적인 본질과 중앙 집중화하는 조직화organisation의 구속으로부터 풀려난다. 신체의 역량은 요소의 구성과 분해로부터 나오는 만큼, 신체는 새로운 변용태(정서)를 경험하며 일련의 생성 안으로 들어갈 수 있게 된다.

참고 문헌

인용된 들뢰즈 문헌과 약호

DR *Différence et Répétition*, PUF, 1968.

IM *Cinéma 1. L'Image-mouvement*, Minuit, 1983.

LS *Logique du sens*, Minuit, 1969.

MP *Mille Plateaux*, Minuit, 1980 (avec Félix Guattari).

Pli *Le Pli. Leibniz et le baroque*, Minuit, 1988.

PP *Pourparlers*, Minuit, 1990.

SPE *Spinoza et le problème de l'expression*, Minuit, 1968.

SPP *Spinoza. Philosophie pratique*, Minuit, 1981.

그 밖의 참고 문헌

Aristote, *Histoire des animaux* (350 B.C.), (Trad) P. Louis, *Belles Lettres*, 2003.

Geoffroy Saint-Hilaire, Étienne, *Principes de philosophie zoologique* (1830), Pichon et Didier, in Hervé Le Guyader (ed.), *Geoffroy Saint-Hilaire*, Belin, 1998.

Le Blond, Jean-Marie, "Introduction: Aristote philosophie de la vie," in *Aristote, Les Parties des animaux*, Paris: Aubier, 1945.

Macherey, Pierre, "The Encounter with Spinoza," in Paul Patton (éd.), *Deleuze: A Critical Reader*, Blackwell, 1996.

Perrier, Edmond, *Philosophie zoologique avant Darwin*, Paris: Alcan, 1884.

Sauvagnargues, Anne, *Deleuze. De l'animal à l'art*, in F. Zourabichvili, etc., *La philosophie de Deleuze*, PUF, 2004.

제2부

인간 향상의 윤리적 쟁점

인간 존엄성과 인간 향상의 윤리*

도날 오마수나

1. 들어가는 말

생명윤리학 내에서 인간 존엄성은 모든 인간의 가치와 이들에 대한 윤리적인 대우의 중요성에 대해 긍정적인 관심을 불러일으킨 개념이다. 국제연합UN의 '세계인권선언'은 존엄성과 양도할 수 없는 권리를 "세계의 자유, 정의, 평화의 기초"로 본다. 존엄성은 모든 인간의 삶에서 실질적인 개선을 추구하는 인간 권리에 대한 다양한 조약에 포함되어 있는 기본적인 생각이다. 그 사례로는 '시민적 및 정치적 권리에 관한 국제규약'(UN)과 '경제적, 사회적 및 문화적 권리에 관한 국제규약'(UN) 등을 들 수 있다. 이 문서들은 존엄성이 모든 인간의 본래적 또는 내재적 성질이며, 모든 인간은 존엄성에서 동등하다고 선언하고 있다.

* 이 글은 이화인문과학원이 주최한 2012년 국제학술대회에서 발표된 원고를 수정하여 *Trans-Humanities* 제14집(2013. 2)에 실린 논문을 번역한 것이다. 이화여자대학교 철학과 대학원에 재학 중인 홍예리가 초벌 번역했으며, 신상규가 재벌 번역 및 감수를 했다.

유네스코의 '생명윤리 및 인권에 관한 보편선언'도 여러 방식으로 인간 존엄성을 포함하고 있다. 인간 존엄성의 존중은 이 선언의 주요 목적이며(조항 2.c), 생명의학 분야 전체를 지배하는 첫 번째 원칙이다(조항 3). 이는 모든 형태의 차별에 반대하는 주된 논증이며(조항 11), 그 속에서 문화적 다양성이 존중되어야 하는 틀이다(조항 12). 그리고 이는 이 선언의 모든 조항에 대한 해석의 열쇠를 제공한다(조항 28). "권리 옹호를 위해, 모든 상황에서 인간 존엄성에 대한 생각은 필수적이다"라고 주장하는 것은 당연한 일이다(Kateb, 2011 : 42).

이 문서들에서 인간 존엄성은 권리의 근거로 보인다. 이는 인간 본성에 내재한 어떤 것이며, 인간 행위자에 의해 획득, 성취 혹은 부여되는 것이 아니라 발견되는 것이다. 존엄성은 모든 인간이 단지 그들이 인간이기 때문에 가지고 있는 어떤 것이다. 이는 어떤 인간에게서도 존엄성이 상실되거나 박탈, 감소될 수 없음을 함축한다. '세계인권선언'의 조항 1에서 말하듯이, "모든 인간은 태어날 때부터 자유롭고, 존엄성과 권리에서 평등하다." 이 조항은 인간이 어떻게 대우받아야 하는지에 대해 중요한 함축을 갖는다.

권리 선언문들에서 인간 존엄성이 수없이 언급되고 있음에도 이 용어는 통상 이 문서들에서 정의되고 있지 않다. 하나의 정의가 보편적으로 받아들여지지 않은 채, 존엄성의 정의에 대한 많은 논쟁이 발생했다. 아래에서 논의되겠지만, 이와 같은 정의의 부재는 존엄성 개념의 가치에 대한 심각한 제약으로 간주되어 왔다. 이에 대한 나의 답변은, 이러한 혼동의 일부가 존엄성이라는 용어가 존엄성의 매우 다른 차원을 묘사하기 위해 사용되고 있음에 기인한다는 것이다. 논의를 명료하게 하기 위해, 존엄성의 여러 상이한 차원이 아래에서 설명될 것이다.

여기서는 나머지 논의의 시작점으로 존엄성의 한 가지 특정한 정의가 사용될 것이다. 이 정의는 인간 존엄성을 "인간적 기원을 갖는 모든 존재가 독특하게 가지고 있는 숭고한 도덕적 지위"로 간주한다. "인간 존엄성은 주어진 실재이며, 인간 실체에 내재하고, 정도의 차이를 보이는 어떤 기능적 능력에 의존하지 않는다"(Cheshire, 2002: 10). 이러한 정의는 아래에서 논의될 존엄성의 두 가지 중요한 차원인 본래적 차원과 우연적 차원을 분명하게 구분하고 있다. 숭고한 지위는 존엄성의 중요한 차원인 동시에 많은 비판의 대상이다. 뉴스 매체와 역사는 인간이 때때로 숭고하지 않거나 존엄하지 않게 행동함을 보여주는 많은 증거를 제공한다. 강간, 고문, 인종차별주의는 때때로 특정한 인간이 존엄성을 크게 갖고 있다고 간주하지 않음을 보여준다. 다른 종이나 환경을 다루는 우리의 방식은 때때로 너무나 존엄하지 않다. 이는 일부 사람으로 하여금 인간 존엄성은 모종의 종족주의speciesism라고 주장하도록 만들었다. 이는 향상의 맥락에서 심각한 문제를 일으킨다. 포스트휴먼에 대한 우리의 추구는 어떤 식으로든 우리의 인간 존엄성을 훼손하는가? 향상된 포스트휴먼은 존엄성을 갖는 것으로 간주될 수 있는가?

앞의 단락은 존엄성 용어의 두 가지 사용을 혼동하는 것이 얼마나 쉬운지를 예시한다. 한편으로 내재적 존엄성은 우리의 특권적 지위의 원천이라고 주장된다. 우리는 강간, 동물 학대, 환경의 착취와 같은 행동을 존엄하지 않은 것으로 본다. 왜냐하면 그러한 행동은 존엄성을 갖는 존재에게 기대되는 기준에 미치지 못하기 때문이다. 그러나 인간에 내재하는 존엄성은 우리의 행위에서 드러나는 존엄성의 정도와는 차이가 있다. 존엄성 용어를 사용하는 이러한 두 번째 방식은 한 인격의 존엄성이 증가하거나 감소하는 상황을 묘사한다. 이는 본래적이지 않은 존엄성의 의미를 가지고 있으며, 가변적이며 상황 의존적이다. 이 같은 이유 때문에 존엄성의 상이한 차원 사이에 분명한 구분이 필요하다.

2. 존엄성의 여러 차원

패트릭 리Patrick Lee와 로버트 조지Robert B. George는 적어도 네 가지 다른 존엄성의 차원이 구분될 수 있다고 말한다. 존엄성의 내재적 차원을 옹호하는 사람들은, 존엄성이 어떤 정도로든 드러날 필요도 없고 발전될 필요도 없는 자연적 능력이라고 주장한다. 어떤 이들은 인간이 신의 모습image of God으로 만들어졌다는 믿음과 같은 신학적 이유 때문에 이러한 존엄성을 옹호한다. 다른 이들은 세속적인 이유 때문에 그렇게 한다. 그 이유에는 인간에게 합리적 · 감정적 · 관계적 능력의 복잡한 조합, 또는 자율적인 도덕적 행위자일 수 있는 인간의 능력 등이 포함될 수 있다. 내재적 존엄성은 종종 인간이라는 것being human과 동일시되며, 그 때문에 일부는 종족주의적이라는 이유로 그것을 거부한다. 그러나 존엄성은 반드시 인간에게 제한될 필요가 없다. 존엄성은 비슷한 본성을 가지고 있는 존재에게로 확장될 수 있다. 예를 들어, 만약 우리와 유사한 본성을 가지고 있는 외계인이 우리를 방문했다면, 많은 사람이 그들 또한 본래적 존엄성을 가지고 있다고 생각할 것이다. 마찬가지로, 신학적 기반에 바탕을 두고 있는 사람들은, 신이나 어떤 다른 영적인 존재가 그것들의 본성 때문에 내재적 존엄성을 갖는다는 것을 받아들인다. 내재적 존엄성은 어떤 특정한 유형의 존재라는 것에 근거하고 있는 것이지, 반드시 인간에 기초할 필요는 없다. 그런 점에서 포스트휴먼도 존엄성을 가질 수 있으며, 우리 인간은 존엄성을 가지고서 그들을 대해야 할 의무를 가질 것이다.

두 번째 차원은 내가 상황적 존엄성이라고 부르는 것이다. 이러한 이름은 그것의 가변적인 측면을 반영하고 있다. 고전적인 존엄성 개념은 사회적 위계 질서에 기초하고 있었다. 존엄성의 원래 의미dignitas는 영어 단어 '고위관리dignitary'에서 여전히 포착된다. 이들은 그들의 지위 또는 업적 때문에 우리가 더 많은 존경심을 가지고 대하는 사람들이다. 올림픽에서 금메달을 딴 선수는 은메달을 딴 선수보다 더 높게 인정받는다. 어떤 사람이 고통과 씨름하고 있거나 가엾은 조건에서 살고 있다면, 우리는 종종 그들의 존엄성이 박탈되었다고 진술한다. 다양한 상황 속에서, 어떤 이들은 존엄성을 갖고 행동하지만, 어떤 이들은 존엄하지 않은 방식으로 대응한다. 그러나 존엄성이라는 용어가 이러한 방식으로 사용될 경우, 그것은 보통 우리가 내재적 존엄성으로 의미하는 것과 다른 어떤 것을 의미한다.

세 번째 차원은 우리의 존엄성에 대한 우리 스스로의 감각sense, 즉 자기존중감이다. 예를 들어, 고문을 받는 사람은 자신들이 존엄성을 잃어버렸다고 느낄 수 있다. 어떤 신체적 질병이나 장애를 가지고 살아가는 사람은 그들의 삶이 존엄하지 않다고 느낄지 모른다. 오랫동안 인간 권리를 옹호해 온 조나단 만Jonathan Mann은 존엄성의 이러한 차원을 포착한다. "인간 존엄성에 대한 손상은 물리적 · 사회적 · 정신적 안녕에 전염병보다도 더 심각한 부정적인 영향을 끼칠 수 있다"(Horton, 2004: 1084). 내재적 존엄성에도 불구하고, 어떤 행동은 한 사람의 존중감을 약화시킬 수 있다. 그리고 그 함축에 따라, 어떤 행동은 존엄성을 증진시킬 수 있다. 그러나 이것은 그 사람의 내재적 존엄성이 변했다고 주장하는 것과는 다른 것이다.

여기에서 논의될 존엄성의 마지막 차원은 존엄하다고 간주되는 것과 상충되게 인간이 행동하는 방식이다. 스티븐 핑커Steven Pinker는 존엄성이 가치가 별로 없는 이유 중의 일부는, 그것이 우리가 어떻게 행동해야 하는지에 대해 알려주는 바가 거의 없기 때문이라고 주장한다. 예를 들어, 우리는 많은 사람이 존엄하지 않다고 간주할 행동을 의사들이 우리에게 하는 것에 동의한다. “현대 의학은 비非존엄성의 형벌gantlet이다. 이 글의 독자 대부분은 골반 검사나 직장 검사를 받아 보았을 것이다. 그리고 많은 사람이 기꺼이 대장내시경도 받아 보았을 것이다. 우리는 존엄성이 생명, 건강, 안전과 교환될 수 있는 사소한 가치임을 계속해서 온몸으로 단호하게 주장하고 있다”(Pinker, 2008). 그러나 우리가 그러한 반응을 보인다는 사실은, 그러한 행동이 우리가 정상적으로 타인과 접촉하고 상호 작용하는 방법과 상충된다는 것을 드러낼 뿐이다.

인간 존엄성의 이러한 다양한 차원은 오래된 것들이며, 그것을 인식하는 것이 중요하다. 이 글의 나머지 부분에서 나는 처음의 두 가지 차원, 즉 내재적 존엄성과 상황적 존엄성에 대해서만 논의할 것이다. 생명윤리학에서 인간 존엄성의 유용성에 관한 논쟁, 특히 향상 및 새롭게 등장하는 기술의 맥락에서 이루어지는 논쟁은 때때로 이 두 차원을 분명하게 구분하는 데 실패한다. 그 결과 논의가 생산적이지 못할 수 있다. 나는 어떻게 인간 존엄성이 인간 향상에 관한 물음에 분명한 지침을 제공하는가를 보여주는 일에, 인간 존엄성의 이 두 측면을 명료하게 구분하는 것이 도움을 줄 것임을 논증할 것이다.

내재적 존엄성은 인간이 인간을 구분해 주는 어떤 지위와 가치를 가지고 있다는 것에 근거한다. “인간 존엄성은 인간이 독특하게 가치 있고, 따라서 매우 존중받아야 한다는 생각을 담고 있다”(O’Mathúna, 2011a: 13). 이러한 차원은 정도의 문제이거나 단계적인 것이 아니다. 사람은 내재적 존엄성을 가지고 있거나 그렇지 않다. 길버트 메일렌더Gilbert Meilaender는 인간 존엄성이 인간 본성의 본질, 즉 인간이라는 것이 무엇을 의미하는지의 핵심을 표현하고 있다고 말한다. 그는 이것이 “신보다는 아래이지만 짐승보다는 높은, 특이한 ‘중간적인’ 종류의 생명체”로서 우리 본성의 일부분이라고 결론짓는다(Meilaender, 2009: 4). 우리의 본성은 신의 특성과 짐승의 특성의 신비스러운 조합이며, 이러한 조합은 우리의 내재적 가치로 이어진다. 인간은 누구나 이러한 지위를 가지고 있다. 따라서 모든 인간은 그 지위와 내재적 존엄성에서 동등하다. 이는 정의 및 모든 인간의 동등한 처우에 대해 엄청나게 큰 함의를 지닌다.

인간 존엄성에 대한 생명윤리학의 논쟁 중 일부는 어떤 행동이 존엄하고 어떤 행동이 그렇지 않은지를 확인하려는 시도에 집중하고 있다. 삶의 끝자락에서 고통에 시달리는 사람들에 대해, 안락사는 어떤 이에게는 존엄성을 가지고 죽음에 이르는 수단으로 간주된다. 하지만 어떤 이에게는 환자의 생명을 빼앗는 것이 인간 존엄성에 대한 공격으로 간주된다. 몇몇 사람은 한 논증의 양 측면을 모두 뒷받침하는 데 사용될 수 있다는 이유로 존엄성을 거부한다. 그러나 각각의 경우에서, '존엄성'은 인간 존엄성의 다른 차원을 나타내는 데 사용되고 있다. 안락사를 옹호하는 사람들은 안락사를 상황적인 존엄성을 증진시키는 수단으로 바라본다. 반대자들은 안락사를 내재적 존엄성에 대한 공격으로 본다(Sulmasy, 2007: 17). 이 두 차원을 인식하는 것은 명료한 논쟁을 촉진하는 데 핵심적이다.

나는 향상의 윤리학에 대한 논쟁에서 존엄성의 두 차원을 인식하는 것이 중요함에도 불구하고 그것이 종종 간과되고 있다고 본다. 이 두 차원은 분명하게 구분되어야 한다. 그러나 때때로 그것은 뒤섞여 버리거나 그것의 적절한 차이가 무시된다. 우리가 올림픽 선수를 보면서 그들이 인간 존엄성을 예증하고 있다고 말할 때, 이때의 존엄성은 상황적 존엄성을 가리킨다. 우리는 여기에서 올림픽 기준에 미치지 못한 사람이 더 적은 내재적 존엄성을 갖는다고 말하는 것이 아니다. 유사하게, 존엄하지 못한 방식으로 대우받는 사람들, 혹은 자신의 온전한 잠재력을 달성할 수 없는 사람들, 혹은 비참한 빈곤 속에서 살아가는 사람들을 보면서 우리가 그들의 존엄성이 줄어들었다고 말할 때, 우리는 그들이 더 적은 내재적 존엄성을 갖는다고 주장하는 것이 아니다. 그러한 사람들을 더 존엄한 삶을 살고 있는 사람과 다르게 대우하는 것이 윤리적이라고 주장해서도 안 된다. 대신, 그들의 내재적 존엄성 때문에, 우리는 그들의 감소된 상황적 존엄성의 원인을 고민해야 할 윤리적 책임을 가지고 있다. 인간 존엄성에 대한 최근의 비판은 가끔 이러한 존엄성의 두 측면을 인식하는 데 실패한다. 그리고 이것은 그 개념이 생명윤리학에서 어떻게 사용되는지에 대한 중요한 함축을 지닌다. 이런 일반적인 비판에 대해서는 이어지는 절에서 더 살펴볼 것이다.

3. 인간 존엄성에 대한 최근의 비판

명확성의 결여

루스 맥클린Ruth Macklin의 논설 「존엄성은 쓸모없는 개념이다」는 생명윤리학에서의 인간 존엄성에 대한 재고를 촉발했다. 그녀의 비판 중 일부는 이 개념이 너무 모호하다는 것이었다. 그녀는 존엄성이 불분명하게 정의된 채로 있다고 주장한다. 그녀는 윤리학에서 존엄성이 안락사를 옹호하거나 반대하는 논증의 모두에 사용된다는 점에 주목했다. 이러한 명확성의 결여 때문에, 그녀는 이것이 "자율성의 존중에 지나지 않은 것처럼 보이는" 쓸모없는 개념이라고 주장한다(Macklin, 2003: 1419).

그러나 어떤 개념이 단지 불분명하거나 다른 방식들로 정의되고 사용된다고 해서, 반드시 그것이 가치 없다거나 알 수 없는 것임을 의미할 필요는 없다. '사랑'이나 '정의'와 같은 용어는 수세기 동안 논의되고 토의되어 왔지만, 우리는 이 용어가 나타내려는 개념의 중요성을 부인하지 않는다. 맥클린과 핑커의 비판은 "인간 존엄성을 구성하는 것이 무엇인지에 대한 의견의 불일치는 그 문제에 관한 진리가 없음을 의미한다"라는 원리로 요약될 수 있다(Beckwith, 2010: 96). 이러한 결론은 의견의 불일치에 대한 관찰로부터 도출되지 않으며, 위의 원리도 자기 논박적이다. 만약 의견의 불일치가 어떤 주장을 무효화시키고, 내가 이 원리에 동의하지 않는다면(나는 실제로 동의하지 않는다), 이러한 의견의 불일치는 그 원리의 타당성을 약화시킨다.

종교적인 반론

존엄성에 대한 또 다른 비판은 존엄성의 종교적 연관성에 기초하고 있다. 맥클린은 인간의 권리에 대한 문서에서 존엄성이 만연하게 사용되는 것이 인간 존엄성을 언급하는 많은 종교적 문헌에서 기인할 수도 있다고 생각한다. 그리스와 로마인의 사유가 존엄성에 대한 초기의 생각에 기여했다면, 기독교 신학은 존엄성 개념의 발전에 중요한 역할을 했다(Lewis, 2007: 93). 어떤 이에게 이러한 종교적 뿌리는 가치 있는 것이지만, 다른 이들은 이러한 기반을 가진 존엄성을 거부한다. 핑커는 존엄성이 의학 내에서 "열렬한 종교적인 충동에서 비롯되어" 흥미를 갖게 된 어리석은 개념이라고 주장한다(Pinker, 2008). 이런저런 이유 때문에, 그는 존엄성 개념을 거의 사용하지 않는다. 종교에 대한 의심은 존엄성에 대한 포스트휴먼적인 의문에 신빙성을 더해 준다. 포스트휴머니스트들은 휴머니즘을 비판하면서도, "'계시와 종교적 권위'를 향한 휴머니즘의 의심"을 칭찬한다(Wolfe, 2010: xvi).

인간 존엄성은 실제로 종교적인 기원을 가지고 있다. 특히 (창세기 1

장에 기초하여) 인간이 신의 모습으로 창조되었다는 유대교와 기독교의 가르침에서 그러한 종교적 기원을 갖는다. 그러나 이러한 사실이 존엄성의 생각을 거부하는 것으로 이어져서는 안 된다. '사랑'이나 '정의'와 같은 개념은 세속적인 맥락 속에서 논의되지만, 그것 또한 종교적인 문헌에 깊이 근거하고 있다. 종교적인 원천은 이러한 개념에 대해 상이한 견해나 함축을 상정하고 있을 수 있다. 그러나 가령 정의의 경우 그것이 성경에서 자주 논의되고 있다는 사실이 그 개념의 가치나 정당성을 약화시키지는 않는다. 오히려 그 정반대이다. 종교적인 생각은 윤리적인 이해에 크게 기여해 왔다. 다음의 위르겐 하버마스Jürgen Habermas의 글에서 볼 수 있듯이 말이다. "자유나 사회적 연대, 생명과 해방의 자율적 행위, 양심의 개별적인 도덕성, 인권, 그리고 민주주의의 생각을 생겨나게 한 평등주의적 보편주의는 유대교의 정의의 윤리학과 기독교의 사랑의 윤리학의 직접적인 상속자이다"(Habermas, 2006: 150-151).

다른 한편으로, 더 높은 힘에 의해 인간에게 부여된 독특한 지위로서의 존엄성은, 인간이 스스로를 지나치게 높게 보도록 했다는 점에서 비판을 받아왔다. 이들의 비판에 따르면, 이것은 인간으로 하여금 인간이 아닌 종과 환경에 대해 자신들이 원하는 것을 할 수 있다고 믿도록 만들었다. 그러나 성경에서의 존엄성 개념의 기원을 자세히 살펴보면, 신의 모습을 하고 있다는 것은 지위에 관한 것일 뿐 아니라 상당한 윤리적 책임에 관한 것임을 보여준다. 내재적 존엄성에 대한 종교적 근거를 인정하더라도, 다음의 사례가 예시하듯이 생명윤리학에 대해 그것이 갖는 함축은 명백하지 않다.

향상은 적어도 15세기 이래 인간 존엄성에 대한 종교적 관점의 맥락 안에서 검토되었다. 『인간 존엄성에 관한 연설』은 이러한 전통을 잘 보여준다. 여기에서 신은 인간에 대해 "우리는 너희를 신성한 것으로도 세속적인 것으로도, 유한한 것으로도 영원한 것으로도 만들지 않았다. 그러므로 자유로운 선택과 존엄성을 가지고, 너희는 너희가 원하는 그 어떤 형태로도 너희 자신을 만들어 갈 수 있다"라고 말한 것으로 보고된다(Pico della Mirandola, 1486). 이것은 향상의 트랜스휴먼의 생각에 이르는 길을 열어주고 있는 것으로 보인다. 우리는 우리 자신을 형성할 자유와 자율성을 가지고 있다. 그러나 저자는 계속해서 어떤 조심스러운 균형점을 제공한다. 그는 다음과 같이 쓰고 있다. "우리는 이에 대해 진지하게 관심을 가져야 한다. 그리고 그렇게 함으로써 우리가 특권적인 위치로 태어났음에도 이를 깨닫지 못하고 동물이나 지각 없는 짐승이 되었다고 우리에게 불리하게 말해지지 않도록 해야 할 것이다." 이 오래된 종교적 논의는 우리의 존엄성 때문에 향상으로 나아가는 것의 거대한 잠재력을 포착하고 있다. 그러나 이는 향상이 우리의 존엄성을 해치지 않는다는 것을 보증하기 위해서는 신중한 윤리적 · 철학적 · 종교적 분석이 중요하다는 것 또한 보여주고 있다.

이 구절은 비록 인간이 높은 지위를 가지고 있다 하더라도, 다른 원리와 문제가 고려되어야 함을 강조한다. 유대교 · 그리스도교적 설명에서, 인간의 창조는 집사의 책무stewardship에 대한 논의에 뒤이어 등장한다. 인간은 결코 환경을 착취하도록 되어 있는 것이 아니라 땅을 돌보도록 되어 있다. 그들은 땅이 번성할 수 있도록 경작을 하게 되어 있지, 그들 자신의 바람과 욕구를 위해 땅을 착취하도록 되어 있지 않다. 우리는 결코 우리 자신의 본성이나 자연에 대해 우리가 원하는 것을 하도록 의도되어 있지 않다. 인간이 다른 종과 환경을 오만하게 착취해 왔다고 비난하는 동물 권리 운동가들과 환경보호론자들은 이러한 방식으로 자신의 입장에 대한 지지를 인간 존엄성에 대한 신학적 근거로부터 찾을 수 있다. 인간 존엄성은 단지 지위에 관한 것이 아니라, 특권적 책임을 가진 지위에 관한 것이다.

비극적이게도, 인간성의 높이는 타락의 깊이에 대응해 왔다. 신학적 관점에서 보면, 인간은 특별한 지위를 가지는 반면에 영적 부활이나 도덕적 가르침, 인격의 변형을 또한 필요로 한다. 존엄성이 우리에게 우리가 원하는 것을 할 수 있는 권리를 준다는 생각은, 비록 종교 관계자들이 이를 반윤리적인 행위를 정당화하는 데 사용해 왔다 하더라도, 존엄성의 종교적 기원과 일치하지 않는다. 내재적 존엄성은 감사한 마음으로 받아야 할 선물이며, 감사한 마음으로 행동할 책임과 함께 오는 것으로 이해되어야 한다. 이것이 자신의 상황적 존엄성이 감소되었다고 생각하는 사람에 대해 느끼는 공감의 기초이며, 우리가 대우받기를 원하는 대로 다른 이를 대우하는 것에 대한 신학적 기초이다.

인간 존엄성은 그것의 종교적인 뿌리 때문에 거부되어서는 안 된다. 오히려 그러한 뿌리가 없었다면 인간의 내재적 존엄성을 정당화하기 어려웠을 것이다. 조지 카텝George Kateb은 내재적 존엄성의 세속적 기초가 발견될 수 있다고 주장하지만, 이러한 기획이 던지는 도전도 인정한다. "우리가 처음부터 유일신교의 인간보다 뛰어난 존재를 믿을 수 있다면, 모든 개인과 종에게 귀속되는 존엄성의 본성이나 그 근거에 대해 아무런 문제가 없을 것이다. 누가 그것을 부정할 수 있겠는가?"(Kateb, 2011 : 25) 이와 동시에 그는 "우리에게 전적으로 외재적이면서 우리의 가치가 무엇이고 우리의 존엄성의 기반이 무엇인지를 말해 주는 절대적으로 신뢰 가능한 판관을 갖는 것"이 단순히 "소망적 사고"에 불과한 것은 아닌지를 의심한다(Kateb, 2011 : x). 이 질문에 답하는 것은 이 글의 범위를 넘어선다. 하지만 이는 문제의 복잡함과 심오함을 보여준다. 카텝은 심리학과 뇌과학, 사회학에서 최근의 발견에 기초하여 인간의 독특한 지위를 위한 광범위한 논증을 전개한다. 종교와 독립적인 이러한 발견은 기회와 동시에 거대한 윤리적 도전을 동반하는 특별한 지위를 인간에게 부여하는 독특한 재능과 능력을 이야기한다. 종교적인 기반을 거부하는 사람들에게 내재적 존엄성의 수용 가능한 기초를 찾아내는 것은 여전히 도전으로 남아 있다.

포스트휴먼적인 비판

인간 존엄성에 대한 또 다른 비판은 포스트휴머니즘 내에서 발전되었다. 포스트휴머니즘은 인간 존엄성이 인간에 대한 인간 중심적이고 종 중심적인 견해를 옹호해 온 휴머니즘의 남아 있는 유산이라고 주장한다. 인간 존엄성은 우리가 서로를 가치 있게 여기도록 할 뿐 아니라, 우리를 오만함에 이르게도 한다. 이는 그 자체로 인간이 다른 종이나 심지어 환경 자체보다 더 큰 가치가 있다는 주장을 정당화시켜 준다. 위에서도 언급했듯이, 인간 존엄성의 이러한 사용은 그 종교적인 뿌리의 일부는 아니지만, 어떻게 종교가 인간의 오만함에 기여했는지에 관한 사례를 제시했다. 포스트휴머니스트의 비판의 일부는 인간 존엄성이 함의하는 특권적인 지위를 없애려고 시도한다.

포스트휴머니즘의 초기 발달은 "인간과 호모 사피엔스로부터 의미, 정보, 그리고 인지의 문제와 관련하여 어떤 특별한 특권적인 지위를 제거한" 모델을 찾는 것이었다(Wolfe, 2010: xii). 이는 "인간 개념에 대한 근본적인 변화나 변형"과 관련되어 있다(Wolfe, 2010: xvii). 포스트휴머니즘에 속하는 일부 학자는 생명윤리학을 "인간의 내재적 존엄성과 우월한 가치에 대한 믿음" 때문에 내재적으로 휴머니즘적이라 간주했다(Zylinska, 2009: 36). 이런 점 때문에, 또 다른 포스트휴머니스트는 "현재 구성된 것처럼 인간 본성이 주어져 있다면, 성공적인 윤리학은 불가능하다"고 주장한다(Seidel, 2010: vii). 대신에 그는 "인간이 포스트휴먼이 되는 적절한 변형"을 필요로 하며, "만약 한 종으로서 우리가 적절하게 …… 통제되는 진화를 겪는다면" 그것을 성취할 수 있다고 주장한다(Seidel, 2010: vii, 20). 포스트휴먼적 비판의 일부는 종 간의 분명한 경계를 제거하고, 어떠한 한계도 고정되어 있지 않음을 증명하는 것이다. 논의를 계속하기 전에, 포스트휴머니즘과 그것과 관련된 용어인 트랜스휴머니즘의 의미가 무엇인지를 살펴보는 것이 중요하다.

4. 포스트휴머니즘과 트랜스휴머니즘

포스트휴머니즘과 트랜스휴머니즘의 정의에 대해 많은 불일치가 존재한다. 캐리 울프Cary Wolfe는 휴머니즘과의 서로 다른 관계 때문에 포스트휴머니즘과 트랜스휴머니즘은 매우 다르다고 주장한다. "내가 의미하는 포스트휴머니즘은 트랜스휴머니즘의 반대이다. 그리고 이러한 견지에서, 트랜스휴머니즘은 휴머니즘의 강화로서 이해되어야만 한다"(Wolfe, 2010: xv). 트랜스휴머니즘은 휴머니즘의 많은 가정을 받아들이며, 우리가 인간 본성의 경계를 부술 필요가 있다고 주장한다. 기술, 과학 그리고 이성은 인간 진화를 통제하고, 인간 본성을 넘어서는 수단으로 간주된다.

트랜스휴머니즘은 닉 보스트롬Nick Bostrom에 의해 "세속적 휴머니즘과 계몽주의의 자연스러운 결과물"로 정의되었다. "이는 응용과학과 다른 이성적인 방법을 이용하여 현재의 인간 본성이 개선될 수 있다고 주장한다. 그것들은 인간의 건강 수명을 늘리고, 우리의 지적·신체적 능력을 확대하며, 또 우리 자신의 정신 상태와 감정에 대한 더 증대된 통제를 가능하게 만들 수 있다"(Bostrom, 2005: 202-203). 이처럼, 트랜스휴머니즘은 기술에 의한 인간 향상을 적극적으로 옹호한다. 보스트롬은 윤리적인 추구로서의 향상에 대한 강경한 옹호자였다. 보스트롬은 포스트휴먼이 "무한한 건강 수명과, 현재의 그 어떤 인간보다도 훨씬 뛰어난 지적 능력을 가질 수 있고, 그들 스스로의 감정을 통제하는 능력뿐 아니라 어쩌면 완전히 새로운 감성이나 감각적 양상을 지닐 수도 있다"고 주장한다(Bostrom, 2005 : 203).

울프는 포스트휴머니즘을 체화體化, embodiment에 대한 재강조와 함께 이루어지는, 휴머니즘에 대한 철학적 비판으로 본다. 그는 휴머니스트들이 인간 본성의 순전히 물질적인 측면에 집중하는 것을 비판하고, 이것이 체화에 대한 무시로 귀결된다고 주장한다. 포스트휴머니즘에 대한 울프의 서술과 정의는, 휴머니즘과 트랜스휴머니즘에 대한 합당하고 가치 있는 여러 비판을 포함한다. 이러한 방식으로 이해되었을 때, 포스트휴머니즘은 특히 생명윤리학에서 많은 중요한 점을 제기한다. 내재적 인간 존엄성에 대한 비판에 깔려 있는 과학적 유물론에는 문제가 있다(Beckwith, 2010). 포스트휴머니즘과 트랜스휴머니즘 사이에는 중요한 차이가 있지만, 인간 존엄성에 대한 관점에서는 통합된다. 두 접근 모두 인간 존엄성에 대한 고정된 내재적 차원이 있음을 부정한다. 왜냐하면 이 두 접근 모두가 구성된 것들constructs은 모두 변화를 겪을 수밖에 없다고 생각하기 때문이다. 인간 존엄성에 대한 이러한 입장은 신중하게 분석될 필요가 있다.

포스트휴먼 존엄성

보스트롬이 트랜스휴머니즘 내에서 계속 유지하기를 원하는 휴머니즘의 한 측면은 존엄성에 대한 그것의 견해이다. 휴머니즘은 인간의 내재적인 존엄성을 인정해 왔으며, 이것을 인간의 권리와 자율성의 근거로 사용해 왔다. 보스트롬은 트랜스휴머니즘이 사람으로 하여금 "인간의 권리와 개인의 선택을 강하게 옹호하는 동시에 기술적 진보를 받아들일 수" 있도록 해 준다고 주장한다(Bostrom, 2005: 203). 그러나 울프와 같은 다른 포스트휴머니스트는 보스트롬이 그 또한 거부하고자 하는 존엄성의 견해에 의존하고 있다고 비판한다. 울프는 다음과 같은 미셸 푸코Michel Foucault의 주장에 동의하면서 그의 말을 인용한다. "적어도 17세기 이래로 휴머니즘이라고 불린 것은 항상 종교, 과학 혹은 정치로부터 빌려온 특정한 인간 개념에 기대지 않을 수 없었다"(Wolfe, 2010: xiv). 보스트롬은 존엄성에 대한 내재적 관점을 유지하기를 원한다. 동시에 그는 인간 본성에 어떤 불변하는 측면이 있다는 것을 거부하고 있다. 그는 인간 존엄성이 "현재의 우리가 무엇이며 우리가 무엇이 될 수 있는 잠재력을 가지고 있는지"에 달려 있다고 주장한다(Bostrom, 2005: 213). 후자는 가변적이고 우연적이며, 우리가 획득해야 할 어떤 것이다. 그렇기에 그것은 내재적 존엄성이 아니라 상황적 존엄성이다. 그러나 보스트롬은 이와같이 주장하면서 이러한 두 차원을 혼합해 버렸고, 인간 존엄성이 가변적이라는 결과를 낳았다. 만약 그것이 사실이라면, 모든 인간의 동등한 권리에 대한 기초는 없어져 버린다. 대신에, 권리와 존엄성은 개인의 능력과 상황에 우연적인 것이 된다.

5. 트랜스휴먼 향상에 대한 비판

트랜스휴머니즘은 인간에 대한 기술적인 변형이 인간성을 없애고 인간 존엄성을 약화시킬 것이라는 주장에 의해 비판을 받아 왔다. 이 논증은 보스트롬이 생물보수론자들bioconservatives이라고 부른 이들에 의해 지지되었다. 그들은 인간 존엄성의 내재적 본성을 거부하는 것은 평등과 평등한 권리를 떠받치고 있는 기둥 중의 하나를 제거하는 것이라고 주장한다. 보스트롬은 생물보수론자들이 포스트휴먼의 존엄성을 의문시하고 있다고 대응한다. 일부 생물보수론자가 이러한 논증을 펼칠 수는 있지만, 그들 모두가 반드시 이러한 주장을 하는 것은 아니다. 특히 종교적인 반대자는 그렇게 하지 않는다. 종교적 관점에서 포스트휴머니즘을 비판하는 생물보수론자는 누군가의 영혼을 맡기고 추종하는 것을 보증하는 충분한 존엄성을 갖춘 모종의 슈퍼휴먼적 존재를 인정한다. 종교적인 염려는 인간의 능력을 훨씬 뛰어넘는 능력을 가진 존재가 존엄성을 갖지 않는다는 것이 아니다.

생물보수론자는 가설적인 포스트휴먼의 비전을 추구하면서 우리가 가진 존엄성이 상실되거나 약화될 것에 대해 우려한다. 우리는 최소한 두 가지 방식으로 그렇게 한다. 우리는 현재 우리가 가진 능력에 덜 만족해 한다. 그리고 우리는 모든 인간이 갖는 약점이나 결점에도 불구하고 각각의 인간에 내재하는 존엄성을 보는 데 실패한다.

보스트롬의 논증이 갖는 문제점을 알아보기 위해, 나는 잘 알려진 생물보수론자 중의 한 명인 레온 카스Leon Kass에 대한 그의 대응을 살펴볼 것이다. 보스트롬은 인간 존엄성과 관련하여 포스트휴먼 향상에 대한 두 가지 주요 비판이 있다고 생각한다. 그는 이들 비판이 신중하게 발전된 논증이 아니라 두 가지 공포에서 비롯되는 것이라 주장한다.

존엄성 상실의 공포에 대한 보스트롬의 대응

보스트롬이 문제 삼는 첫 번째 공포는 포스트휴먼이 되는 지점까지 인간을 향상시키는 것은 인간의 지위를 격하시키고 존엄성을 훼손시킨다는 것이다. 그는 이러한 공포를 예시하기 위해 카스로부터 한 단락을 인용한다. "인간을 바퀴벌레로 바꾸는 것은 인간성을 없애는 것이다. (이를 보이기 위해 프란츠 카프카Franz Kafka가 필요하진 않다.) 인간을 인간 이상의 존재로 바꾸려는 것도 마찬가지일 수 있다. 우리는 자연의 선물에 대해 일반적인 감사 이상을 필요로 한다. 우리는 우리 자신의 주어진 본성이라는 이 특별한 선물에 대해 특별한 관심과 존중을 필요로 한다"(Kass, 2003: 19-20).

보스트롬은 "카스처럼 뛰어난 사람"이 인간 본성이 바람직하거나 옳은 것에 대한 지침이라고 계속 믿고 있다는 점에 실망하며 답변한다(Bostrom, 2005: 205). 그는 카스가 자연이 그리 선물을 잘 나누어 주지 못했다는 사실을 간과하고 있다고 주장한다. 어떤 이는 가난하게 태어나고, 어떤 이는 재능이 없으며, 질병은 사람들을 다른 정도로 괴롭힌다. 게다가 인간 본성은 살인, 강간, 고문, 사기처럼 끔찍한 일을 저지르기 쉬운 측면도 포함하고 있다. 새로운 기술에 의해 극복되거나 향상될 수 있는 능력과 같이, 본성이 제공하는 것 중의 일부는 거부되어야 한다.

보스트롬은 카스가 무엇이 옳고 바람직한지에 대한 안내자로서 본성을 이용하는 것을 옹호하고 있다고 주장하지만, 자신과 카스가 인간 존엄성의 두 가지 다른 차원에 관해 이야기하고 있음을 보지 못하고 있다. 카스는 원래의 글에서 각각의 종은 내재적인 본성을 가지며, 그 본성을 향상시키거나 손상시켜 바꾸려 하는 것은 잘못이라고 주장했다. 그는 오히려 우리에게 주어진 내재적 본성이라는 특별한 선물에 대해 우리가 더 크게 감사할 필요가 있다고 말한다. 보스트롬은 카스에 답하면서 상황적인 존엄성을 문제 삼고 있다. 그는 가난이나 질병, 고문과 같은 인간 존엄성과 모순되는 인간의 행동처럼, 인간 존엄성을 위협하는 다양한 상황을 열거한다.

보스트롬은 카스를 완전히 잘못 이해하고 있거나, 카스에게서 인용한 단락의 나머지 부분을 읽어내는 데 실패했다. 동일한 절에서 카스는 단지 어떤 것이 주어져 있다는 사실이 그 주어진 것을 감사하게 받아들여야 하는지, 훈련을 통해 개선해야 하는지, 아니면 전염병처럼 통제하거나 저지해야 하는지를 결정하는 데 도움을 주지 못한다고 명확하게 진술하고 있다. 그는 보스트롬의 목록에 필적하는 달갑지 않은 자연적 상황을 열거한다. 카스는 본성 그 자체가 어떤 것들이 변화되어야 하고 거부되어야 하는지, 그리고 어떤 것이 있는 그대로 받아들여져야 하는지를 알려준다는 점을 명시적으로 거부한다.

카스는 '주어진given'이라는 용어의 두 가지 의미를 중심으로 자신의 논증을 전개한다. 그는 주어짐이나 자연의 선물성으로, 사람들이 마주치는 다양한 상황과 기회를 의미하지 않는다. 보스트롬이 인용한 것과 동일한 문단에서, 카스는 '주어진'의 두 가지 의미를 설명한다. 하나는 선물이 주어진 것처럼, 무언가를 받았다는 생각이다. 우리들 각각은 다양한 수준의 건강 또는 지능 또는 물질적인 소유물을 받았다.

카스는 또한 어떤 것이 한정되고 고정되어 있다는, 주어진의 두 번째 의미에 대해 논의한다. 예를 들어, '1 + 1 = 2'와 중력이 존재한다는 것은 주어진 것이다. 세계의 본성은 어떤 것들이 주어져 있다는 것이다. 그러한 것들은 이미 정해져 있고, 우리는 그것의 본성의 테두리 안에서 행동해야만 한다. 카스는 환경주의자들이 우리가 완전히 이해하지 못하는 복잡한 생물권biosphere에 개입하는 것의 위험성을 오랫동안 지적해 왔음에 주목한다. 사람들이 하룻강아지 범 무서운 줄 모르고 달려들었던 상황은 끔찍한 결과를 낳았고, 예방적인 원칙에 대한 옹호로 이어졌다 (O'Mathúna, 2011b).

카스가 보스트롬이 인용하고 있는 바퀴벌레와 인간에 대해 언급할 때, 그가 논의한 것은 '주어진 것'의 이러한 내재적인 측면이다. 이러한 맥락에서 카스는 각각의 종이 각기 주어진 본성을 가지고 있음에 주목한다. 각각의 종이 할 수 있고 될 수 있는 것에는 경계가 있다. 인간 존엄성의 일부는 이러한 주어진 인간의 본성을 인식하고 수용하며 그 한계 내에서 행동하는 것이다. 이는 지식이나 지혜의 한계와 같은 우리의 한계를 인정하는 것을 포함한다. 카스는 사물을 자연스러운 것으로 보는 것이 "그 자체로는 어떤 것이 조정될 수 있고 어떤 것이 침해되지 않아야 하는지 가르쳐 주지 않을"(Kass, 2003: 19) 것이라고 언급한다. 우리는 유한하다. 우리는 모든 것을 알지 못한다. 우리가 모든 것을 통제하려고 해서도 안 된다. 실제보다 더 많이 아는 것처럼 행동할 때, 우리는 실수를 저지른다. 이러한 행동은 좋은 의도에도 불구하고 의도하지 않은 결과를 낳을 수 있다. 우리는 이를 무시하지 않고, 기억하고 인식할 필요가 있다.

포스트휴머니즘은 주어짐의 이러한 두 번째 의미를 거부함으로써 너무 지나치게 나아간다. 포스트휴머니즘은 고정된 본성의 개념과 그 경계를 거부하는 일에 이데올로기적으로 복무하고 있다. 그러나 자연은 반복해서 우리가 성공적으로 도입할 수 있는 변화에 한계가 있음을 보여준다. 복잡계는 극적인 변화로 이어지는 정점들을 가지고 있다. 동물 사육자들은 재앙적인 문제를 야기하지 않으면서 종을 최대한 개량할 수 있는 범위에 한계가 있음을 안다. 개의 품종 사이에 고도의 교배가 이루어지면, 개는 생존에 덜 적합한 다른 특성도 갖게 된다. 초파리가 실험실에서 실험적으로 변이되었을 때, 발생하는 변화는 이롭지 않고 해롭다. 다시 한 번 예방적인 원칙은 무제한적인 변형에 소리 높여 반대한다.

이 부분에서 카스가 초점을 맞추는 것은 인간 존엄성의 내재적인 차원이다. 보스트롬은 이를 보지 않고, 카스가 의학과 생명 기술의 사용이 세상의 질병과 건강하지 못한 상태를 다루는 데 중요하다는 점을 간과하고 있다고 주장한다. 그런데 보스트롬은 카스의 문장을 끝까지 인용하지 않고 마무리한다. 원래 단락의 결론적인 구절은 다음과 같다. "우리는 우리 자신의 주어진 본성이라는 이 특별한 선물에 대해 특별한 관심과 존중을 필요로 한다. (그리고, 덧붙여, 우리와 더불어 사는 피조물 각각에 대해서도 마찬가지이다.)"(Kass, 2003: 20). 카스는 우리의 본성과 존엄성을 내재적인 것으로서 여기는 것의 일부는, 모든 인간이 동등하게 존엄하며, 따라서 우리의 관심과 도움을 받을 가치가 있음을 기억하는 일임을 상기시키고 있다. 이러한 측면에 대해서는 나중에 다시 논의할 것이다.

보스트롬은 인간 존엄성의 두 측면을 합쳐 버렸고, 카스가 실제로 말한 것을 잘못 전달하고 있다. 카스는 계속해서 의학이라는 것은 인간의 삶에 불평등하게 주어진 것들에 대응하는 것에 관한 것임을 논의한다. 의학은 온전한 인간 존엄성의 경험을 불평등하게 손상시키는 질병과 장애를 바로잡는 것이다. 의학은 자연을 통제하는 것이 아니라, 자연의 자기 치유 능력을 도와주는 것이다(Kass, 2003: 19). 그러나 보스트롬은 의학을 자연을 통제하고 조종하는 힘으로 바꾸려고 한다.

보스트롬은 또한 카스가 미래의 포스트휴먼에 대해 지나치게 부정적인 견해를 가지고 있다고 비판한다. 카스는 철학적인 글이나 허구적인 문학에 묘사된 많은 디스토피아적인 미래를 언급한다. 보스트롬은 『멋진 신세계』에 대한 카스의 사례를 들면서 그러한 해석에 동의하지 않는다. "멋진 신세계의 사람들은 그들 자체가 비인간화되었고 존엄성을 많이 상실했다. 그러나 그들은 포스트휴먼이 아니다"(Bostrom, 2005: 206). 그는 이러한 미래를 포스트휴먼 향상의 불가피한 귀결로 보는 것은 "엄청나게 비관적이며 — 근거가 없는" 것이라 주장한다.

대신에, 보스트롬은 『멋진 신세계』의 문제에 대한 책임은 사회공학과 전체주의에 있다고 본다. "트랜스휴머니스트들은 『멋진 신세계』를 피할 수 있는 최상의 방법은 세상의 그 어떤 지배자라 하더라도 그에 대항하여 형태학적인 자유와 재생산의 자유를 적극적으로 옹호하는 것이라 주장한다"(Bostrom, 2005: 206). 보스트롬은 이러한 자유를 정부가 축소하도록 허용했을 때의 위험을 소설이나 역사가 보여준다고 주장한다. 사람은 그들이 원하는 종류의 향상을 자유롭게 선택할 수 있어야 한다.

그러나 아이러니하게도, 다른 곳에서 보스트롬은 정확히 세계 지배자 몬드Mond와 같은 누군가가 인간 선택을 통제하기 위해 필요해질 것이라 논증한다. 그는 인간 진화의 통제는 "하나의 독립적인 의사결정 권력 …… 그 구성원들에게 기본 법률을 강제할 수 있는 전지구적 체제 ……의 발전을 요구할 것"이라고 쓰고 있다. "안정성을 확보하기 위해서는 외부의 경쟁자가 없어야 할 뿐 아니라, 체재 내의 상황도 그 헌법에 대한 내부적인 도전이 일어날 수 없는 방식으로 규제되어야 할 것이다"(Bostrom, 2005: 349). 보스트롬은 향상 기술에 대한 제한 없는 접근을 위한 자신의 윤리적 논증의 기반을 개인의 자율성에 두고 있다. 그럼에도 불구하고, 그는 "급진적인 생명 연장을 이용하길 원하는 사람들은 자신의 신생아 출산율을 제한하는 것에 동의해야 할 것"이라고 주장한다(Bostrom & Roach, 2007: 127). 이러한 모순은 그의 논증 전체에 대해 심각한 우려를 제기한다.

차별의 공포에 대한 보스트롬의 대응

보스트롬에 따르면, 사람들이 포스트휴머니즘에 대해 갖는 두 번째 공포는 포스트휴머니즘이 향상되지 않은 사람에 대한 차별이나 폭력으로 귀결될 것이라는 점이다. 조지 아나스George Annas는 포스트휴먼이 인간에 대해 갖는 잠재적인 위협을 이유로, 특정한 향상을 "인간성에 반하는 범죄"로 공표해야 한다고 요구해 왔다(Annas, 2009: 229). 공상 과학 소설은 미래의 갈등을 예측하는 경향성이 있다. 허버트 웰스Herbert G. Wells의 『타임머신』에서, 선택적으로 교배된 몰록족은 엘로이족을 지배하고 사냥한다. 『멋진 신세계』에서 알파 계층은 베타와 델타 계층을 지배한다. 영화 〈가타카*Gattaca*〉에서 유전공학은 '부적격자'보다 '적격자'에게 우선권을 준다(O'Mathúna, 2009: 185).

보스트롬은 이러한 문학적인 우려를 일축한다. "'향상된' 사람들이 협정을 맺고 '자연적인' 사람들을 공격하는 시나리오는 흥미진진한 공상 과학 소설을 만들어 내긴 하지만, 그것이 반드시 가장 그럴듯한 결과는 아니다"(Bostrom, 2005: 208). 그는 현재 사회에서 폭넓은 범위의 능력을 가진 많은 사람이 서로 조화롭고 평화롭게 살고 있음에 주목한다. 보스트롬은 평화가 지배하지 않는 세계의 일부 지역이나, 다른 인간 집단보다 자신이 우월하다고 믿는 집단에 의해 종종 행해지는 폭력, 차별, 그리고 대량 학살의 역사는 언급하지 않는다.

보스트롬은 자율성과 자유에 입각하여 자신의 논증을 전개하고 있음에도 불구하고, 다시 한 번 그 자유에 한계를 도입한다. "뛰어난 능력을 갖는 새로운 생명의 형태를 창조하려는 사람들은 그러한 존재가 정신병적인 경향으로부터 자유롭다는 것을, 좀 더 일반적으로는 그것이 인간적인 성향을 갖는다는 것을 보장할 의무를 져야 할 것이다"(Bostrom, 2005: 208). 이것이 어떻게 이루어질 수 있는가? 내 생각에, 사이버네틱을 선도하는 세계적인 전문가라고 하는 케빈 워윅Kevin Warwick이 좀 더 현실적이다. 그는 우리 인간이 인공 지능과 로봇을 발전시킴에 따라, 그것들이 결국에는 우리의 지능을 훨씬 능가하게 될 것이라 주장한다. 그 다음에, 만약 우리가 운이 좋다면, 그들은 우리를 애완동물로 기르거나 동물원에 가둬둘 것이다. 워윅은 이것이 바로 적자생존이 작용하는 방식이라고 말한다.

이것이 좀 더 현실적이기는 하지만, 분명 인간에게 매우 존엄한 미래를 예고하고 있지는 않다. 보스트롬은 어떻게 미래의 향상을 안내할지를 알고 있는 이미 더욱 향상된 사람들을 믿어야 한다고 주장한다. "특정한 고도의 능력을 가진 이들은, 문제의 능력을 동일한 정도로 가지고 있지 않은 사람에 비해, 그 능력을 갖는 것이나 그 능력을 추가적으로 증대시키는 것의 가치에 대해 일반적으로 더 나은 판관이다"(Bostrom, 2008: 118). 그 능력을 가진 자들에게 더 많은 것이 주어져야 한다.

이것은 그러한 향상의 근저에 깔려 있는 불평등을 보여준다. 거듭되는 향상에 초점을 맞추는 것은 완전성을 향한 아우성으로 연결된다. 더 많은 것을 가진 이들은 더욱 많이 갖는 것에 초점을 맞추게 된다. 인간 본성의 내재적 존엄성이 거부되고 그 경계가 부정되었을 때, 끊임없이 더 많은 것을 움켜쥐려는 것은 존엄성을 상실하게 한다. 대신에 우리는 우리에게 공통적인 내재적 존엄성을 강조하고, 모든 사람을 생활이나 건강관리의 더 존엄한 기준에 맞추려고 하는 의학의 전통적인 목표 내에서 행동해야 한다.

존엄성이 내재적인 것으로서 인정될 때, 그것의 주어짐과 그 한계에 대한 인정이 있게 된다. 우리는 스스로 만들어지지 않았다. "우리는 우리의 유전적 유산을 산출하지 않았다. 우리는 우리의 형성기에 우리를 도와준 이들로부터 많은 것을 받았다. 우리의 부모님이나 일차적인 양육자가 그 중심에 있으며, 친구, 이웃, 친척, 교사, 코치, 의사, 간호사, 그리고 오늘날의 우리가 되도록 도와준 무수히 많은 사람이 그러하다. 이는 감사와 겸손함의 마음으로 이어져야 한다"(O'Mathúna, 2009: 155). 카스가 진술하고 있듯이, 이는 "중용, 자제, 겸손의 태도"(Kass, 2003: 19)로 이어져야 한다.

다른 사람과의 이러한 상호연관성은 우리에게 주어진 모든 것에 대해 겸손한 감사를 불러일으켜야 한다. 이것의 많은 부분은 우리의 똑똑함이나 뛰어난 솜씨가 아니라, 다른 사람이 우리에게 준 선물에서 비롯된 것이다. 어떤 이에게 이는 우리의 삶은 신으로부터의 선물이라는 믿음을 포함할 것이다. 다른 이에게 이것은 우리가 우리의 가족이나 공동체로부터 받은 것에서 기인하는 것으로 혹은 자연의 선물로 간주될 수 있다.

이와 함께 다른 인간의 내재적인 존엄성에 대한 인식이 비롯된다. 우리는 우리가 이미 가지고 있는 것을 어떻게 더 가질 수 있을지에 초점을 맞추기보다 다른 사람의 상황에 대해 관심을 가지게 된다. 우리는 다른 사람이 존엄하지 않은 상황에서 빠져나와 좀 더 존엄한 삶을 경험하도록 도울 책임이 우리에게 있음을 안다. 우리의 삶을 선물로 여기는 것은 여기서도 도움이 된다. "그리고 선물로서의 삶은 그것을 잘 사용해야 할 책임감을 가져다 준다. 많은 것이 주어진 사람에게는, 많은 것이 기대된다. 그것을 잘 사용하는 것은 우리의 만족이나 기쁨 이상의 것을 위해 그것을 사용함을 의미한다. 이는 다른 사람의 선을 위해 그것을 사용하는 것을 포함한다"(O'Mathúna, 2009: 156).

이는 생명윤리학에 대해 매우 실질적인 함축을 갖는다. 향상 연구를 위한 홍보나 재원은 오늘날 존엄성이 훼손된 상황 속에서 살아가는 사람들을 돕고자 하는 연구로부터 재원이나 자원을 빼앗아 갈 것이다. 세계의 두 가지 지도는 오늘날의 향상된 경제가 향상되지 않은 세계를 보살피고 있지 않음을 분명하게 보여준다(Worldmapper). 의사들의 전 세계적인 분포는 HIV 보균자의 분포와 크게 대조를 이룬다. 의료적인 도움을 가장 필요로 하는 사람은 그들을 도와줄 의사를 가장 적게 가지고 있다. 국제보건인력연맹The Global Health Workforce Alliance은 "우리 모두는 숙련된 의료 인력으로부터 기본적인 의료 서비스를 받기 위해 매일 투쟁하는 전 세계 10억 명의 사람에게 변화를 만들어 주겠다는 책임감을 가지고 일하고 있다"라고 말한다. 포스트휴먼 향상의 기획은 가장 적게 가진 사람으로부터 이미 가장 많이 가진 사람에게로 관심과 재원을 더욱 빼앗아 갈 것이다. 이는 정의롭지 않다.

만약 우리가 모든 인간의 내재된 존엄성이란 생각을 버리고, 그 결과 모든 사람이 동등한 존엄성의 자격을 갖고 있다는 생각을 버린다면, 그리고 이것을 더 많은 능력을 얻고 우리가 가진 것을 향상시킴으로써 존엄성이 올라간다는 생각으로 대체한다면, 존엄성이 사라진 상황에서 살아가는 사람은 계속해서 방치될 것이다. 이와 함께, 다른 사람의 상황을 개선하도록 도와줌으로써 우리가 이미 가진 수준까지 그들을 근접시키도록 해야 한다는 책임을 무시하는 일은 더욱 쉬워질 것이다.

6. 나오는 말

결론적으로 나는 나다니엘 호손Nathaniel Hawthorne의 1843년 단편인 「모반」을 언급하고 싶다. 에일머는 조지아나와 행복한 결혼 생활을 하고 있는 훌륭한 과학자이다. 그런데 그녀는 뺨에 모반母斑을 가지고 있고, 그는 그것을 '인간의 불완전함earthly imperfection'의 상징으로 여긴다(Hawthorne, 2003: 7). 그는 갈수록 그 결점에 더 불만스러워하면서, 그 점을 제거할 방법을 찾는 데 집착하게 된다. 현대적인 용어로, 그는 그녀의 아름다움을 향상시키고 싶어한다. 조지아나는 마침내 그가 개발한 해결책을 받아들이기로 동의한다. 그것은 효과가 있었다. 그러나 그

모반이 사라지자, 그녀의 삶도 시들기 시작한다. 죽음에 임박하여 그녀는 에일머에게 말한다. "당신의 높은 곳을 지향했었지요! …… 그 고아하고 순수한 느낌 때문에, 당신은 땅이 제공할 수 있는 최상의 것을 거부했어요"(Hawthrone, 2003: 19).

에일머는 현실이나 허구의 다른 과학자와 마찬가지로 그의 동기를 조심스럽게 평가하지 않고서 과학의 경계를 밀어낸다. 문학은 어떤 것은 행해서는 안 된다는 것을 겸손하게 수용하는 지혜가 있음을 보여준다. 과학은 인간의 거대한 모험이다. 그것은 다른 인간의 행동처럼 개인의 자아, 경제적인 이익, 그리고 지배와 권력의 추구에 의해 영향을 받을 수 있다. 완전성의 추구는 의학이나 과학의 존엄한 목표가 아니다. 생명의 주어짐과 내재적 존엄성을 인정하는 것은 도덕적 용기의 상징이며, 완전성이나 힘에 대한 무모한 추구에 대항하는 중요한 균형점이다. 생명의 내재적 존엄성은 우리로 하여금 우리가 가진 것을 감사와 관용의 마음으로 수용하도록 도와주며, 존엄하지 않을 수 있는 상황을 헤쳐 나갈 틀을 제공한다. 에일머는 또한 우리가 얼마나 모르고 있는지를 상기시킨다. 그가 실험을 할 때, 그의 조수와 조지아나는 그에게 경고를 했다. 그러나 그는 자신을 믿으라는 강한 자신감으로 응수했다.

보스트롬과 트랜스휴머니스트들은 자신이 하는 일이 무엇인지 알고 있음을 믿으라고 요구한다. 그러한 과학적인 자만에는 경고 신호를 울려야만 한다. 과학과 기술은 좋은 일을 많이 했으며, 현재 우리 삶의 표준에 큰 기여를 해왔다. 그러나 그것들은 또한 최선의 의도에도 불구하고 어떤 상황에서는 해악을 가져왔다. 이는 긍정적이든 부정적이든 결과를 예측하는 일의 불확실성을 증가시킨다. 우리는 트랜스휴머니스트들이 완전성을 추구하는 동안에, 세계의 많은 사람이 기본적인 의료 서비스나 식량, 깨끗한 물이 없어 죽게 될 것임을 안다. 현재로는 항상 치료에 반대하는 가장 분명한 논증은 오늘날 살아 있는 사람들의 존엄성을 위한 정의이다.

참고 문헌

Annas, George J., "The Man on the Moon," *Science Fiction and Philosophy: From Time Travel to Superintelligence*. Ed. Susan Schneider. Oxford: Wiley-Blackwell, 2009.

Beckwith, Francis J., "Dignity Never Been Photographed: Scientific Materialism, Enlightenment Liberalism, and Steven Pinker," *Ethics & Medicine* 26.2, 2010.

Bostrom, Nick, "The Future of Human Evolution," *Death and Anti-Death: Two Hundred Years After Kant, Fifty Years After Turing*. Ed. C. Tandy. Palo Alto, CA: Ria University Press, 2004.

______, "In Defense of Human Dignity," *Bioethics* 19.3: 202-14, 2005.

______, "Why I Want to be a Posthuman When I Grow Up," *Medical Enhancement and Posthumanity*, Ed. Bert Gordijn & Ruth Chadwick. Berlin: Springer, 2008.

Bostrom, Nick & Rebecca Roach, "Human Enhancement: Ethical Issues in Human Enhancement," *New Waves in Applied Ethics*, Ed. Jesper Ryberg, Thomas S. Petersen, & Clark Wolf, New York: Palgrave Macmillan, 2007.

Cheshire, William, "Toward a Common Language of Human Dignity," *Ethics & Medicine* 18.2: 7-19, 2002.

Global Health Workforce Alliance. *Adding Value to Health*, 2010. 〈http://

www.who.int/workforcealliance/en〉

Habermas, Jürgen, *Time of Transitions*, Cambridge: Polity, 2006.

Hawthorne, Nathaniel, "The Birth-Mark," *Being Human*, Ed. President's Council on Bioethics. Washington, DC: President's Council on Bioethics, 2003.5–20.〈http://www.bioethics.gov/bookshelf/reader/chapter1.html#reading〉

Horton, Richard, "Rediscovering Human Dignity," *Lancet* 364: 1081–5, 2004.

Kass, Leon, "Ageless Bodies, Happy Souls: Biotechnology and the Pursuit of Perfection," *The New Atlantis*, Spring, 2003.

Kateb, George, *Human Dignity*, Cambridge: Harvard University Press, 2011.

Lee, Patrick & Robert P. George, "The Nature and Basis of Human Dignity," *Ratio Juris* 21.2: 173–193, 2008.

Lewis, Milton, "A Brief History of Human Dignity: Ideas and Application," *Perspectives on Human Dignity: A Conversation*. Ed. Jeff Malpas & Norelle Lickiss. Dordrecht: Springer, 2007.

Macklin, Ruth, "Dignity is a Useless Concept." *BMJ* 327: 1419–1420, 2003.

Meilaender, Gilbert, *Neither Beast Nor God: The Dignity of the Human Person*, New York: Encounter Books, 2009.

O'Mathúna, Dónal P., *Nanoethics: Big Ethical Issues with Small Technology*, London: Continuum Press, 2009.

______, "The Place of Dignity in Everyday Ethics," *Journal of Christian Nursing* 28.1, 2011a.

______, "Taking a Precautionary Approach to Nanotechnology," *Nanotechnology Development* 1.e6, 2011b.

Pico della Mirandola, Giovanni, *Oration on the Dignity of Man*, 1486. 〈http://www.fordham.edu/halsall/med/oration.asp〉

Pinker, Steven, "The Stupidity of Dignity," *The New Republic*, 28 May 2008. 〈http://www.tnr.com/article/the-stupidity-dignity〉

Seidel, Asher, *Immortal Passage: Philosophical Speculations on Posthuman Evolution*, Lanham: Rowman & Littlefield, 2010.

Sulmasy, Daniel P., "Human Dignity and Human Worth," *Perspectives on Human Dignity: A Conversation*, Ed. Jeff Malpas & Norelle Lickiss, Dordrecht: Springer, 2007.

UNESCO, *Universal Declaration on Bioethics and Human Rights*, 2005. 〈http://www.unesco.org/new/en/social-and-human-sciences/themes/bioethics/bioethics-and-human-rights〉

United Nations, *Universal Declaration of Human Rights*, 1948. (http://www.un.org/en/documents/udhr/index.shtml)

______, *International Covenant on Economic, Social and Cultural Rights*, 1966a. (http://www2.ohchr.org/english/law/cescr.htm)

______, *International Covenant on Civil and Politica lRights and International Covenant*, 1966b. (http://www2.ohchr.org/english/law/ccpr.htm)

Warwick, Kevin, *In the Mind of the Machine*. 〈http://www.kevinwarwick.com/mind_of_the_machine.htm〉

Wolfe, Cary, *What is Posthumanism*, Minneapolis: University of Minnesota Press, 2010.

Worldmapper. 〈http://www.worldmapper.org〉

Zylinska, Joanna, *Bioethics in the Age of New Media*, Cambridge: Massachusetts Institute of Technology, 2009.

견고한 인간중심주의를 넘어서:
인간, 유인원, 그리고 컴퓨터의 도덕적 지위에 관하여*

슈테판 로렌츠 조르그너

1. 들어가는 말

오늘날의 생명윤리학적 논의에서 살아 있는 존재의 도덕적 지위에 관한 물음은 중심적 위치를 차지하고 있다. 삶과 죽음에 관한 많은 문제가 이 물음에 관련되어 있다. 논의의 영역은 로버트 슈패만Robert Spaemann과 같은 가톨릭적 사상가와 페터 싱어Peter A. D. Singer와 같은 자연주의적 철학자로 나눠진다. 슈패만은 난세포의 수정에서부터 인간의 존엄성이 출발한다고 보는 것이 타당하다고 주장한다(Spaemann, 1987: 88). 반면 싱어는 도덕적 지위를 인격성personhood과 연관짓는 이유를 제시한다. 왜냐하면 오직 인격체만이 자의식과 지각력과 같이 도덕과 관련된 성질들을 갖기 때문이다(Singer, 2002; 2006). 나는 종족주의에 대한

* 이 글은 이화인문과학원이 주최한 2012년 국제학술대회에서 발표된 원고를 수정하여 *Trans-Humanities* 제14집(2013. 2)에 실린 논문을 번역한 것이다. 이화여자대학교 철학과 대학원을 졸업한 안소영이 초벌 번역했으며, 신상규가 재벌 번역 및 감수를 했다.

싱어의 비판을 감안한 인간 존엄성 개념을 옹호할 것이다. 그런 다음 슈패만이 제시했던 형태의 견고한 인간 중심적 입장을 넘어설 것이다. 이를 위해 다음과 같은 순서로 논의를 진행하고자 한다. 2절에서는 이어지는 3절과 4절에서의 논변을 뒷받침하는 몇몇 방법론적 고려를 소개한다. 3절에서는 살아 있는 존재의 도덕적 지위에 관한 논쟁의 몇 가지 측면을 선택적으로 다루고, 이와 함께 다양한 유형의 유기체에 관한 과학적 통찰에 대해서도 설명할 것이다. 4절에서는 내가 우리 시대에 적합하고 적절하다고 생각하는 존엄성 개념과 인격성 개념을 제시할 것이다.

2. 방법론적 고려들

마르틴 하이데거Martin Heidegger를 거쳐 프리드리히 니체Friedrich W. Nietzsche, 마이클 샌델Michael Sandel과 앨스데어 매킨타이어Alasdair MacIntyre와 같은 현대의 공동체주의적 사상가에 이르는 많은 철학자가 허무주의를 비판했다. 그들은 허무주의를 다수의 문제적인 태도들 및 행동과 동일시했다. 그 때문에 그들은 허무주의를 극복하게 해 주는 가치를 제안했었다(예: MacIntyre, 1986). 나는 그들의 비판에 동의하지 않는다. 허무주의에 관한 그들의 진부한 의견에 반대하여, 나는 허무주의를 훌륭한 성취이자 옹호될 가치가 있는 것이라고 생각한다(Sorgner, 2010). 이러한 입장을 뒷받침하는 몇 가지 이유를 제시하기 위해 다음의 순서로 논의를 진행한다. 첫째로, 나는 허무주의 개념, 가부장주의 개념, 그리고 문화 개념을 명확하게 할 것이다. 둘째로, 왜 내가 허무주의적 문화를 옹호하면서 가부장적 문화는 옹호하지 않는지에 대한 몇 가지 이유를 소개할 것이다. 셋째로, 가치들에 관한 물음을 허무주의적 문화 — 나로 하여금 과학과 기술에 대한 높은 존중이 우리 시대의 정신을 대표하는 현대 포스트휴먼적인 문화에 특히 관심을 갖게 하는 그러한 문화—내에서 어떻게 해결할지에 관한 몇 가지 단서를 제시할 것이다.[1]

허무주의, 가부장주의, 문화

나는 '허무주의'라는 말로 허무주의의 윤리적 변종뿐 아니라 진리에 대한aletheic 허무주의 또한 가리킨다.[2] 나는 진리에 대한 허무주의가 다음의 개념을 나타낸다고 받아들인다. 진리에 대한 허무주의는 관점주의에 대한 긍정을 함축한다. 여기에서 관점주의란 모든 관점이 해석이라는 태도를 견지한다. 그러나 '해석'이라는 개념은 문제의 판단이 거짓이어야 함을 함축하지 않는다. 해석은 거짓 판단을 표상할 수 있다. 그러나 관점주의는 참인 판단과 거짓 판단을 구분해 주는 기준을 갖는 선택권을 우리가 아직까지 획득하지 못했음을 함축한다. 그러므로 해석은 거짓일 수 있는 진술이지만 거짓이어야 할 필요는 없는 것이다. 우리가 어떤 한 판단이 실제로 참인지 거짓인지 분명히 하는 것은 여전히 아직은 불가능하다. 이것이 진리에 대해 허무주의가 취하는 기본적인 태도이다.

반면 윤리적 허무주의는 좋음에 대한 비형식적인 설명 가능성에 대한 회의와 관련되어 있다. 이에 따르면 좋음 개념은 규범이 아니라 가치를 가리킨다. 이러한 입장이 함축하는 바는 규범에 대한 비형식적인 설명이 불가능하다는 것이다. 나는 자유와 평등 규범을 옹호해 왔지만 이것들의 보편적 타당성을 지지하지는 않는다. 나는 단지 자유와 평등 규범이 그

1 제2절에는 "가부장적 문화 대 허무주의적 문화"에서 발췌하고 최신의 내용으로 다듬은 단락이 포함되어 있다. 이 논문은 내가 *European Journal of Science and Theology*에 게재하도록 요청을 받아 쓴 것으로, 다음 호에 실려 있다: Vol. 9, No. 1, 2013년 2월, 19–33.

2 Sorgner, 2010: 242와 비교해 보라.

것들을 위해 투쟁할 가치가 있는 놀라운 성취라고 생각할 뿐이다. 나는 많은 시민과 학자가 부정적인negative 자유와 평등이 놀라운 성취라는 점에 동의한다는 것이 기쁘다. 진리에 대한 허무주의는 이러한 규범이 보편적으로 타당하지 않음을 함축하며 나는 이에 동의한다. 규범적 판단이 보편적으로 타당하다는 것은, 그것의 참이 인간의 결정과 독립적임을 의미한다. 그러나 진리에 대한 허무주의는 이러한 이해에 의구심을 제기한다. 규범적 판단이 받아들여지고 적용되는지의 여부는 주로 인간이 내린 결정에 의존한다. 하나의 규범이 실제로 보편타당한지 아닌지의 여부는 현재로서는 알 수 없는 것이다.

가치의 보편적 타당성을 주장하는 것이 그럴듯하지 않음을 함축하는 진리에 대한 허무주의에서 윤리적 허무주의는 한 걸음 더 나아간다. 윤리적 허무주의는 전자를 옹호할 뿐 아니라 다음의 것을 추가적으로 주장한다. 좋음에 대한 어떤 비형식적 설명이든지 그것은 그럴듯하지 않거나 또는 심지어 위험할 수밖에 없다. 왜냐하면 그 설명이 갖는 잠재적으로 폭력적인 함축 때문에 그러하다.

가부장주의는 허무주의의 부정을 함축한다. 어떤 비허무주의적 문화든, 그 문화는 가부장적이다. 모든 관점은 해석이라는 것이 사실이 아니라고 간주될 경우, 진리에 대한 가부장주의가 주어진다.[3] 유사한 방식으로 윤리적 가부장주의를 정의할 수 있다. 윤리적 가부장주의는 비형식적인 가치 판단을 하는 것이 가능하다고 주장한다. 강하지만 모호한 마사 누스바움Martha Nussbaum의 좋음 개념은 보편적인 좋음 개념을 옹호함

3 나는 확인될 수 없는 도덕적 참이 있다고 가정하는 문화를 여전히 허무주의적 문화로 간주한다. 왜냐하면 다음의 주장이 여전히 참이기 때문이다. 모든 정치적 규칙, 법, 규범은 그것들의 타당성에 대한 확실한 지식을 갖는 것이 그럴듯하지 않음으로 인해 해석으로 이해될 필요가 있다. 이러한 입장은 부정신학의 전통에 속하는 사상가들이 지지했을 수도 있다. 이 문제를 제기하는 데 도움을 준 마이클 슈래만Michael Schramm과 마이클 하우스켈러Michael Hauskeller에게 매우 감사하는 바이다.

으로써 윤리적 가부장주의를 지지한다.

세 번째 개념은 '문화' 개념이다. 이 개념은 현재 맥락에서 중요하다. 여기에서 나는 매우 넓은 문화 개념을 사용하고 있다. 매우 넓은 문화 개념은 '자연' 개념에 반대되는 것으로 볼 수 있다. 따라서 문화는 지역적 · 시간적으로 제한된 영역을 가리킨다. 그리고 이 영역은 존재론이나 윤리학과 관련된 어떤 구체적인 태도에 의해 결정된다. 그러므로 가부장적 문화에서 인간은 세계가 실제로 어떠한지에 대한 비슷한 이해를 공유한다. 강한 가부장적 문화와 약한 가부장적 문화가 추가적으로 구분될 필요가 있다. 신성로마제국은 분명히 가부장적 문화의 강한 버전을 대표한다. 반면 1950~60년대 독일은 가부장적 문화의 약한 버전이라고 볼 수 있다. 전자의 경우에, 좋음에 대한 강하고 구체적인 설명이 모든 시민에게 타당한 것으로 간주된다. 후자의 경우, 어떤 특정한 다원성plurality이 인정되지만, 동시에 모든 사람에게 타당해야 하는 좋은 삶에 대한 모호한 관념이 존재한다.

어떤 점에서 21세기 초의 독일이 1950~60년대의 서독일과 유의미한 차이가 있다고 말할 수 있는가? 이 시점에서 기본법에 대한 해설이 현 문제와 관련이 있다는 점을 짚고 넘어갈 필요가 있다. 다양한 법 조항이 어떻게 읽혀야 하는지를 이해하는 데 특히 중요한 몇몇 해설이 있다. 1950~60년대에 데오도어 마운츠Thedor Maunz와 귄터 뒤리히Günther Dürig가 편집한 해설이 특히 영향력이 있다. 뒤리히 자신은 기본법 조항 1의 해설을 담당했다. 이 조항은 인간 존엄성의 핵심적이고 기초적인 관련성을 다루고 있다. 이러한 까닭에, 그는 인간 존엄성이 실제로 모든 인간에게 존재론적으로 현존하는 어떤 성질을 가리킨다고 주장한다. 그리고 모든 시간, 모든 장소에서 타당해야 하는 것이 바로 인간 존재에 대한 이와 같은 이해이다(Dürig, 1998). 2003년, 마운츠와 뒤리히가 원래 편집한 해설에 대해, 기본법 조항 1에 대한 해설을 개정할 기회가 마티어스 헤어데겐Mattihas Herdegen에게 주어졌다. 헤어데겐은 뒤리히와 상반되게 인간 존엄성이 실제로 존재론적으로 모든 인간에게 현존하는 영원한 성질을 나타내지 않음을 강조했다. 오히려 인간 존엄성 개념 또한 다른 모든 법과 마찬가지로 인간 간의 합의에 전적으로 의존한다(Herdegen, 2004). 그 때문에 독일은 약한 가부장적 문화에서 허무주의적 문화로 이행했다. 나는 이러한 방향의 이행을 옹호한다.

허무주의적 문화를 가부장적 문화보다 선호하는 이유

우리의 문화는 허무주의적 문화이다. 왜냐하면 위에서 언급한 허무주의적 성질 중 많은 것을 광범위하게 공유하고 있기 때문이다. 그러나 내 관점에 따르면 우리의 문화는 여전히 허무주의를 향해 더 나아갈 필요가 있다. 왜냐하면 우리의 문화는 아직 충분하게 윤리적 허무주의를 수용하지 않았기 때문이다.

어떤 경우에서든 나는 우리의 계몽된 문화가 다수의 동향, 행동, 행위의 결과라는 점을 강조하고 싶다. 이것들은 계몽주의 기간 동안에 발생했다. 중세에 인간은 그들의 정치적 · 종교적 지도자들이 그들이 믿기를 원했던 것을 믿어야만 했다. 이는 그들이 동의해야 했고, 그것에 따라 행동하고 믿어야만 했던 가치와 규범에 대해서뿐 아니라 세계에 대한 그들의 이해에서도 마찬가지였다. 그 때문에 정치적 · 종교적 지도자는 그들의 시민에게 폭력적이고 잔인했다. 왜냐하면 시민은 하나의 세계관을 고수하고 그것에 따라 행동할 것을 강요받았기 때문이다. 대부분의 경우에 이 세계관은 다양한 개인들의 생리적이고 본능적 요구에 상응하지 않았다. 모든 사회 계층의 인간은 이러한 방식으로 그들이 피해를 입고 있다는 것, 그리고 그러한 사회 구조는 정치적 지도자와 귀족 지도자만을 위한 것이라는 사실을 깨닫게 되었다. 결국 많은 개인과 단체는 이와 같은 가부장적인 억압으로부터 그들 자신을 해방시키기 위해 위대하고 위험한 노력을 많이 했다. 그리하여 그들이 좋은 삶에 대한 그들 자신의 개별적인 이해를 실현하는 것이 가능해졌다. 또한 그들 자신의 생리적인 요구에 따라 사는 것, 세계가 어떠한지에 대한 그들 자신의 이해를 형성하고 고수하는 것이 가능해졌다(Sorgner, 2010: 239-242). 이러한 투쟁은 정치적, 과학적, 종교적, 또는 예술적 차원에서뿐 아니라 철학적 차원에서도 발견된다. 루트비히 포이에르바흐Ludwig F. Feuerbach, 아르투르 쇼펜하워Arthur Schopenhauer, 또는 프리드리히 니체Fridrich W. Nietzsche의 철학이 이러한 발전의 일부였던 것과 같은 방식으로, 프랑스 대혁명은 이러한 투쟁의 일부를 대표한다. 자연과학과 기술의 관련성이 증대되는 것과 세계에 대한 이원론적인 형이상학적 개념화에 대한 평가절하는 이러한 움직임의 또 다른 측면을 보여준다. 페터 슬로터다이크Peter Sloterdijk는 『냉소적 이성 비판』에서 다양한 발전을 적절하게 묘사하고 있다(Sloterdijk, 1983: 44-158). 이러한 발전은 계몽주의 시대에 발생했으며, 계몽주의는 가부장적인 사회 구조의 철폐를 가능하게 해 주었다. 이러한 방식으로 부정적 자유의 규범은 점점 더 중요해졌다. 왜냐하면 이 규범은 개인에게 좋은 삶에 대한 스스로의 개념을 깨닫고, 그것에 따라 살아갈 가능성을 주었기 때문이다. 이것이 바로 다양한 계몽주의 인물들이 고취하고자 했던 목표이다. 그리고 나는 그들이 이런 방식으로 허무주의를 향해 이행하는 데 성공했다는 것이 매우 기쁘다. 가부장적 문화는 가치, 규범, 세계가 무엇으로 구성되어 있는지에 대한 보편타당한 대답을 준다. 그러나 인간 각각은 독특하다. 그들은 보편적으로 타당한 판단에 의해서는 기술될 수 없는 매우 구체적인 개별적 열정이나 본능, 그리고 요구를 가지고 있다. 또한 그들은 좋은 삶이 무엇으로 구성되어 있는지에 대한 그들 자신만의 이해를 깨닫기를 원한다. 보편적으로 타당한 비형식적 가치 판단은 인간 존재에 대한 이와 같은 철저한 다원성을 고려하지 않는다. 가부장적인 문화는 그러한 판단에 근거하고 있다. 그러므로 그러한 문화는 개인의 소망, 욕구, 요구와 충돌할 수밖에 없다. 세계에 관한 그들 자신만의 개념화가 타당하다고 단언함으로써, 그리고 그러한 개념화는 그들 문화의 법적 근거 또한 대표하도록 되어 있으므로, 인간 존재의 근본적인 다원성에 대해 손상, 폭력, 잔인함이 가해지고 있다. 고통은 좋음에 대한 보편타당하고 비형식적인 설명을 주장하는 것과 필수적으로 연관되어 있다. 나는 고통을 줄이기 위해 위와 같은 주장으로부터 자기 자신을 자유롭게 하고, 딱딱하게 덮인 구조를 해체하려고 시도하는 것이 바람직하다고 생각한다. 비록 딱딱하게 덮인 하나의 구조 해체가 또 다른 딱딱하게 덮인 구조에 이른다 하더라도, 허무주의적 충동은 삶의 역동적인 유동성을 결여한 이러한 유형의 구조를 영구히 넘어서라고 가르친다. 그 결과 우리의 근본적인 다원적 목표의 빛나는 다양성이 실현될 수 있다.

우리의 허무주의적 문화 내에서의 논증들을 위한 방법론: 역동적 삼각형으로서의 세 가지 기둥

나는 우리의 현재 포스트휴머니즘적인 문화가 허무주의적 문화의 한 버전이라고 생각한다. 왜냐하면 이것은 세속적인 것에 대한 관심의 한 유형일 뿐 아니라 관점주의 또한 긍정하기 때문이다. 여기에서 중요한 것은 다음의 질문에 답하는 것이다. 허무주의적 골조 내에서 특정한 규범들을 옹호하는 것이 어떻게 가능한가? 나의 입장은 논증을 위한 다음의 세 가지 기둥에 기초하고 있다.

1. 널리 퍼져 있거나 지배적인 의견에 대한 인정: 이것으로 나는 문제시되고 있는 이슈를 대다수는 아니라 하더라도 다수의 사람이 공유하고 있다는 점을 강조하기 위해 내가 제시하는 내러티브들뿐 아니라 사회학적 연구 또한 가리킨다.
2. 과학적 · 기술적 발견에 대한 인정: 이것으로 나는 우리 시대가 과학과 기술의 시대라는 상태를 인정한다. 우리 중 많은 이에게 과학 · 기술적 연구는 견고한 기반을 둔 통찰로 이어진다. 나는 우리가 이러한 방식으로 세계에 대응하는 것으로서의 진리를 알게 된다고 주장하는 것이 아니다. 그러나 우리가 우리의 판단을 무엇인가에 근거를 두려면, 보통은 이러한 유형의 연구가 효과적인 해결책을 찾는 신빙성 있는 방법이다. 이 분야에서의 최근의 통찰을 언급하는 것으로 나는 우리 시대의 이러한 정신을 고려하고 있다.
3. 앞의 두 통찰은 그것이 부정적 자유의 놀라운 성취의 기반을 약화시키지 않을 경우에만 인정되어야 한다: 나는 부정적 자유와 그것으로부터 도출되는 평등을 수호할 가치가 있는 핵심적인 두 가지 규범으로 간주한다. 이는 이러한 규범이 인정될 때 개인에 대한 폭력이 최소화된다고 생각하며, 나의 생리학 또한 두 규범을 가치 있는 것으로 간주하기 때문이다. 나는 앞서 언급된 계보학을 제시함으로써, 두 규범의 관련성과 중요성을 강조하고자 한다. 운 좋게도, 나는 계몽된 국가의 많은 시민과 두 규범이 관련성이 있다는 인식을 공유하고 있다. 그리고 나는 계몽되지 않은 국가에도 이러한 규범을 옹호하는 시민들이 있다는 것이 기쁘다(Sorgner, 2010: 243-244). 계몽되지 않은 국가는 그들의 정치 문화에 대한 확고한 형이상학적 기반을 가지고 있지만, 계몽된 국가는 그렇지 않거나 약한 형태로만 그러하다.

이 세 가지 기둥을 바탕으로 역동적 삼각형이 주어진다. 이를 기초로 하여, 나는 문제가 되는 다양한 사안에 대한 해석학적 · 변증법적 고려를 통해 통찰을 더 발전시킬 수 있다. 나로 하여금 허무주의를 넘어서지 않고서도 부정적 자유와 이 세상적인 내재적 관계성relationality을 긍정할 수 있는 기초를 마련해 주는 것이 바로 이 방법론이다.

2절에서 나의 핵심적인 목표는 내가 왜 허무주의를 놀라운 성취이자 옹호될 필요성이 있는 것으로 보는지를 설명하는 것이었다. 이러한 방식으로 나는 허무주의가 개인들에 대한 폭력의 감소로 이어지며, 동시에 각 개인이 좋은 삶의 개념의 근본적인 복수성multiplicity을 깨달을 수 있는 위치에 있게 되는 가능성으로 이어짐을 강조했다. 결국 나는 허무주의는 세계에 대한 다양한 이해에 관해 무관심에 이를 필요가 없으며, 허무주의를 넘어서지 않고서도 특정한 입장을 옹호하는 방법을 찾는 것이 가능하다는 것을 분명하게 해 주는 방법론을 제시하고 있는 것이다. 다음 절들에서 나는 이 방법을 인간 존엄성에 대한 문제에 적용할 것이다.

3. 인간 존엄성, 허무주의, 포스트휴머니즘

살아 있는 존재의 도덕적 지위에 관한 법적 규정은 종종 가장 높은 지위가 인간 종의 구성원에만 적용되도록 되어 있다(예: Kruger, 1995: 11). 게다가 인간 종은 다른 생물과 범주적으로 구별된다는 것이 이러한 법칙에 함축된 인류학이다(예: Sorgner, 2010: 251). 한 가지 좋은 예가 독일 기본법이다. 자연적 인간은 법적 주체, 예를 들면 권리와 의무를 지닌 주체로서의 인간이다. 그들은 태어나서 죽을 때까지 그러한 역할을 갖는다. 모든 인간은 태어나기 전후의 인간에게 적용되는 인간 존엄성을 가진다. 이것은 인간이 잃어버릴 수 없는 특징이며, 특별한 방식으로 인간을 고려해야 함을 함축한다. 가령 인간은 사물 및 대상과 다르게 오직 수단으로 대우해서는 안 된다. 다른 한편으로, 동물은 비록 사물로 간주되지 않음에도 불구하고 사물처럼 대우해야 한다(예: Sorgner, 2010: 251-264).

이러한 사고 방식은 서구 산업국가의 많은 사회집단 구성원의 세계관과 상응하지 않는다는 문제가 있다. 왜냐하면 그것은 인간과 다른 생명체 간의 범주적 구별을 함축하기 때문이다. 오직 인간만이 주체이고 다른 생물이나 무생물은 사물 또는 대상으로 취급되거나 적어도 그와같이 취급되어야 한다. 이러한 생각은 우리의 기독교적이고 칸트적인 유산이다(Sorgner, 2010: 244-250). 기독교인, 칸트주의자, 그리고 관련된 사상가는 오직 인간만이 이성적 영혼, 비물질적인 자기 의식을 가지고 있거나 혹은 신의 모습으로 창조되었기 때문에, 인간은 다른 생물 및 무생물보다 범주적으로 우월하다고 주장한다. 이로부터 그들은 오직 인간만이 주체이고 그들만이 존엄성을 갖는다는 생각을 도출해 낸다. 이는 인간만이 특별한 방식으로 대우받고 고려되어야 함을 함축한다(Sorgner, 2010: 30-108).

서구 산업국가의 많은 시민은 앞서 언급된 법적 근거에 암묵적으로 포함되어 있는 것으로 보이는 이원론적 세계관을 더 이상 공유하지 않는다(Sorgner, 2010: 251-262). 그 결과 싱어는 존재의 도덕적 지위에 관한 대안적인 기초를 제시했다(Sorgner, 2006; 2002). 싱어에 따르면, 인간 존엄성과 관련된 개념은 성차별주의적 또는 인종차별주의적 태도와 똑같은 태도로 이어진다. 왜냐하면 그 개념은 인간 종에 속하는 구성원을 특별하게 대우해야 함을 함축하기 때문이다. 인간과 비슷한 능력을 가진 다른 생물은 인간 종에 속하지 않기 때문에 그러한 대우를 받을 수 없다.

결국 그는 도덕적으로 관련된 능력에 초점을 맞춤으로써 존재의 도덕적 지위를 재고하기로 했다. 고통과 고통을 받을 수 있는 능력을 고려하는 것은 도덕적으로 타당한 차원이다. 지각력이 있고sentient 자기 의식적인 존재는 특히 고통받기 쉽다. 그러므로 그들은 특별한 방식으로 고려되어야 하며, 싱어가 모든 그리고 오직 지각력이 있고 자기 의식적인 존재들만을 인격체person로 간주해야 한다고 주장하는 것은 바로 그런 이유 때문이다. 결과적으로, 인격체로서의 유인원과 인격체로 간주되지 않을 이미 태어난 인간이 있게 된다.

싱어의 제안은 흥미로울 뿐 아니라 최근 설득력을 얻고 있는 많은 입장을 고려하고 있는 것이기도 하다. 그러나 나는 그의 제안이 너무 급진적이며, 현재나 과거에 '인간 존엄성' 개념이 이룩한 성과를 고려하고 있지 않다고 생각한다. 그 성과 때문에 오늘날의 많은 사람은 그 개념을 여전히 가치 있는 것으로 여기고 있다. 미래는 과거를 필요로 한다. 도덕성과 관련된 급진적인 법적 변화는 대개 대다수 사람의 이해에 부합하지 않으며, 그들에게 너무 많은 것을 요구한다. 그렇기 때문에 나는 존재의 도덕적 평가에 대한 다른 이해가 요구된다고 생각한다. 과거의 혜택을 고려하고 통합하며, 현재의 태도를 인지하고, 미래의 잠재적인 발전도 의식하는 그러한 이해 말이다. 나의 목표는 현재의 상황을 자세히 살펴보고 과거 개념들의 혜택을 인정함으로써, 그 결과로 이 글의 4절에서 오늘날에 적절하고 그럴듯한 위계를 제안하는 것이다.

인간 존엄성의 장점과 단점

인간 존엄성 개념의 가장 큰 장점 중 하나는 그것이 자유민주주의적 시스템의 실현을 뒷받침해 왔다는 것이다(Vattimo, 2005: 190; Sorgner,

2010: 239-242). 중세 이후 서구 국가의 문화적 발전을 고려할 때, 가부장적 구조에서 자유민주주의 체계로의 이행을 인식할 필요가 있다. 이 기간 동안 개인적 · 철학적 영역뿐만 아니라 정치적 · 문화적 · 사회적 영역에 이르는 다양한 영역에서 갈등이 생겨났다. 사람들은 이 모든 단계에서 더 이상 귀족이나 교회의 구성원에 의해 가부장적으로 대우받지 않기 위해 투쟁했다. 그 결과 사람들은 왕이나 종교의 명령에 의해 부과되는 좋은 삶 개념을 고려할 필요 없이, 좋은 삶을 사는 것이 무엇을 의미하는가에 대한 그들 자신의 이해에 따라 살 수 있게 되었다. 슬로터다이크(Sloterdijk, 1983)가 잘 묘사하고 있듯이, 개인의 중요성을 설명하는 개념으로서의 인간 존엄성은 전체주의와 억압적인 시스템으로부터 벗어나려는 움직임을 뒷받침해 왔다. 오늘날 대부분의 서구 국가 사람들은 자유민주주의적 시스템의 실현을 훌륭한 성취라고 보고 있으며 나 또한 그러하다. 인간 존엄성과 자유민주주의 사이에 연관이 있기 때문에, 그 개념과 연계된 장점이 있다는 것과 그것이 많은 훌륭한 도덕적 성과를 가져왔다는 것은 분명하다. 존엄성 개념에 동반하는 성공을 생각해 보면, 왜 오늘날 많은 사람이 인간 존엄성 개념을 매우 가치 있는 성취로 간주하는지가 분명해진다. 이러한 태도는 우리의 법적 시스템의 도덕적 근거와 관련하여 고려될 필요가 있다. 그리고 이것이 내가 생물의 도덕적 지위에 관한 싱어의 제안이 너무 급진적이며, 오늘날 많은 사람의 도덕적 평가를 제대로 고려하고 있지 않다고 보는 이유이다. 그러나 그렇다고 해서 인간 존엄성 개념이 비판받아서는 안 되며, 수정 없이 유지되어야 한다는 결론이 도출되는 것은 아니다. 존엄성 개념은 그것이 가져온 성공과 무관한 많은 측면을 함축하고 있다. 그리고 이것은 자연과학의 현 상태와 같이 현대의 여러 관점에서 보면 매우 의심스러운 것들이다. 인간과 다른 자연적 존재 간의 범주적 구별이 그러한 측면 중 하나이다.

인간과 다른 자연적 존재들

찰스 다윈Charles R. Darwin이 그의 진화론을 제시한 이래, 인간과 다른 자연적 존재들 간의 관계는 상당히 많이 변해 왔다. 그러나 다윈 이론의 중요성은 지난 세기에서야 비로소 다양한 학문 분야에서 인정을 받았다. 이 시기는 특별히 그 이론을 중요하게 다루는 진화론적 인식론, 진화론적 윤리학, 진화론적 경제학, 진화론적 미학과 같은 구체적인 연구 분과가 정립되었던 시기이다.

포스트휴머니즘이라고 불리는 문화적 동향이 40년 전에 등장했다. 이것은 동물과 인간 사이의 변화된 관계의 문화적 중요성을 인식하고 있다. 이러한 운동이 완전하게 단일한 양상으로 전개된 것은 아니다. 이와 같은 동향 속에서, 포스트휴머니즘 시대 이전에 지배적인 문화적 형태였던 휴머니즘의 지속에 관한 논의들이 있어 왔다. 슬로터다이크는 휴머니즘 시대가 스토아 철학의 시작과 함께 시작했다고 보았다(Sloterdijk, 2001: 304-307). 반면 이합 핫산Ihab Hassan은 휴머니즘이 대략 이탈리아 르네상스 시대에 발생했다고 주장한다. "우리는 500년의 휴머니즘이 끝나가고 있을지도 모른다는 점을 이해할 필요가 있다. 왜냐하면 휴머니즘은 우리가 포스트휴머니즘이라고 부를 수밖에 없는 무엇인가로 변해 가고 있기 때문이다"(Hassan, 1977: 843). 어떤 경우든 닐 배드밍턴Neil Badmington의 다음 주장은 그럴듯해 보인다. "휴머니즘의 위기는 도처에서 발생하고 있다"(Badmington, 2000: 9). 여기서의 휴머니즘은 세속적 휴머니즘이 아니라 기독교적이고 칸트적인 버전의 휴머니즘을 가리키고 있음을 강조할 필요가 있다.

나는 최근 논문 「니체 이후의 인간 존엄성」(2010)에서 인간을 다른 존재들과 범주적으로 구별되는 것으로 보는 것은 매우 문제적인 태도이며,

이것이 독일 기본법의 인간 존엄성 개념과 관련해서 수정되어야 한다고 주장했다. 왜냐하면 이것은 현대의 많은 사회 집단으로부터 지지를 받지 못하고 있기 때문이다. 이 맥락에서 나는 범주적인 문화/자연의 구분에 반대하는 이유를 제시했다. 이를 통해 주체-대상의 근본적인 구분을 거부하는 것이 가능하다. 이에 따라 나는 에바 자플롱카Eva Japlonka의 후성 유전학epigenetics 이론을 주의 깊게 살펴보았다(Japlonka & Lamb, 2005). 인간의 자연주의적 이해에 대한 추가적인 뒷받침은 심리철학philosophy of mind에서 찾아볼 수 있다. 이 분야의 다양한 학자는 어떻게 마음이 진화론적 과정을 통해 그 모든 특별한 능력을 가지고 발생했는지에 대해 설명하려고 한다. 이 분야에서 가장 중요한 책 중의 하나가 프란시스코 바렐라Francisco J. Varela, 에드워드 톰슨Edward Thompson, 엘리노어 로치Eleanor Rosch가 쓴 『체화된 마음*The Embodied Mind*』(1991)이라는 제목의 책이다. 이러한 반성은 인간에 대한 비이원적이고 좀 더 내재적인immanent 이해가 점점 더 설득력을 얻고 있음을 보여준다.

동물윤리학 분야의 몇몇 저명한 전문가는 동물과 인간 사이의 변화된 관계를 도덕적으로 인정하는 것이 중요하다고 강조했다. 싱어는 자신의 책 『동물 해방』에서 단지 인간 종에 속하지 않는다는 이유로 동물을 차별하는 인간의 태도는 인종차별주의나 성차별주의의 행동과 비슷한 것이라고 비판했다(Singer, 2006: 83). 결론적으로 그는 그의 책 『실용적 윤리학』에서 이해 관계를 고려하는 것에 기초한 공리주의적 윤리학을 제안했다(Singer, 2002: 18). 그의 비판은 인간이 다른 자연 종과 근본적으로 다르게 평가되어야 하는 그룹을 대표하지 않으며, 인간도 다른 생물과 동일한 기준에 따라 대우받아야 한다는 점을 분명히 하고 있다.

나는 인간과 다른 자연적 존재 간의 관계에 대한 변화된 이해가 도덕적으로 인정될 필요가 있다는 싱어의 주장에 동의한다. 그러나 나는 그의 제안이 한쪽으로 치우쳐 있다고 생각한다. 그것은 인간 존엄성 개념을 특별히 성공적인 것으로 간주하는 다른 설득력 있는 입장들을 인정하지 않는다. 가령 그 입장에 따르면, 인간 존엄성 개념은 제3제국에서 벌어진 사건에 대한 반작용으로서 그 개념의 중요성이 점점 더 증가했던 지난 60년 동안뿐 아니라 지난 500년 동안 놀라운 결과를 가져다 주었다. 따라서 나는 하나의 급진적인 제안을 또 다른 급진적인 제안으로 대체하는 대신, (인간 존엄성에 대한 존중과 인간은 다른 존재들과 단지 점진적으로 다르다는) 두 가지 관점을 밀접하게 통합할 필요가 있다고 생각한다.

싱어에 대한 한 가지 대안적인 제안은 1992년에 시민의 투표로 수립된 스위스의 법체계이다. 그들은 "모든 창조물의 존엄성" 개념을 헌법에 포함시켰다(Baranzke, 2002: 24를 보라). 이러한 선택에 반대하는 이유 중 하나는, 창조된 것은 창조자 없이 생각될 수 없다는 점 때문에 이것이 너무 종교적으로 들린다는 것이다. 그러나 이 선택은 올바른 방향으로의 이행을 대표하고 있다.

인간의 특별한 지위의 소멸은 영국에서도 나타나고 있으며, 이는 인간과 동물 배아 연구에서 특히 분명해진다. 2007년 9월 5일, 인간 수정 및 배아 발생 관할 관청은 연구 목적으로 인간-동물 배아를 발육시키는 것에 찬성했다. 2008년 5월, 영연방 국회는 연구자들에게 그러한 배아를 실현시킬 수 있는 권한을 부여했다. 그러나 그 배아는 2주 후에는 파괴되어야 하고 자궁에 이식되어서는 안 된다.

동물의 도덕적 지위와 관련하여, 동물이 인격체로서의 도덕적 지위를 가져야 한다거나 동물을 주체로 보아야 한다고 제안하는 몇몇 출판물이 최근 꽤 있어 왔다. 게리 프란치오네Gary L. Francione는 2008년 자신의 책 『인격체로서의 동물*Animals as Persons*』에서 전자를 제안했고, 조디 카스트리카노Jodey Castricano는 2008년 『동물 주체들*Animal Subjects*』이라는 제목의 에세이 모음집에 출판된 동일 제목의 글에서 후자를 제안했다.

그러한 발전은 다양한 윤리적 문제를 제기한다. 예를 들어, 어떻게 동물이 인격체 또는 주체일 수 있다는 통찰과 중요하면서도 성공적이었던 인간 존엄성 개념을 조화시킬 수 있는가? 도덕적 지위에 관한 법적 체계는 과거의 성공과 현대의 통찰을 통합할 필요가 있다. 이러한 맥락에서 다음의 질문 또한 던져볼 필요가 있다. 만약 동물이 주체일 수 있다면, 왜 종국에는 인간과 동물 간의 결혼을 허용하는 것이 가능해서는 안 되는가? 영화감독 울리히 자이들Ulrich Seidl은 자신의 애완동물과 함께 살면서 성적인 관계를 갖는 인간에 관한 〈동물적 사랑〉이라는 제목의 충격적인 영화를 만들었다. 덴마크 작가 페터 회Peter Hoeg는 1996년에 출간된 그의 소설 『그 여자와 그 유인원』에서 같은 주제를 다루었다. 주인공 마들렌Madelene은 유인원 에라스무스Erasmus를 과학 실험에서 구해냈고, 이후 그들은 성적 관계를 맺게 된다. 여기에서 유인원 종은 인간 종보다 더 지능적이고 더 도덕적으로 묘사되고 있다. 그러나 인간과 다른 자연적 존재 간의 관계뿐 아니라 자연적인 것과 이른바 무생물적 자연이라고 불리는 것 사이의 관계 또한 변화하고 있다.

인간과 비유기체적 대상들

인간과 동물의 관계만 변하고 있는 것이 아니다. 최근 기술의 발전으로 인해 인간과 컴퓨터, 그리고 다른 비유기체적 대상의 관계 또한 재고할 필요가 생겼다. 인공적인 시스템과 자연적인 시스템으로 구성되어 있는 유기체는 사이버네틱 유기체cybernetic organism, 또는 간단히 말해 사이보그cyborg이다. 사이보그가 만들어지는 방법은 다양하다. 다음 절에서 나는 두뇌 컴퓨터 인터페이스brain computer interfaces, 줄여서 BCIs에 관한 연구에서의 몇몇 사례를 소개하고자 한다. BCIs는 침투적인 BCIs와 비침투적인 BCIs로 구분될 수 있다. 내가 언급하고자 하는 사례 모두는 인간 사유와 디지털적이고 기계적인 사건 사이의 밀접함을 보여주고 있다. 사이보그를 유기적 개체로 발전시키는 다음 단계 또한 내가 논의하려는 인공두뇌 연구 분야에서 착수되고 있다.

예 1(침투적인 두뇌 컴퓨터 인터페이스): 매트 네이글Matt Nagle은 부상을 입은 후 자신의 팔다리와 몸통을 사용하는 능력을 상실했다. 2005년에 그는 최초로 두뇌 컴퓨터 인터페이스를 가지고서 인공 손을 통제할 수 있게 되었다. 팔의 움직임을 담당하는 그의 두뇌 부분에 전극이 이식되었다. 그는 상응하는 행위를 생각하는 것만으로 손과 컴퓨터 커서를 움직이고 텔레비전 스위치나 불을 켜고 끌 수 있었다.[4]

예 2(비침투적인 두뇌 컴퓨터 인터페이스): 뇌자기도검사는 비침투적인 두뇌 컴퓨터 인터페이스의 한 예이다. 과학자들이 두뇌로부터 직접적으로 이미지를 재구성하고 그것을 컴퓨터 화면상에 보여줄 수 있게 되었기 때문에, 이러한 유형의 인터페이스가 갖는 잠재력에 관한 놀라운 사례가 2008년 12월에 출판되었다.

예 3(인터페이스에서 유기적 개체로): 인공두뇌 연구는 두뇌의 내용을 컴퓨터의 하드웨어와 소프트웨어로 다운로드하는 것을 목표로

4 호흐베르크L. R. Hochberg의 2006년 논문의 164 – 171쪽을 참고하라.

> 하고 있다. 레이몬드 커즈와일Raymond Kurzweil과 몇몇 다른 발명가가 처음 제안한 인공두뇌 프로젝트의 목표 중 하나는 인간만큼 지능적이고 어쩌면 인간의 모든 능력을 가지고 있을지도 모르는 기계를 고안하는 것이다. 이 프로젝트에 몇몇 정치 · 경제 지도자가 큰 기대를 갖고 있으며, 이 점은 BBC 뉴스가 보도했듯이 2008년 11월에 인공 컴퓨터 제작에 관한 연구를 하도록 펜타곤이 IBM에 90만 달러를 주었다는 것에서 분명하게 드러난다.[5] 슈퍼컴퓨터들은 뉴런neuron을 시뮬레이션하게 되어 있다. 이 프로젝트의 초기 목표는 고양이 두뇌의 복잡성을 가진 컴퓨터를 만드는 것이었다.[6]

이러한 작업을 수행하기 위해서는 바이오컴퓨터나 DNA 컴퓨터를 사용해야 할지 모른다. 바이오컴퓨터나 DNA 컴퓨터의 기본적인 이상은 데이터를 저장하고 작업하기 위해 컴퓨터가 DNA와 RNA를 매개체로 사용하는 것이다. 그러한 컴퓨터의 최초 구상은 노벨상 수상자인 리처드 필립스 파인만Richard Phillips Feynman이 이미 1950년대 후반의 강연에서 발전시켰다. 이러한 유형의 컴퓨터가 갖는 잠재력은 어마어마하다. 2004년에 바이츠만연구소의 몇몇 과학자는 『네이처*Nature*』지에 원고 한 편을 게재했다. 거기서 그들은 이론적으로 세포 내에서 암에 걸린 활동을 진단할 수 있는 컴퓨터를 개발했다고 보고했다. 그것은 진단을 한 다음에 항암 약을 방사하도록 설계되어 있다.[7] 바이오컴퓨터에서 가장 촉

5 http://newsvote.bbc.co.uk/mpapps/pagetools/print/news.bbc.co.uk/2/hi/science/nature/7740484.stm?ad=1 (2011년 8월 11일에 마지막으로 확인한 내용이다.)

6 옥스퍼드대학교 인문학 미래연구소의 보스트롬Nick Bostrom과 샌드버그Anders Sandberg는 전체 두뇌 에뮬레이션에 관한 로드맵을 제공하고 있다: http://www.philosophy.ox.ac.uk/__data/assets/pdf_file/0019/3853/brain-emulation-roadmap-report.pdf (2011 2011년 8월 11일에 마지막으로 확인했다.)

7 베넨손Yaakov Benenson이 여러 다른 저자와 공저한 2004년에 출간된 책의 423-429쪽을 참고하라.

망받는 부분은 그것의 효율성 및 능력과 관련된 잠재력이다. 이미 설계된 바이오컴퓨터는 상대적으로 단순하지만, 그럼에도 불구하고 그것들은 이 분야가 언젠가 갖게 될 중요성을 보여주고 있다.

인공두뇌 연구의 목표 중 하나는 뉴런을 시뮬레이션하고 복잡한 신경적 구조를 만들어 내는 일이다. 이것을 위해 바이오컴퓨터의 효율성이 필요할지 모른다. 그러나 앞서 내가 말했듯이 IBM은 이미 펜타곤의 지원을 받아서 전통적인 실리콘 기반의 컴퓨터를 사용한 고양이 두뇌의 복잡성에 대한 시뮬레이션을 목표로 나아가고 있다. 만약 이 프로젝트가 성공한다면 고양이와 컴퓨터 사이의 경계는 희미해질 것이다. 고양이, 개, 그리고 인간의 경계는 이미 희미해지고 있다.

무생물의 도덕적 지위

인간의 지능과 인공지능 사이에 유사성이 있고, 컴퓨터를 사용하여 의식을 만들어 내는 것이 선택의 문제라고 한다면, 컴퓨터가 도덕적 지위를 갖는 것, 예를 들어 인격체의 한 유형으로 인정받는 것은 왜 불가능해야 하는가? 2009년 케임브리지대학교와 에버리스트위스대학교의 과학자들은 아담이라는 이름의 로봇을 개발했다. 그들은 이것이 새로운 과학적 결과를 독립적으로 발견해 낼 수 있는 최초의 기계라고 간주한다.[8] IBM과 펜타곤은 고양이 두뇌의 복잡성을 가진 슈퍼컴퓨터 개발을 시도하고 있다. 한때 고양이의 두뇌와 인간의 두뇌 사이에 있었던 범주적 구분 또한 이미 희미해지고 있다. 이 두 개발은 인간과 컴퓨터 사이의 거리를 중요하게 변화시키고 있다.

8 http://news.cnet.com/robo-scientist-makes-gene-discovery-on-its-own/?tag=newsLatestHeadlinesArea.0(2011년 8월 11일에 마지막으로 확인한 내용이다.)

독일 기본법에는 여전히 존엄성을 가진 인간과 사물처럼 취급되도록 되어 있는 동물 사이의 범주적 구분이 존재한다. 만약 당신이 동물을 괴롭힌다면, 이는 소유물을 손상시킨 것의 한 유형으로 간주된다. 그러므로 주체의 소멸을 정치적으로 인정하는 것은 인간과 동물 사이의 거리가 더 이상 무한하지 않고 단지 점진적인 것임을 독일 헌법이 지지한다는 것을 함축할 것이다. 결과적으로 현재 독일 기본법에 나타나 있는 인간 존엄성 개념은 수정되어야 할 것이다.

사이보그 연구가 현재와 같이 빠르게 발전을 거듭한다면, 특정한 유형의 컴퓨터를 도덕적으로 수용할 토대를 마련하는 일도 적절해 보인다. 가령 의식이나 심지어 자의식까지 발전시키게 될 컴퓨터를 들 수 있다. 인간과 다른 종류의 존재들 간의 차이는 이미 점점 작아지고 있다. 이 때문에 생명보수주의자들이 의존하는 혐오 유발 논증yuk-argument의 기반은 사라지고 있다. 왜냐하면 그러한 논증은 우리가 더 이상 공유하지 않는 인간의 자만, 예를 들어 인간과 다른 것 사이의 범주적 간극을 암묵적으로 포함하고 있기 때문이다. 이러한 간극 때문에 다른 종류의 존재와 뒤섞이는 것은 역겨운 일이었다. 그러나 그동안 우리는 다음의 사실을 깨닫게 되었다. 즉, 그러한 자만이 충분히 뒷받침되고 지탱될 수 있을 정도로 우리가 나머지 세계와 그렇게 무한히 멀리 떨어져 있지 않다는 것이다.

인간 존엄성 개념의 성공을 인정하고 인간과 비인간 존재 사이의 변화된 관계를 수용하기 위해서는, 두 측면을 모두 고려하는 도덕적 지위에 관한 새로운 개념이 형성될 필요가 있다. 싱어의 제안은 가능한 해결책이 아니다. 왜냐하면 그것은 인간 존엄성 개념과 연결된 성취와 성공을 무시하기 때문이다. 앞서 언급된 다양한 관점을 수용하기 위해 나는 다음의 기본적인 도덕적 태도를 제안한다.

4. 도덕적 지위의 위계에 대한 제안

인간 존엄성 개념과 관련된 과거의 사건과 그 성과의 중요성을 고려하기 위해, 나는 오직 인간만이 존엄성을 가진 존재일 수 있다고 제안한다. 자유민주주의의 기초를 대표하는 자유와 평등 규범과 관련된 존엄성은 지켜야 할 가치가 있는 개념이다. 그러나 위에서 언급된 생각에서 볼 수 있듯이, 존엄성 개념은 수정될 필요가 있다. 기본법의 전제를 가정하면, 존엄성은 아직 태어나지 않은 인간에게도 적용될 가능성이 높다. 그러나 이것은 수정될 필요가 있는 태도이다. 서구 사회집단의 많은 구성원은 이러한 태도를 받아들이지 않는다. 인간 종에 속하지만 아직 태어나지 않은 존재에 적용되는 태도가 매우 다양하다는 점과 자유 규범의 중요성을 감안한다면, 이러한 존재에 존엄성을 귀속시키는 것은 부적절하다. 이 시점에서 부정적 자유 규범의 중요성을 인식할 필요가 있다. 태어나지 않은 인간이 존엄성을 가져야 하는지의 여부는 형이상학적으로 불분명하다. 서구 산업국가의 많은 시민은 아직 태어나지 않은 인간은 인간 존엄성을 갖지 않아야 함을 함축하는 견해를 가지고 있다. 부정적 자유는 자유민주주의 사회에서 인정될 필요가 있는 가치 있는 성취이므로, 이 시민들에게 태어나지 않은 인간이 인간 존엄성을 갖는다는 것을 인정하도록 강요해서는 안 된다. 태어나지 않은 인간은 존엄성을 가진 존재가 아니라고 주장하는 것은, 그들이 도덕적으로 고려되지 않아야 함을 함축하지 않는다. 물론 그들은 도덕적으로 고려되어야 한다. 태어나지 않은 인간의 도덕적 지위에 관한 상당한 의견의 불일치가 있고, 이것은 경험적으로 해결될 수 있는 문제가 아니다. 그 때문에 그러한 의견의 불일치는 법적으로 고려될 필요가 있다. 도덕적 지위에 관한 의견의 불일치 때문에, 이러한 측면은 인간이 다른 존재와 단지 정도에서만 다르다는 것을 인정할 수 있는 그런 측면인지도 모른다. 그러므로 출생 전과 같은 이런 측면에서는, 도덕적으로 관련된 능력에 의존하여 인격체person와 비인격체non person를 구분하는 싱어 이론의 약간 수정된 버전을 적용하는 것이 적절할지도 모른다. 그는 지각력이 있는 자기 의식적인 존재는 인격체이고, 지각력이 있는 의식적인 존재는 상위 단계의 비인격체이며, 지각력이 없는 비의식적인 존재는 하위 단계의 비인격체라고 주장한다. 다양한 존재 간에 단지 단계적인 차이만이 있음을 강조하기 위해, 싱어와는 반대로 다양한 유형의 인격체를 구분하고, 지각력이 없는 비의식적인 존재만을 비인격체로 보는 것이 더 적절할 수도 있다. 결과적으로, 의식적이고 지각력이 있는 존재와 자기 의식적이고 지각력이 있는 존재만이 아니라, 고통을 겪을 수 있는 비의식적인 존재(여러 연구에 따르면 태아가 이에 속한다)도 인격체의 한 유형으로 보아야 한다. 다만 후자는 그 도덕적 지위와 관련해서 구분되는 인격체이다. 이러한 점을 고려하면 다음의 평가 위계가 도출된다.

> 인간 종에 속하는 존재는 비인격체이거나, 인격체person 혹은 존엄성의 담지자일 수 있다. 이러한 견해는 인간과 동물 사이의 차이가 단지 단계적인 차이일 뿐이며 범주적인 차이는 아니라는 점을 고려하고 있다.
>
> 그러나 인간 종에 속하는 태어난 존재는 존엄성을 가지고 있다. 이러한 방식으로 제3제국 때의 사건들에 대해 특히 성공적이었던 존엄성 개념의 가치가 인정된다.
>
> 인간 종에 속하는 태어나지 않은 존재는 싱어의 분류 단계의 약간 변형된 버전에 따라 구별되어야 한다. 그렇게 함으로써 종 차별에 대한 논증이 적절하게 고려될 수 있다.
>
> 인간 종에 속하지만 (기관 형성 과정 말기 이전의) 발달 초기 단계에 있는

태어나지 않은 존재는 지각력이 없고 의식적이지도 않으며 고통을 겪을 수 없다. 그러므로 그들은 비인격체라고 판단되어야 할 것이다. 그렇지 않다면 닭과 물고기를 죽이는 것이 용인될 수 없다.

인간 종에 속하는 태어나지 않은 비의식적 존재이면서 고통을 겪을 수 있는 존재(가령, 태아)는 인격체의 한 유형이지만, 단계 1의 인격체 유형을 대표한다.

고통을 겪을 수 있지만 의식이 없는 다른 존재는 유사하게 인격체 유형의 단계 1로 분류되어야 한다.

도덕적으로 더욱 적절한 단계는 의식의 발전이다. 따라서 지각력이 있는 의식적인 존재는 단계 2 유형의 인격성을 소유하는 것으로 분류될 수 있다. 가령 성체 물고기를 들 수 있다.

지각력이 있고 자기 의식적인 일부의 유인원은 단계 3 유형의 인격성을 갖는 것으로 분류될 수 있다.

만약 컴퓨터에 의해 의식이 발전될 수 있다면, 그러한 복합체는 단계 2 유형의 인격성을 가질 수 있다.

따라서 특정 유형의 인격성을 통한 존엄성에서 시작하여 비인격성에 이르기까지, 인간 종에 속하는 존재가 가질 수 있는 지위의 범위는 광범위하다.

인간 종에 속하는 태어난 존재는 존엄성을 갖는다.

그러나 인간 종에 속하지만 태어나지 않은 존재의 경우, 태아는 단계 1의 인격체 유형으로, 배아 발달의 초기 단계에는 비인격체로 간주되어야 한다.

인간 존엄성 개념을 어떤 측면에서 유지함으로써, 그 개념의 성공이 인정을 받는다. 인격성 개념을 존엄성 개념과 분리하고, 또한 동시에 인격체의 위계 내에서 인간의 통합을 허용함으로써, 범주적으로 특별한 인간 지위의 소멸이 인정된다. 이러한 제안은 겉보기에는 해결할 수 없을 정도로 충돌하는 도덕적 태도를 통합한다는 데에 그 이점이 있다.

누군가 전술한 제안을 실행하고자 할 경우 모든 문제가 이론적 단계에서 해결될 수 있다고 가정하는 것은 아니다. 도덕적 평가는 단지 일반적이고 이론적인 것뿐 아니라, 특수한 문화적 환경embeddedness도 고려해야 한다. 일반적인 이론적 수준에서 여기에서 언급된 성찰들이 계몽된 현대 국가에 적용된다 하더라도, 실천적인 실행은 각 나라마다 다를 수 있다. 문화 · 역사적 환경의 측면에서, 아일랜드나 네덜란드, 독일과 같은 나라 사이의 차이는 매우 크고 중요하다. 결국 실천적인 실행의 경우에, 현대의 계몽된 도덕성에 관한 일반적인 이론적 반성에 덧붙여 구체적인 문화 · 역사적 환경이 고려되어야 한다.

독일의 경우 이는 다음과 같은 함축을 가질 수 있다. 태아를 인격체 유형의 단계 1로 간주하고, 물고기를 인격체 유형의 단계 2로 간주할 좋은 이유가 있을 수 있다. 그러나 이것이 태아는 죽임을 당할 수 있지만 물고기는 그렇지 않다는 것을 함축하지는 않는다. 독일의 구체적인 문화 · 역사적 배경 때문에, 인간 종에 속하는 인격체 유형의 단계 1에 관해서는 예외를 두는 것이 적절하고 바람직할 수 있다. 그것들은 비록 도덕적 지위와 관련하여 존엄성의 담지자는 아니지만, 조심성 논증argument of caution에 따라 특별한 방식으로 법적으로 보호될 수 있다. 그런데 유사한 논증이 네덜란드와 같은 나라에서는 적절하지 않을 수 있다.

인간의 미래

향상 기술enhancement technologies을 사용한다면, 인간이 계속 발전해서 트랜스휴먼과 포스트휴먼이 생겨나는 것 또한 가능할 것이다. 페레이돈 에스팬다이어리Fereidoun M. Esfandiary는 향상된 인간을 트랜스휴먼으로 부르고, 더 이상 인간 종에 속하지 않는 향상된 존재를 포스트휴먼이라 부른다(Bostrom, 2005: 12-14 참조). 다른 한편으로 닉 보스트롬Nick Bostrom은 포스트휴먼은 여전히 인간 종에 속한다고 제안한다. 그러나 포스트휴먼은 최소한 하나의 능력과 관련하여 현재 인간에게 가능한 것을 넘어서는 능력을 가지고 있다(Bostrom, 2008: 1). 리 실버Lee M. Silver는 유전자 부자genrich와 유전자 빈곤층genpoor 혹은 자연인naturals을 구분한다(Silver, 1998).

이러한 구분과 관계된 도덕적인 도전은 모두 동일하며, 그것은 영화 〈가타카*Gattca*〉에 잘 묘사되어 있다. 포스트휴먼과 인간은 너무도 다르기 때문에 두 개의 도덕적 기준이 생겨난다. 도덕적 평등은 포스트휴먼 사이나 인간 사이에서만 각기 고려되며, 포스트휴먼과 인간 사이에서는 고려되지 않는다. 보스트롬은 포스트휴먼과 인간 사이에 그러한 도덕적 분리나 간극이 생겨날 가능성은 높지 않다고 생각하며, 둘 모두가 동일한 도덕적 기초 위에서 판단되고 동등하게 고려될 가능성이 높다고 주장한다. 이러한 주장을 뒷받침하는 한 가지 근거는 포스트휴먼 또한 도덕적으로 진보되어 있으리라는 것이다. 그 때문에 그렇게 될 가능성이 크다는 것이다. 이런 식의 생각은 다음과 같은 반성을 통해 추가적으로 지지될 수 있다. 중세 이래로 우리가 더 많은 능력과 과학적 통찰을 얻게 됨에 따라, 도덕적 발전 또한 이루어져 왔다. 자유와 평등의 규범에 대한 더욱 높은 평가는 이러한 발전과 더불어 이루어졌다.

그의 주장이 옳기를 바라지만, 나는 그 점에 대해 덜 희망적이며 덜 확신한다. 다른 능력을 갖는 존재는 다른 도덕적 지위를 부여받을 위험이 있다. 그 이유 때문에 우리는 〈가타카〉 논증을 심각하게 받아들여야 한다. 이는 내가 유전적 향상이 도덕적으로 매우 문제가 있다고 보고 있음을 의미하지 않는다. 그러나 이는 발전이 매우 조심스럽게 이루어져야 함을 의미한다. 그래야 트랜스휴먼이나 포스트휴먼, 그리고 인간 모두가 동일한 존엄성의 기초 위에서 판단될 수 있다.

5. 나오는 말

서구 국가의 많은 사회집단 구성원의 의견에 따라서, 인간이 다른 존재와 범주적으로 구별되어야 한다는 견고한 인간중심주의적 관점은 설득력이 없다는 것을 인정해야 한다. 다른 한편으로, 인간중심주의적인 인간 존엄성 개념은 우리들 대부분이 매우 가치 있다고 여기는 자유민주주의 구조를 촉진시키는 것을 도왔다. 그리고 또한 그것은 제3제국과 같은 가부장적이고 전체주의적인 시스템에 대항하는 것의 중요성을 기억해야 할 필요가 있음을 강조했다. 도덕적 지위에 관한 전통적인 논쟁은 첫 번째 측면을 강조하는 싱어와 같은 철학자들이나 두 번째 측면을 강조하는 슈패만과 같은 철학자에 의해 지배되었다. 도덕적으로 문제가 있는 인간중심주의적인 기반을 회피하고, 인간이 다른 자연적 존재들과 종류가 아닌 정도의 차이만 있다는 입장을 수용하기 위해, 나는 존엄성 개념을 인격성 개념과 분리시킬 것을 제안한다. 그에 따라 두 개념 모두 핵심적인 도덕적 개념으로 남아 있을 수 있다. 인격성은 존엄성의 담지자 개념과는 독립적이면서, 아마도 싱어가 제시했던 것과 비슷한 특정한 능력에 의존하는 개념이어야 한다. 그러나 서구 사회의 자유민주주의 시스템의 수립을 뒷받침한 계몽주의 시대에 그 개념이 이룩한 성공을 인식하고, 자유와 평등의 중요성을 인정하며, 우리가 미래에도 제3제국과 같은 전체주의적 시스템에서 살기를 원하지 않는다는 소망을 표현하기 위해서는, 존엄성은 이미 태어난 인간에게만 적용되어야 한다. 따라서 우리는 인간과 유인원, 그리고 컴퓨터의 도덕적 지위에 대해 다음과 같은 위계를 갖게 된다.

> 인간 종에 속하는 태어난 존재는 존엄성을 갖는다.
>
> 일부 유인원이나 돌고래와 같은 지각력이 있는 자기 의식적인 존재는 인격체 유형의 단계 3이다.
>
> 성장한 물고기나 잉꼬와 같은 지각력이 있는 의식적인 존재는 인격체 유형의 단계 2이다.
>
> 고통을 겪을 수 있는 비의식적인 존재는 인격체 유형의 단계 1이며, 그 예로 태아가 있다.
>
> 고통을 겪을 수 없는 비의식적인 존재는 비인격체이다. 여기에는 수정된 난자나 박테리아가 해당된다.

이러한 방식으로 유인원의 도덕적 지위는 적절하게 인정될 수 있고, 유인원과 인간 사이의 단지 점진적일 뿐인 차이 또한 인정된다. 만약 컴퓨터가 의식의 한 유형을 발전시킨다면, 위의 제안에 따라 컴퓨터 또한 적절한 도덕적 인정을 받을 수 있다.

나는 앞서 언급했듯이 과학적이고 현대적인 통찰의 핵심을 고려한 이러한 제안이 계몽된 모든 국가의 정치적 조직에 적용될 수 있다고 가정하지는 않는다. 실천적인 실행에서, 구체적인 문화 · 역사적 환경은 언제나 결정적인 역할을 담당해야 한다. 그 결과 이론적인 기초는 역사적으로 형성된 광범위한 도덕적 평가와 조화를 이루게 된다. 독일의 경우, 이 방법은 보호에 더 높은 가치를 두는 조심성 논변에 따라 태아가 더 높은 도덕적 인정을 받아야 한다고 함축할 가능성이 매우 높다.

나는 이와 같은 나의 제안이 법적 결정과 관련하여 존재의 도덕적 지위를 재평가하는 데 도움이 되기를 바란다. 그렇게 함으로써 과거의 성취들이 인정될 뿐 아니라, 견고한 버전의 인간중심주의를 넘어서는 것의 중요성과 같은 현대적인 통찰이나 입장 또한 인정을 받게 된다. 이는 서구의 사고 방식보다 동양의 사고 방식에 더 가까운 것이다.

참고 문헌

Badmington, Neil, "Approaching Posthumanism," Badmington, N. (Hg.), *Posthumanisn*, New York, N. Y.: Palgrave, 2000.

Baranzke, H., *Würde der Kreatur? Die Idee der Würde im Horizont der Bioethik*, Epistemata. Würzburger Wissenschaftliche Schriften, Königshausen & Neumann, Würzburg, 2002.

Benenson, Yaakov et al., "An Autonomous Molecular Computer for logical Control of Gene Expression," *Nature* 429: 423–429, 2004.

Bostrom, Nick, "A History of Transhumanist Thought," *Journal of Evolution and Technology*, Vol.14, No. 1, 2005. http://www.nickbostrom.com/papers/history.pdf

______, "Why I want to be a Posthuman when I grow up," B. Gordijn & R. Chadwick (ed.), *Medical enhancement and posthumanity*, Heidelberg et al., Springer, 2008.

Castricano, Jodey, "Introduction: Animal Subjects in a Posthuman World," Castricano, Jodey (ed.), *Animal Subjects: An Ethical Reader in a Posthuman World*, Wilfrid Laurier University Press, 2008.

Dürig, Günther, "Kommentar zu Art. 1 Abs. 1," Maunz, T. & Dürig, G.,

Grundgesetz-Kommentar, München: Beck, 1-26, 1998.

Francione, Gary L., *Animals As Persons: Essays on the Abolition of Animal Exploitation*, Columbia University Press, 2008.

Hassan, Ihab, "Prometheus as Performer—Toward a Posthumanist Culture? A University Masque in Five Scenes," *Georgia Review* 31: 830-850, 1977.

Herdegen, Mattihas, "Kommentar zu Art. 1 Abs. 1," Maunz, T. & Dürig, G., *Grundgesetz-Kommentar*, München: Beck, 1-58, 2004.

Hochberg, L. R. et al., "Neuronal ensemble control of prosthetic devices by a human with tetraplegia," *Nature* 442: 164-171, 2006.

Japlonka, Eva & M. J. Lamb, *Evolution in Four Dimensions: Genetic, Epigenetic, Behavioral, and Symbolic Variation in the History of Life*, MIT, London et al., 2005.

Krüger, H. (ed.), *Die Charta der Vereinten Nationen und das Statut des Internationalen Gerichtshof*, Stuttgart: Reclam, 1995.

MacIntyre, Alasdair, "Which God Ought We to Obey and Why?," *Faith and Philosophy* 3(4): 359-371, 1986.

Silver, Lee M., *Remaking Eden: Cloning and Beyond in a Brave New World*, Harper Perennial, 1998.

Singer, Peter A. D., *Animal Liberation*, Harper, 2002.

_____, *Unsanctifying Human Life*, Ed. by Helga Kuhse, Oxford et al.: Blackwell, 2006.

Sloterdijk, Peter, *Kritik der zynischen Vernunft*, 2 Bd., Frankfurt a. M.: Suhrkamp Verlag, 1983.

_____, *Nicht gerettet — Versuche nach Heidegger*, Frankfurt a. M: Suhrkamp

Verlag, 2001.

Sorgner, Stefan Lorenz, "Menschenwürde nach Nietzsche," *Die Geschichte eines Begriffs*, Darmstadt: WBG, 2010.

Spaemann, Robert, "Das Natürliche und das Vernünftige," *Essays zur Anthropologie*, München: Piper, 1987

Varela, Francisco J., E. Thompson, & E. Rosch, *The Embodied Mind: Cognitive Science and Human Experience*, MA: Cambridge, MIT Press, 1991.

Vattimo, G., "Bioethik zwischen physis und nomos," Knoepffler, N., D. Schipanski, & S. L. Sorgner(Hg.), *Humanbiotechnologie als gesellschaftliche Herausforderung*, Freiburg: Alber, i. Br. et al., 187–194, 2005.

트랜스휴머니즘, 세상에서 가장 위험한 생각?*

신상규

1. 인간 향상의 길

2004년 9월 『포린 폴리시*Foreign Policy*』라는 잡지에서 8명의 저명한 학자에게 인류의 미래에 위협이 될 가장 위험한 생각에 대해 기고해 줄 것을 요구했다. 『역사의 종말』로 잘 알려져 있는 정치학자 프랜시스 후쿠야마Francis Fukuyama는 두 페이지의 짧은 글을 통해 트랜스휴머니즘transhumanism이 미래의 가장 위험한 생각이라는 견해를 피력했다(Fukuyama, 2004: 42-43).

트랜스휴머니즘은 인류가 과학 기술의 수단을 이용하여 진화에 의해 주어진 생물학적 운명 혹은 한계를 넘어서야 한다는 주장이다. 이러한 주장을 옹호하는 이른바 트랜스휴머니스트들은 현재 인간 종種의 모습

* 이 글은 『철학논집』 제29집(2012년 5월, 서강대 철학연구소)에 실린 논문을 수정 · 보완한 것이다.

이 종 발전의 궁극적인 형태가 아닌 상대적으로 진화의 초기 단계에 있다고 생각하며, 트랜스휴머니즘을 "노화를 제거하고, 인간의 지성적 · 육체적 · 심리적 능력을 향상시키는 기술을 개발하고 확대함으로써 인간 조건을 근본적으로 향상enhancement시키는 것의 가능성과 그 바람직함을 긍정하는 지적 · 문화적 운동"(Bostrom, 2003)이라고 정의한다. 물론 이들이라고 해서 무분별한 향상을 무조건적으로 긍정하는 것은 아니며, 이런 기술의 적용에 따른 잠정적 위험이나 그와 결부된 다양한 윤리적 쟁점을 충분히 숙고해야 한다고 주장한다. 말하자면, 그러한 위험 요소를 충분히 고려하면서 인간 향상을 위해 과학 기술을 선택적으로 사용하는 것에 어떤 일반적인 차원의 도덕적 · 윤리적 장애는 없다는 것이 이들의 입장이다.

트랜스휴머니즘의 대표적인 주창자 중의 한 명인 닉 보스트롬Nick Bostrom은 트랜스휴머니즘이 전통적인 의미의 휴머니즘과 동일선상에 놓여 있으며, 인간과 개인의 가치나 선택을 존중하고, 합리적 사고 · 자유 · 관용 · 민주주의와 같은 전통적인 가치를 장려한다고 주장한다. 차이가 있다면, 트랜스휴머니즘은 단지 우리 인간이 어떤 존재가 될 수 있는지의 잠재성에 초점을 맞추고 있을 뿐이라는 것이다. 그에 따르면, 우리 인간을 가치 있게 만드는 것은 지금 현재의 우리 모습이나 생물학적 상태가 아니라, 우리의 열망이나 이상, 우리가 해보고 싶은 경험, 우리가 살고자 하는 삶의 종류와 같은 것이다. 따라서 과거 인류가 자신이 처한 조건이나 외부 세계의 변화를 위해 합리적 기술을 사용했듯이, 이제 우리는 스스로의 향상과 더불어 지금의 '인간'을 넘어서기 위해 얼마든지 이들 기술적 수단을 활용할 수 있다는 것이다.

후쿠야마는 트랜스휴머니즘을 공상과학을 지나치게 심각하게 받아들인 컬트 집단의 생각으로 치부할 수도 있겠지만, 오늘날 이루어지고 있는 생명 의료 분야의 많은 연구가 그러한 생각을 암묵적으로 전제하고 있음을 지적한다. 우리 인간은 선천적이거나 후천적인 여러 가지 질병의 고통을 겪고 있으며, 심리적으로도 과도한 공격성이나 불안, 우울증과 같은 여러 가지 문제를 가지고 있다. 이러한 문제는 그러한 질병이나 심리적 문제를 안고 있는 개인의 문제일 뿐 아니라, 많은 경우에 사회나 국가 차원의 장기적인 건강 정책상의 문제이기도 하다. 따라서 생명의료 연구나 과학 기술의 도움을 빌려서 이런 문제를 해결하고자 하는 시도는 일견 대단히 합리적이며 자연스러운 일로 보인다.

그런데 문제는 질병이나 신체적 장애의 해결이나 제거를 목표로 하는 많은 첨단 의료 기술, 가령 우울증 치료약, 근육 강화제, 기억 향상 약물, 유전자 치료나 유전자 선택 등과 같은 많은 기술이 단순한 치료 수준을 넘어서서 인간 종의 '향상'을 위해 쉽게 이용될 수 있다는 데에 있다. 물론 어떤 사회가 인간 종의 인위적 향상을 긍정하는 트랜스휴머니즘을 일순간에 열광적으로 받아들이는 일은 쉽게 일어나지 않을 것이다.[1] 하지만 성형 수술과 같은 사례에서도 쉽게 관찰할 수 있듯이, 질병이나 장애의 해결을 위해 개발된 기술이라 할지라도, '정상적인' 신체 능력 혹은 정신 능력의 향상을 위해 그것들을 사용하는 빈도는 점점 늘어날 것이며, 어느 지점에 이르게 되면 그러한 기술을 통해 인간 본성을 변형하거나 '향상'시키고자 하는 적극적 시도가 뒤따를 것임은 쉽게 예측 가능한 일이다.[2]

비단 생명공학 기술뿐 아니라, BNIC 기술로 불리는 첨단의 과학 기술

1 이렇게 생각하는 가능한 근거로 현상황 편향status quo bias을 들 수 있다. 보스트롬은 트랜스휴머니즘에 반대하는 많은 주장이 이러한 현상황 편향의 표출이라고 본다(Nick Bostrom & Toby Ord, "The Reversal Test: Eliminating Status Quo Bias in Applied Ethics," *Ethics* 116 (July 2006): 656–679).

2 현재 연구나 개발이 진행되고 있는 생명공학 기술의 현황과 인간 향상을 위한 이들 기술의 적용 가능성에 대해서는 트랜스휴머니스트인 라메즈 남Ramez Naam이 쓴 『인간의 미래』를 참조하라.

이 결합하여 지금과 같은 수준으로 계속 발전한다면, 인간의 변형이나 향상에 대한 트랜스휴머니즘의 주장이 현실로 실현될 확률은 일견 우리가 생각하는 것보다 훨씬 높을 가능성이 크다. BNIC 기술이라 함은 생명공학 기술, 분자나노 기술, 정보 기술, 인지과학을 일컫는 말이다. 이 가운데 원자 차원에서 물질의 구조를 통제하는 분자나노 기술, 인간의 지능을 훨씬 능가하는 슈퍼 지능이나 로봇의 발명, 인간 두뇌의 시냅틱 구조를 스캔하여 동일한 계산적 구조를 전자 두뇌에 구현하는 업로딩up-loading 기술 등은 아직 그 실현 가능성이 미정으로 남아 있는 미래의 기술이다. 하지만, 인간의 인지적 능력이나 정서 상태에 영향을 끼치는 다양한 약물들, 특정 질병이나 장애를 치료하기 위해 개발된 유전자 치료나 유전자 조작, 인간의 평균적 수명을 연장하려는 시도, 컴퓨터와 두뇌 사이의 인터페이스 기술을 이용하여 신체의 마비 혹은 시각이나 청각의 상실과 같은 장애를 극복하고자 하는 기술은 이미 이 시간에도 적용되고 있는 현재의 기술이다.

여기서 우리가 주목해야 할 점은 토목이나 건축, 기계와 같은 과거의 기술이 인간을 둘러싼 외부 환경을 바꾸고 개선하는 기술로서 바깥 세계를 향하고 있었다면, 지금 논의되고 있는 BNIC 기술은 인간의 마음, 신체, 본성을 바꾸고 '향상'시킬 수 있는 우리의 '내부'를 향한 기술이라는 것이다. 즉, 과거의 기술이 인간의 지성이나 육체적 능력을 도구적으로 보완해 주는 단계에 머물러 있었다면, 미래의 기술은 인간의 외형을 포함하여 육체나 마음의 구조 및 그 능력을 근본적으로 변형하고 향상시키는 기술이다. 말하자면, 이것들은 우리의 선택에 따라서는 현재의 생물학적 인간 종과 구분되는 새로운 종으로서의 '포스트휴먼'의 탄생을 가능하게 할 잠재력을 가지고 있는 기술이다. 문자 그대로 인류가 자신의 진화 방향을 스스로의 선택을 통해 결정할 수 있는 가능성이 열리는 것이다. 이는 인류의 역사에서 전례를 찾기 힘든 미증유의 사건이다.

그럼에도 불구하고 우리는 왜 아직도 그러한 시나리오의 현실적 가능성을 체감하기 힘든 것일까? 여기서 문제를 이해하는 한 가지 열쇠는 이들 기술이 발전하고 있는 변화의 기하급수성에 있다.[3] 인텔의 공동 창업자 중 한 명인 고든 무어Gordon Moore는 1965년 집적회로에 넣을 수 있는 트랜지스터의 개수가 매년 2배(이후 18개월에 2배로 수정)로 증가할 것이라고 예측한 바 있으며, 약간의 편차는 있지만 그러한 발전 양상은 오늘날에도 여전히 계속되고 있다. 문제는 정보 기술 영역에서 작동하는 이러한 규칙성이 생명공학이나 인지과학과 같은 여타의 분야에서도 비슷한 방식으로 작동하고 있다는 것이다.

이러한 급격한 변화의 양상과 달리, 우리가 일상적인 경험을 통해 느끼는 변화의 속도는 대개 완만하게 상승하는 직선의 모습일 것이다. 사실 인류 역사 대부분의 기간 동안에 세계에서 급진적인 변화가 진행되고 있음을 사람들이 자신의 일상 속에서 느낄 수 있는 경우란 거의 없었다. 최근 몇십 년 동안 일어난 변화는 사실상 인류의 출현 이래 수만 년 동안 일어났던 변화보다 훨씬 더 큰 규모의 변화이다. 말하자면 현재를 살아가는 우리를 제외하곤, 사람들이 평생을 살아가는 동안에 세상은 거의 아무것도 바뀌지 않았다. 그런 점에서 진화적으로 형성된 우리의 일상적인 체감 능력은 완만한 일상적 변화의 포착에 적응된 능력이며, 기하급수적으로 일어나는 급격한 변화를 생생히 포착하고 상상하기에는 일정한 한계를 갖는다고 할 수 있다.

현재 계속되고 있는 기술의 발전이 가져올 미래의 변화를 그나마 적확하게 파악하는 한 가지 방법은 최근 20~30년 동안 정보 기술에서

3 변화의 기하급수성은 커즈와일Ray Kurzweil의 『특이점이 온다』와 조엘 가로의 『급진적 진화』를 참조하라.

〈표 1〉 인간 진화의 전환점에 해당하는 역사적 사건과 소요 기간

사건	소요 기간
지구 형성-다세포생물 출현	40억 년
포유류 출현	4억 년
원숭이 출현	1억 5천만 년
호미니드(사람과) 출현	3000만 년
인간 출현	1600만 년
알타미라 벽화	400만 년
정착문화	1만 년
문자 발명 - 문화적 진화가 생물학적 진화를 추월하는 시점	4000년
로마제국 형성	4000년
산업혁명	1800년
달 착륙	169년
정보 시대	20년

일어난 변화의 양상을 곡선의 그래프로 그린 다음에 일종의 외삽extrapolation을 통해 향후 20~30년 후를 상상해 보는 것이다. 다음과 같은 자료가 직선의 선형적 변화에 비해 곡선curve의 변화가 얼마나 급진적인 양상으로 전개되는지를 파악하는 일에 도움을 줄 것이다. 〈표 1〉은 인간 진화를 중심으로 일종의 전환점에 해당하는 역사적 사건을 나열하고, 그 이전의 사건에서 그 다음 사건이 발생하기까지 소요된 기간을 나타내 본 것이다. [그림 1]은 지난 1만 2000년 동안 일어났던 세계의 인구 변화를 그래프로 나타낸 모습이다(가로, 2007: 116).

현재 개발되고 있는 기술의 발전 속도와 그것이 야기할 수 있는 변화의 잠재력을 이처럼 곡선의 그래프를 통해 이해하고 나면, 트랜스휴머니즘이 세상에서 가장 위험한 생각일 수 있다는 후쿠야마의 진단은 어떤 측면에서 대단히 시의적절한 주장이다. 그런데 트랜스휴머니즘의 기본 생각이나 첨단 과학 기술을 기반으로 한 인간 향상의 가능성에 대해, 그것이 현실적으로 실현 가능한 사건임을 인식하고 좀 더 주의 깊은 관심이 필요하다는 사실을 인정하는 것과, 그러한 인간 향상이 모종의 도덕

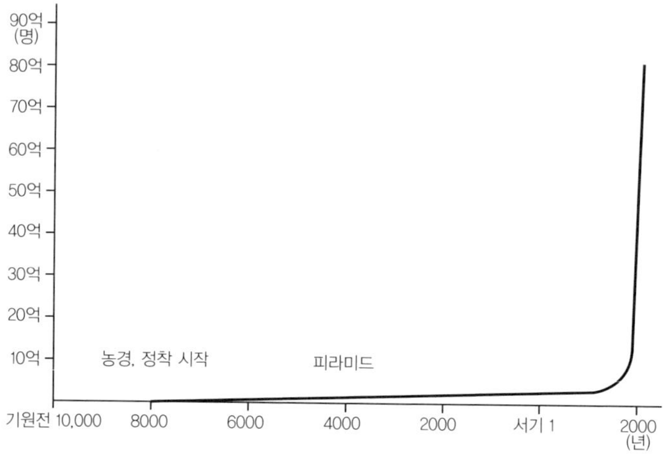

[그림 1] 문명 사회의 세계 인구 변화

적 문제를 가지고 있기에 반대해야 한다는 주장을 수용하는 것은 전혀 별개의 문제이다.

2. 후쿠야마: 왜 인간 향상은 부당한가?

트랜스휴머니즘이 주장하는 인간 향상의 시도에 반대할 때, 우리는 그 논의의 층위를 크게 두 가지로 구분할 수 있다. 그 하나는 특정 상황에서 이루어지는 특정의 개별적 향상이나 그 방식을 문제 삼는 것이다. 가령 우리는 약물을 사용하는 것 자체에 어떤 일반적인 문제가 있다고는 생각하지 않는다. 하지만 동시에 우리는 마약류나 향정신성 의약품과 같은 특수 약물의 사용을 문제시하면서 규제할 수 있다. 이와 마찬가지로, 향상의 시도 자체에 어떤 일반적인 문제가 있다고 생각하지는 않지만, 인간 배아의 특정 유전자를 인위적으로 조작하여 태어날 아이의 정신적 ·

육체적 능력을 불가역적으로 변화시키는 특정 방식의 향상에 대해서는 반대할 수 있다.

향상에 대한 반대 논의가 만약 이런 차원에서 이루어지는 것이라면, 이는 대체적으로 그러한 향상이 이루어지는 특정 맥락에서 발견되는 사회정치적인 요인에 대한 평가와 더불어 향상이 가져다 줄 혜택 및 그것이 초래할 비용적 요소의 비교·평가와 같은 결과주의적 고려의 성격을 띠고 있을 것이다. 우리는 특정의 향상 방식과 관련하여 다음과 같은 질문을 던질 수 있다. "누가 거기에 접근 가능한가?", "접근의 공정성에 문제는 없는가?" "누가 결정을 하는가?", "강제성은 없는가?", "어떤 방식으로 향상이 이루어지는가?", "그러한 향상이 야기할 외부적 영향이나 결과는 무엇인가?", "회복 불가능한 나쁜 결과를 초래하지는 않는가?" 물론 이런 결과주의적 고려와는 별개로, 특정의 향상 방식 자체에 내재적인 어떤 도덕적 문제를 지적하는 반론도 있을 수 있다. 만약 후자의 경우라면, 그 관건은 그러한 향상 방식이 다른 향상 방식과 구분되는 근본적인 차이가 무엇인지를 지적하고, 그 도덕적 관련성을 보이는 일이 될 것이다.

다른 한편으로, 개별적 향상에 대한 반대 논의와 별개로, 첨단 기술을 활용한 인간 향상 일반에 반대하는 포괄적인 수준의 반대 논의가 있을 수 있다. 앞서 언급한 개별적 수준에서 이루어지는 인간 향상의 반대 논의는 근본적인 규범의 수준에서 인간 향상 자체에 특별히 문제될 것은 없다는 '향상의 정상화normalization of enhancement'를 사실상 전제하고 있다. 그러므로 다양한 향상 방식 중에서 특정의 방식만을 문제 삼게 되는 것이다. 개별적 향상에 대한 이러한 반대는, 역으로 뒤집어 보면 향상을 하지 말자는 주장이 아니라 유관한 도덕적 문제 등을 우리가 통제할 수 있는 방식으로 향상을 추구하자는 주장이다. 이 경우 논의의 핵심은 우리가 향상을 추구해야 하는지 여부가 아니라, 어떤 방식으로 어떤 종류의 향상을 추구할 것인가의 문제로 귀착된다. 말하자면, 허용 가능한 향상 기술의 성격에 대한 구체적 분석과 함께, 주어진 사회 · 정치 · 문화적 맥락에서 특정의 향상을 추구하기 위한 구체적 행위 지침이나 정책적 대안에 관한 논의가 그 주를 이루게 된다.

이와 달리, 첨단 기술을 통한 향상 일반에 포괄적으로 반대하는 논의는 결과주의적 고려를 포함할 수도 있지만 대개는 규범적 원리의 차원에서 첨단 기술의 적용이 가져올 어떤 근본적인 문제를 지적하려는 경향을 가지고 있다. 가령 후쿠야마는 첨단 기술을 통한 인간 향상이 인간을 인간으로 만들어 주는 어떤 본질적 속성을 파괴함으로써 인간성 자체를 훼손시킬 것이라 주장한다. 이러한 반대 논의의 성공 여부는 전통적 향상 방식과 새로운 향상 방식을 비임의적인 기준을 통해 구분하고, 그 차이가 원리상 극복 불가능한 어떤 도덕적 문제를 발생시킴을 입증하는 것에 달려 있다.

나는 향상 일반에 대한 이러한 반대 논의의 성공 가능성에 대해 대단히 회의적이다. 향상에 찬성하는 사람들, 좀 더 정확히 말하자면 향상 일반에 대한 반대에 반대하는 사람들은, 어떤 의미에서 인간이 이용하는 모든 기술이 생명 기술이며, 기술은 자연적 상태의 인간이 가지고 있는 약점과 한계를 보완하기 위해 고안된 것임을 강조한다. 기술은 우리를 좀 더 빠르고, 강하며, 똑똑하도록 만들어 주며, 더 오래 행복하게 살도록 해 주려는 목적을 가지고 있다. 이들에 따르면, 이러한 향상을 제거하는 것은 우리의 생존을 위협할 뿐 아니라 우리가 '온전한' 인간일 수 없도록 만든다. 그런 점에서, 전통적 기술의 많은 부분도 자연적인 인간 본성의 변형이나 향상으로 간주될 수 있다. 우리는 문자 사용이나 교육, 의복이나 신발의 착용, 커피가 주는 각성 효과 등을 우리 삶의 일부로 당연하게 받아들이고 있다. 심지어 다른 사람의 장기를 적출하여 환자에게 이식하는 장기 이식 수술마저도 거기에 어떤 극복 불가능한 도덕적 문제가 있다고 생각하지 않는다. 그런데 이것들은 모두 전통적인 방식의 인간 향상 기술에 해당하는 것이다. 우리가 인간 향상의 개념을 이렇게 확장하여 이해할 수 있다면, 향상이라는 개념 자체로부터 어떤 도덕적이고 윤리적인 판단을 직접 이끌어 내기는 힘들다는 것이 나의 생각이다. 그런 점에서 향상 일반보다는 특정 방식의 향상에 대해 집중하는 것이 더욱 효과적인 반론일 가능성이 크다.

그런데 트랜스휴머니즘에 대한 후쿠야마의 반대 논증은 정확히 어떤 차원에서 논의가 진행되고 있는지가 분명하지 않다. 물론 그의 일차적인 반대 대상은 유전공학적인 생명과학 기술이다. 하지만 이를 위해 그가 내세우는 논점은 인간성 자체에 대한 위협과 같은 대단히 포괄적인 차원의 내용을 담고 있다. 만일 그의 비판이 타당하다면, 그러한 논점이 비단 유전자 조작과 같은 생명공학 기술에만 적용될 이유는 없어 보인다. 적절한 수정을 거칠 경우에 그의 논점은 유전공학뿐 아니라, 정보 기술을 활용한 새로운 향상 방식, 더 나아가 문자나 교육과 같은 전통적인 방식의 향상 기술에도 그대로 적용될 수 있는 내용들이다. 따라서 나는 트랜스휴머니즘에 대한 후쿠야마의 반론을 개별적인 향상에 대한 반론이 아니라, 향상 일반에 대한 포괄적인 반대의 입장으로 이해하고자 한다.[4] 그런데 앞서 지적한 대로 이러한 형태의 반론이 성립하려면, 인간 향상의 전통적인 방식과 새로운 기술 사이의 불연속성이나 차이를 보여주고, 그 차이의 도덕적 관련성을 입증하는 것이 가장 중요한 문제가 된다. 그러지

4 후쿠야마 외에도 향상에 대한 반대론자로 자주 언급되는 인물로는 샌델과 하버마스가 있다. 이들의 일차적인 비판 대상도 유전공학을 필두로 하는 생명과학 기술이다. 이들의 논의도 후쿠야마의 논의와 비슷한 성격을 띠고 있다. 이들의 경우에도 그 논점이나 논거가 생명과학 기술만을 문제삼고 있다고 보기 어렵다.

않고 새로운 종류의 향상에 국한하여 일방적으로 그 논점을 적용하는 것은 질문 구걸의 오류에 해당하거나, 보스트롬이 지적하는 현상황 편향 status quo bias을 표출하는 것에 지나지 않을 가능성이 크다. 불행히도 후쿠야마는 그러한 차이를 발견하고 정당화하는 일에 크게 관심을 두는 것 같지 않다.

후쿠야마는 앞서 소개한 글에서 인간 향상에 반대하는 이유로 크게 두 가지를 제시하고 있다.[5] 첫 번째로 지적하는 문제는 '평등'의 파괴이다. 후쿠야마는 트랜스휴머니즘이 모든 인간은 피부색이나 외모, 지능의 차이와 무관하게 동등한 공통의 인간 본질을 공유하고 있으며, 그런 점에서 모두 동일한 내재적 가치를 지닌다고 가정하는 정치적 자유주의의 토대를 훼손시킬 것이라 주장한다. 즉, 우리 중 누군가가 향상을 통해 지금보다 더 우월한 존재가 된다면, 향상된 존재와 그렇지 않은 인간 사이에 그 내재적 가치나 권리에서 차이가 발생할 가능성이 있다는 것이다. 또한 평등의 문제는 향상 기술에 대한 접근 가능성의 차원에서도 제기될 수 있다. 향상 기술을 적용하는 데 드는 비용을 감안하면, 한 사회 내에서 그 일차적인 수혜자는 재력을 갖춘 부자나 권력층일 것이다. 그뿐만 아니라 개발국과 저개발국으로 나뉘어 있는 현실을 감안한다면, 개발국의 시민과 저개발국 시민 사이에 존재하는 불평등의 문제는 더욱 심화될 것이다.

후쿠야마가 제시하는 불평등의 문제가 향상 기술에 반대할 결정적 이유인지는 의문이다. 먼저 모든 인간이 갖는 내재적(도덕적) 가치가 어떤 공통의 인간 본질에 의존하고 있는지 여부가 불분명하다. 만일 그 전제

5 후쿠야마는 그의 책 *Our Posthuman Future: Consequences of the Biotechnology Revolution*에서 여기서 다루는 내용보다 훨씬 심도 있는 논의를 전개하고 있다. 특히 인간 본성에 대한 논의의 부분이 그러하다. 그 부분에 대해서는 다른 논문을 통해 자세히 검토할 기회가 있을 것이다.

가 정당하지 않다면, 향상된 존재와 현재의 인간 존재 사이에 어떤 권리의 차이가 발생할 것이라는 결론은 쉽게 도출되지 않는다. 향상 기술에 대한 접근 가능성이나 사회적 · 국가적 불평등의 심화 문제는 비단 향상 기술에 국한된 문제가 아니다. 이는 인간 사회의 가장 오래된 문제인 동시에 지금 현재 우리가 누리고 있는 대부분의 과학 기술에 모두 동일하게 적용될 수 있는 문제이다. 가령, 오늘날 많은 사람이 첨단 의료나 고등 교육의 혜택을 누리고 있지 못한데, 그렇다면 그러한 불평등을 개선하기 위해 첨단 의료 기술의 개발이나 고등교육의 시행을 금지해야 하는가?

후쿠야마가 들고 있는 두 번째 이유는 인간 향상을 시도할 경우, 그 최종적인 결과가 어떨지를 예측할 수 없으며, 결과적으로 인간적 삶의 중요한 가치를 파괴할 수 있다는 것이다. 그에 따르면, 인간은 장기적인 진화의 결과로 산출된 대단히 복잡한 시스템이다. 그 결과 우리가 가진 좋은 특징은 향상을 통해 개선하거나 제거하고자 하는 나쁜 특징과 매우 밀접하게 관련되어 있다. 만일 우리가 공격적이거나 호전적이지 않다면 우리는 스스로를 방어할 수 없었을 것이며, 우리가 배타적 감정을 느끼지 못한다면 우리와 가까운 사람들에게 지금처럼 충실할 수 없었을 것이고, 만약 우리가 질투심을 느끼지 못한다면 사랑 또한 느끼지 못할 수 있다는 것이다. 우리 생명의 유한성조차도 전체로서의 종이 생존하고 적응하는 데 중요한 기능을 수행하고 있을 가능성이 있다.

후쿠야마에 따르면, 트랜스휴머니즘의 주창자는 자신들이 인간의 좋은(훌륭한) 특성이 무엇인지를 잘 알고 있다고 생각하며, 거기에 부합하지 않는 특성들을 선택하여 그 향상을 시도하게 될 것이다. 그러나 문제는 한 가지 핵심적인 특징을 변형할 경우, 이는 불가피하게 다른 특성의 변화를 수반하게 될 것이며, 그 결과 우리 중의 누구도 최종적으로 어떤 결과가 산출될지를 예상할 수 없다는 것이다. 후쿠야마는 그와 유사한 일이 무분별한 개발을 통한 환경 문제에서 발생했음을 지적한다. 후쿠야마는 환경 문제를 통해 비인간적 자연에 대해 겸허함을 배우게 되었듯이, 이제는 인간의 자연적 본성에 대해 동일한 겸손함을 가져야 할 시점이라고 주장한다.

후쿠야마의 두 번째 지적도 향상에 반대해야 하는 결정적 이유를 제시하고 있는지 의문이다. 먼저 진화의 산물로서 인간 본성에 대해 후쿠야마가 가지고 있는 이해의 타당성에 의문을 제기할 수 있다. 후쿠야마의 주장을 조금 강하게 이해하면, 그는 현재의 인간 본성이 장기적인 진화 과정을 통해 세밀하게 조절된 일종의 균형 체계라는 것을 암묵적으로 전제하는 듯이 보인다. 현재의 인간 유기체는 진화라는 자연적 지혜의 소산으로, 개선을 위해 변형을 시도할 경우에 오히려 더 나쁜 결과가 초래될 가능성이 크다는 것이다. 결국 섣부른 변화보다는 현 상황의 유지가 더 낫다는 것이다.

그러나 진화란 변화하는 환경에 맞추어 그때그때 주어지는 당면 문제에 대해 임시방편적인 해결책을 쌓아가는 맹목적 과정이다. 진화 과정이나 자연은 결코 지혜롭지도 않으며, 그것이 보전하고자 하는 어떤 본질적인 인간성이나 도덕성이 존재하는 것도 아니다. 또한 현 상황에 대한 평가의 부분에서도 다른 판단이 가능하다. 보스트롬이나 줄리안 사불레스쿠Julian Savulescu와 같은 트랜스휴머니스트들은 오늘날 우리가 겪고 있는 많은 문제, 가령 환경오염이나 지구 온난화, 인구 문제, 테러리즘, 남북 간의 빈부 격차와 같은 문제는 모두 인간의 제한적인 합리성이나 도덕성 때문에 발생하는 문제로서, 현재의 본성을 유지하는 한 그 해결이 용이하지 않은 문제임을 지적한다. 즉, 향상 가능한 수단이 있음에도 불구하고 그대로 방치하기에는 오늘날 우리의 상황이 그렇게 만족스러운 상태는 아니라는 것이다.

훌륭한 특성과 나쁜 특성이 밀접하게 연관되어 있을 수 있기에 섣부른 개입을 막아야 한다는 주장에도 미심쩍은 부분이 있다. 그가 의도하는 바는, 가령 우리의 공격성이나 호전성은 자기 방어 능력과 밀접하게 연관되어 있어서, 호전성을 줄이려는 시도는 역으로 자기 방어 능력의 약화라는 부정적인 결과를 초래할 수도 있다는 것이다. 그러나 이러한 주장은 향상 일반에 대한 반대 논증으로는 너무나 취약하다. 후쿠야마가 들고 있는 예를 변형하여 다음과 같은 사례를 생각해 보자. 암과 같은 질병은 인간에게 엄청난 고통을 안겨주지만, 동시에 그것은 그 극복 과정에서 표출되는 용기나 숭고함을 통해 매우 중요한 인간적 가치를 환기시키는 계기로 작용하기도 한다.[6] 그렇다면, 용기나 숭고함과 같은 인간적 가치의 계기를 보전하기 위해 암과 같은 질병을 극복하려는 시도를 멈추어야 하는가? 이는 터무니없는 주장이며, 후쿠야마 자신도 그런 주장을 의도하지는 않았을 것이다. 암과의 투쟁이 아니라 하더라도 용기나 숭고함을 발휘할 수 있는 기회는 얼마든지 있다.

우리는 앞에서 후쿠야마의 논증을 향상 일반에 대한 반대 논증으로 파악하기로 했다. 그러나 이상의 검토를 통해 알 수 있듯이, 그의 반론에서 향상 일반에 반대할 결정적 이유를 찾아내기는 어려워 보인다. 여기서 우리가 후쿠야마에게서 수용할 수 있는 부분은 향상의 추진에 대한 대단히 일반적인 수준의 염려 정도일 것이다. 즉, 인간 향상은 연관된 요소를

6 철학자 한스게오르크 가다머Hans-Georg Gadamer가 실제로 그와 유사한 주장을 했다고 알려져 있다. 가다머는 통증 치료와 관련된 의사들의 학술모임에 참석하여, 의학적 수단을 통한 통증의 완화나 치유가 전부는 아니며, 환자 스스로 고통 속에 있으면서 그것을 스스로 해결하고 배우는 치유의 주역이 되어야 함을 주장했다고 한다. 그에 따르면 고통도 인간의 가능성과 고유한 성취 능력을 다시 경험할 수 있게 하는 계기이다. 즉, 고통마저도 인간이 참아낼 만한 어떤 것으로서 긍정하고 스스로 이겨 냄으로써 인간의 가장 고유한 차원을 드러내게 되는데, 통증 치료와 관련된 화학요법의 무분별한 사용은 그러한 힘을 축소시킨다는 것이다(이승범, 2012: 21).

세밀하게 고려하여 그 부작용을 최소화하는 방식으로 조심스럽게 이루어져야 한다는 것이다. 그러나 이는 너무 상식적이며 경험적으로나 철학적으로 흥미로운 주장이 아니다.

3. 샌델: 선물 논증

인간 향상에 대한 반대 논의에서 가장 널리 논의되는 또 다른 인물이 마이클 샌델Michael Sandel이다(샌델, 2010). 샌델도 후쿠야마와 마찬가지로 생명공학적 향상에 초점을 맞추고 있기는 하지만, 과학 기술을 통한 인간 변형의 잠재력이 갖는 위험성에 대해 매우 일반적인 차원의 반론을 제시하고 있다. 샌델의 비판은 수사적인 차원에서 매우 세련된 형태의 것으로 보이기는 하지만, 향상 일반에 반대할 실질적이고 합리적인 근거를 제시하는 데에는 실패하고 있다.

샌델 비판의 기본 요지는 생명공학적 향상을 추구하는 것은 완전성이나 정복mastery에 대한 갈망을 보여주는 것이며, 이는 주어진 삶을 선물로서 받아들이는 감사의 태도 및 요청되지 않은 것에 대한 개방성openness to the unbidden을 훼손시킨다는 것이다. 달리 말해서, 향상에 대한 추구는 우리의 욕망을 만족시키고 우리의 목적에 따라 자연을 다시 만들려는 프로메테우스적 열망을 반영하는 것이며, 지배나 정복에 대한 이러한 충동은 인간의 힘이나 성취가 선물의 성격을 가진다는 것에 대한 이해를 방해한다는 것이다. 샌델에 따르면, 삶이 선물임을 인정하는 것은 우리의 자질이나 힘이 그것의 계발에 쏟아부은 우리의 노력에도 불구하고 전적으로 우리가 이룩한 것이 아님을 인정하는 것이다.

샌델은 인간 향상 추구의 근본적인 문제가 자율적인 주체성의 침해가 아니라 오히려 과도한 행위주체성hyperagency에 있다고 본다. 유전자 조작이나 설계를 통한 인간 향상에 대해 전형적으로 가해지는 주요 비판 중의 하나는, 그것이 스스로 할 일을 선택하고 그에 대해 책임을 지는 자유로운 행위 능력으로서의 행위주체성을 위협한다는 것이다. 부모가 태어날 자식의 여러 자질, 가령 지능이나 학습 능력, 음악적 재능, 운동 능력 등을 인위적으로 디자인할 경우, 이는 그 아이의 인생을 미리 결정하는 것이어서 태어날 아기의 자율권을 침해한다는 주장이 바로 그런 종류의 비판이다. 이러한 비판을 하는 대표적인 인물이 위르겐 하버마스Jürgen Habermas이다. 하버마스는 탄생의 우연성이 인간 자유의 전제 조건이라고 생각하며, 생명공학을 이용한 우생학적 시도는 자율과 평등의 자유주의 원칙을 위반한다고 비판한다. 유전학적으로 프로그래밍된 인격은 '자기 인생 역정의 단독 저자'로 볼 수 없으며, 비록 개인의 자유로운 우생학적 선택이라 할지라도 이는 세대에 걸쳐서 '자유롭고 평등한 개인들 본연의 대칭적 관계'를 파괴함으로써 자유주의의 평등 원칙을 위반한다는 것이다(하버마스, 2003). 그러나 샌델은 하버마스가 인간 향상에 대한 반대의 이유를 자유주의의 조건에서만 찾는 것은 틀렸다고 비판하며, 평등과 상호성에 대한 우려가 유전자 조작에만 특별히 한정되는 것은 아님을 지적한다.

샌델은 자율성 침해 논증의 문제점으로 두 가지를 지적한다. 먼저 이러한 논증은 디자인하는 부모가 없으면 아이들이 자신의 신체적인 특성을 고를 자유가 있는 것처럼 가정한다. 하지만 유전적 향상의 대안은 아이의 미래를 유전학적 제비뽑기에 맡겨두는 것이다. 둘째로 우리는 자기 자신을 위해 유전적 향상을 꾀할 수도 있다. 그러나 우리는 이러한 사례에 대해서도 도덕적 불편함을 느끼기는 마찬가지이지만, 이는 자율성의 침해와 무관한 것이다.

나는 자율성 침해 논증이 생명공학적 향상에 대한 효과적인 반론이 아니라는 샌델의 지적에 동의한다. 샌델도 지적하고 있듯이 유전적 향상에 대한 대안은 부모에게서 물려받는 유전자의 우연적 결합을 그대로 인정하는 것이다. 그러나 우리는 지능이나 성격, 신체적 조건 등에서 결코 동등하게 태어나지 않는다. 우연적인 탄생이 그러한 조건의 평등을 함축하지 않는 한, 유전적 향상의 시도만이 개인 간의 평등한 관계를 악화시킨다고 볼 수 없으며, 우연적으로 태어나는 것이 반드시 평등한 관계를 강화시켜 주는 것도 아니다. 성형 수술과 같은 사례에서 추측할 수 있듯이, 인위적인 향상은 때에 따라 평등한 관계를 복원하는 방향으로 작용하기도 한다. 또한 극단적인 유전자 결정론을 전제하지 않는 한, 인위적 향상이 아이의 자율성을 침해하는 것인지도 분명하지 않다. 유전형을 디자인하는 것과 한 인간의 삶을 디자인하는 것은 다른 문제이다. 인간의 삶은 유전적 조건뿐 아니라, 후천적 환경의 차이 및 발달 과정의 여러 우연적 요소를 통한 영향을 받는다. 그뿐만 아니라, 인간의 자유란 그가 어떤 과정으로 태어났는가에 의존하는 것이 아니라, 그러한 조건을 극복하면서 무엇을 할 수 있는가에 의존하는 개념이다.

샌델의 주장으로 돌아가서 그의 말을 직접 들어 보자.

> 본질적인 문제는 더 깊숙한 데 있다. 인간의 본성을 포함해서 자연을 우리의 목적과 욕구를 충족하기 위해 다시 만들어 내려는 프로메테우스적인 열망, 즉 인간의 과도한 행위주체성이 문제이다. 자연적인 메커니즘의 발견에서 메커니즘의 정복을 위한 충동 자체만이 문제가 아니다. 정복을 위한 충동에 매진하다가 놓치거나 심지어 파괴할 수도 있기 때문에 문제가 된다. 즉, 인간의 타고난 재능이나 능력, 노력에 위한 성취 따위의 가치에 대한 깊은 인식이 사라질 것이라는 말이다.

> 우리가 삶을 주어진 선물이라고 인정하는 것은 첫째, 우리의 재능이나 능력이 행위의 소산이 아니라는 것, 그래서 전적으로 우리의 소유가 아님을 인정하는 일이다. 물론 우리가 능력을 개발하거나 그 능력을 행사하기 위해 노력한다는 것을 부인하지는 않는다. 둘째, 세상에 있는 모든 것이 우리의 욕구나 처리 여하에 따라 좌지우지할 수 있는 것은 아니라는 점을 인정하는 일이다. 선물로 주어졌다는 사실을 깊이 인식한다면 프로메테우스적인 충동을 자제할 수밖에 없고, 진정한 겸손을 배울 것이다(샌델, 2010 : 58).

인간 향상과 관련하여 이러한 주장에 포함되어 있는 샌델의 정확한 반대 논증은 무엇인가? 앨런 뷰캐넌Allen Buchanan은 샌델의 비판을 일종의 성품 혹은 덕에 입각한 논증으로 파악한다. 즉, 인간을 향상시키려는 시도는 도덕적으로 결함이 있는 태도나 성품 혹은 덕의 상실과 관련되어 있다는 것이다. 그러한 관련의 양상이 무엇인가에 따라 우리는 샌델의 주장을 두 가지 다른 방식으로 이해할 수 있다. 그 하나는 향상의 추구가 우리의 도덕적 품성이나 인간적 가치의 타락이라는 나쁜 결과로 귀결될 것임을 주장하는 결과론적 논증으로 이해하는 것이고, 다른 하나는 결과와는 무관하게 향상의 추구 자체가 나쁜 품성, 덕의 결여, 왜곡된 가치관의 표현임을 주장하는 것으로 이해하는 것이다. 두 번째 방식의 이해를 뷰캐넌은 표현주의적expressivist 견해라는 이름으로 명명하고 있다(Buchanan, 2011 : 69).

만약 그의 '선물' 논증이 결과론적 성격을 띠고 있는 것이라면, 향상이 가져다 줄 수 있는 다양한 혜택을 함께 살피고 그 부정적 결과와의 득실을 비교할 필요가 있어 보인다. 그런데 샌델은 자신의 책 어디에서도 향상이 가져다 줄 수 있는 혜택에 대해 본격적으로 논하고 있지 않다. 도덕적 향상에 찬성하는 사불레스쿠나 뷰캐넌 같은 학자는 인간 향상 기술을 통해 우리의 도덕적 성품이나 능력이 개선될 수도 있다고 주장한다. 이들이 생각하는 도덕적 능력의 향상 방안은 크게 두 가지이다. 먼저 타인에 대한 공감 능력이나 도덕적 상상 능력의 확대와 같이 정서적 능력에 직접적으로 영향을 끼치는 것이고, 다른 하나는 인지적 능력을 강화함으로써 간접적으로 도덕적 행위 능력을 개선하는 것이다. 우리의 도덕적 선택이나 행위 능력의 많은 부분은 건전한 판단이나 올바른 추론 능력에 의존한다. 우리는 기억의 왜곡이나 다양한 인지적 편향 때문에 본의 아닌 잘못된 선택을 하기도 한다. 인지적 향상을 통해 우리의 생물학적 본성이 갖는 이러한 제약을 교정할 수 있다면, 그에 비례하여 훨씬 더 올바른 도덕적 판단이나 행위를 할 수 있다는 것이 이들의 주장이다. 샌델이 이러한 가능성을 배제한 채 결과론적 관점에서 선물 논증을 제시하고 있는 것이라면, 그는 상당한 경험적 증거를 통해 입증될 필요가 있는 주장에 대해 상당히 무모한 예측을 하고 있는 셈이 된다.

이런 점을 고려해서인지, 샌델 스스로도 자신의 논증이 결과론적 성격을 띠고 있지 않음을 밝히고 있다. 그는 유전학적 강화로 얻을 수 있는 이익이 도덕 감정에 미치는 나쁜 영향을 넘어설 수도 있다는 지적에 답하면서 다음과 같이 말하고 있다.

> 나의 답변은 이렇다. 결과주의적 고려에 기초한 논증이 아니라는 점을 말하고 싶다. 적어도 통상적인 의미의 결과주의에 바탕을 두지 않았다. 다시 말해 유전공학을 거부할 만한 이유가 단지 사회적 비용이 이익을 능가할 가능성에 있다는 게 내 요지가 아니다. 생명공학을 이용해서 아이나 자식을 어떻게 해보려는 사람들이 반드시 정복 욕구에 의해 동기부여된 것이라는 말도 아니다. 또 그런 동기는 아무리 좋은 결과로도 보상할 수 없는 죄라고 말하지도 않겠다. 내가 말하고자 한 것은 항상 논란의 복잡한 도덕적인 이해

> 관계가 자율성이나 권리 논의로 다 포착되지도 않을뿐더러, 비용과 이익의 계산으로도 마찬가지라는 것이다. 내가 우려하는 것은 개별적인 악덕이 아니라 정신의 습관과 존재 방식으로서 향상이다(샌델, 2010: 143).

이 단락은 샌델의 책 중에서 가장 흥미로운 대목처럼 보인다. 먼저 이 대목은 인간 향상의 반대 논증으로서 선물 논증이 결과론적 논증이 아닐 뿐 아니라, 표현주의적 논증으로서도 문제가 있음을 스스로 밝히고 있기 때문이다. 다른 한편으로 "내가 우려하는 것은 개별적인 악덕이 아니라 정신의 습관과 존재 방식으로서 향상이다"라는 마지막 문장은 향상에 대한 반대 논증을 통해 샌델이 진정으로 말하고자 하는 바가 무엇인지를 우호적으로 읽어낼 수 있는 한 가지 단서를 제공한다. 문제는 이러한 방식으로 독해할 경우에, 샌델의 논증은 기술을 통한 향상에 반대하는 논증이 아니라, 오늘날 우리가 살아가는 자유주의적 자본주의의 삶의 양식이라는 윤리적 환경에 내포되어 있는 기본적인 삶의 태도에 대한 비판으로 그 성격이 바뀌어 버린다는 것이다. 이때 그의 선물 논증은 인간 향상의 추구에 내포된 성품이나 삶의 태도에 대해 진지한 숙고적 반성이 필요하다는 상식적인 우려를 표현하는 것 이상의 주장으로 이해될 수 없다. 이 경우 그것의 실천적 함의는 무분별하게 제한 없이 향상을 추구하지 말라는 경고이며, 결코 인간 향상 일반에 반대하는 어떤 결정적 이유를 제시하는 논증으로 평가될 수는 없다.

위의 단락이 어떻게 표현주의적 논증으로서의 선물 논증과 충돌하는지부터 살펴보자. 샌델의 논증을 인간 향상 일반에 반대하는 표현주의적 논증으로 이해하면 대략 다음과 같이 정리될 수 있다.[7]

7 여기서 정리한 논증의 골격은 뷰캐넌의 논의를 통해 많은 도움을 받았다.

① 삶 혹은 주어진 것을 선물로 여기는 태도는 우리가 갖추어야 할 좋은 성품의 중요한 측면 혹은 중요한 인간적 덕(가치)의 표현이다.

② (생명공학적) 기술을 통한 인간 본성의 향상 추구는 완전성이나 정복에 대한 충동에 의해 지배되고 있다.

③ 완전성이나 정복에 대한 충동은 도덕적으로 결함이 있는 태도 혹은 덕의 결여를 보여주므로 삶을 선물로 여기는 태도와 양립 가능하지 않다.

④ ∴ 기술을 통한 인간 본성의 향상 추구는 우리가 갖추어야 할 좋은 성품이나 혹은 중요한 인간적 덕(가치)과 양립 가능하지 않다.

⑤ ∴ 기술을 통한 인간 본성의 향상 추구에 반대할 결정적 이유가 존재한다.

일단 샌델이 자신의 논증은 결과주의적 고려가 아니라고 말하고 있으므로, 향상을 통해 선물로 여기는 태도의 훼손을 보전해 줄 수 있는 어떤 다른 선이 획득될 수 있는 가능성은 논외로 치기로 하자. 향상 일반에 반대할 때 샌델이 핵심적으로 의존하고 있는 개념은 인간 능력의 한계를 인정하고 우리가 통제할 수 없는 "요청되지 않은 것에 대한 개방성"을 포함하는 "선물로 주어짐giftedness"에 대한 감사의 태도이다. 이에 대한 그의 논의를 통해 우리가 재구성할 수 있는 전제는 ①~③ 정도이며, 이것으로부터 정당화될 수 있는 결론은 ④ 정도이다. 그런데, 선물에 대한 감사의 태도는 우리가 소중하게 생각하는 하나의 인간적 덕 혹은 가치에 불과하다 따라서 그의 논증이 보여주는 것은 인간 향상의 추구가 하나의 중요한 인간적 가치와 충돌한다는 정도이다. 여기서 인간 본성의 향상에 포괄적으로 반대하는 결론인 ⑤로 가기 위해서는, "⑥ 만약 어떤 것이 중심적인 인간적 선 하나와 충돌한다면, 이는 그것을 금지할 결정적인 이유에 해당한다"와 같은 추가적인 전제가 필요하다.

물론 이 추가적인 전제는 대단히 강한 주장을 담고 있으며 그것이 자명한 원칙인지는 결코 분명하지 않다. 우리가 소중히 여겨야 할 가치에는 여러 가지가 있으며, 경우에 따라서는 이러한 가치들이 서로 충돌하는 다양한 사례가 존재할 수 있기 때문이다. 누군가의 생명을 구하기 위해 거짓말을 해야 하는 경우를 상상해 보자. 그러므로 비록 어떤 행위가 하나의 가치와 충돌할지라도 만약 그것이 또 다른 긍정적 가치의 표현이라면, 그 경우에도 그 행위가 무조건적으로 금지되어야 하는지는 분명하지 않다. 인간 향상의 시도가 한편으로는 감사의 태도와 충돌하지만, 다른 한편으로는 인간이 처한 불행의 해결을 의도하는 선한 의지의 표현일 가능성은 존재한다. 이 경우에도 ⑥의 전제가 유지될지는 의문이다.

그런데 ⑥의 전제를 인정하더라도, 우리는 여전히 ②의 전제에 대해 의문을 품을 수 있다. ②가 인간 본성의 향상에 대한 반대 논거로 읽히려면, 이는 모든(혹은 거의 대부분의) 인간 향상의 시도가 완전성이나 정복에 대한 충동에 의해 지배되고 있음을 주장하는 것으로 이해되어야만 한다. 만일 그렇지 않고 일부의 경우에만 그런 것이라면, 그것은 그런 태도를 가지고 있는 일부 사람의 문제일 뿐이지, 향상 일반의 문제는 될 수 없다. 그런데 과연 향상의 추구 대부분은 완전성이나 정복의 충동과 결부되어 있는가? 라식 수술을 통해 나의 시력을 개선하려는 시도도 일종의 향상 시도로 볼 수 있다. 이때 나는 정복에 대한 충동을 드러낸 것이며, 주어진 것에 대한 적절한 감사의 마음을 가지고 있지 않은 것인가? 우리는 건강하게 오래 살기 위해 많은 노력을 기울인다. 그렇다고 그런 노력이 전부 정복이나 완전성에 대한 갈망의 표현인 것은 아니다. 우리는 우리 삶의 조건에 대한 완전한 통제를 추구하지 않으면서도 얼마든지 현재의 특정 조건을 개선하려 노력할 수 있다. 또한 그러면서도 우리가 얻는 것의 많은 부분이 우리 노력의 결과가 아니라는 사실을 인식하고 감사하는 마음의 태도를 유지할 수 있다. 그렇다면 ②의 전제는 향상을 원하는 많은 사람에게 부적절한 동기를 귀속시키는 거짓된 일반화에 불과하다. 샌델은 위의 인용된 단락에서 "생명공학을 이용해서 아이나 자식을 어떻게 해보려는 사람들이 반드시 정복 욕구에 의해 동기 부여된 것이라는 말도 아니다. 또 그런 동기는 아무리 좋은 결과로도 보상할 수 없는 죄라고 말하지도 않겠다"라고 말하고 있다. 즉, 그 스스로도 ②의 전제를 철회하고 있는 것이다. 그러나 ②의 전제를 철회하는 순간에 향상 일반에 대한 반대하는 논증으로서의 표현주의적 선물 논증 역시 무너지게 된다.

물론 샌델의 입장에서는 치료와 향상 개념의 구분 등을 통해 그 적용 범위를 좁힘으로써 논증의 구제를 시도할 수 있을 것이다. 샌델 스스로도 치료와 향상의 구분에 기대어 인간 향상의 핵심 문제를 다음과 같이 규정하고 있다.

> 향상 자체를 도덕적으로 문제 삼는 이유는 무엇인가? …… 근본적인 문제는 과연 우리가 향상 기술을 열망해야 하는가 여부이지, 향상 기술에 접근하는 평등성을 확보하는 문제가 아니다. 다시 말해 첨단의 생명공학을 질병 치료와 건강 회복에 활용하는 데 그칠 것인가, 신체와 정신을 바꿔 운명을 개선하는 데에도 적극적으로 활용해야 하는가? 어느 쪽이든 이유는 무엇인가?(샌델, 2010: 44)

샌델은 미용 성형처럼 치료적이 아닌 목적을 위해 치료적 수단을 이용하는 것을 향상으로 규정하며, 질병의 치료나 예방, 손상의 복구나 건강의 회복을 치료와 관련짓는다(샌델, 2010: 35). 여기서 치료는 부상이나 질병으로 인해 무엇인가 잘못된 것을 바로잡는 것이거나 그와 관련된 예방적 노력으로 정의될 수 있다. 반면에 향상은 그 밖의 목적을 위해, 즉 정상의 건강한 상태를 넘어서서 유기체의 상태를 개선하려는 개입으로 이해할 수 있다.

그런데 우선 향상과 치료 사이의 구분이 이렇게 분명하게 그어질 수 있는지가 문제이다. 오늘날에도 이미 성형 수술이나 스포츠 의학과 같이 치료의 목적 외에 행해지고 있는 다양한 의료적 실천이 존재한다. 굳이 분류하자면 이들 또한 치료가 아니라 향상의 범주에 분류되어야 할 것이다. 그렇다면 이들과 관련된 의료적 기술의 시술 또한 정복이나 완전성에 대한 충동의 반영이므로 어떤 중대한 도덕적 문제를 가지고 있다고 생각해야 하는가? 더구나 예방적 수단의 경우에는 어느 범주로 분류해야 할지가 불분명한 경우가 많이 발생한다. 백신을 이용한 예방 접종의 경우에 오늘날의 관행을 따르자면 분명 예방 치료적인 개입으로 분류될 것이지만, 면역 체계의 향상으로 간주할 수 있는 여지 또한 존재한다.[8] 앞으로 등장할 인간 향상의 많은 부분은 노화 과정을 늦추거나 그와 연관된 과정에 개입함으로써 인간 수명의 연장을 시도하는 것이 될 것이다. 이는 분명 전형적인 인간 향상의 시도에 속하지만, 다른 한편으로는 질병이나 장애의 위험을 감소시키는 예방 치료적인 개입으로 간주될 수도 있다.

이런 문제는 결국 정상적인 건강 상태를 어떻게 정의하느냐에 달려 있다. 하지만 인간 특성의 정상성을 정의하는 것도 결코 만만한 문제가 아니다. 인간 유기체가 갖는 많은 특성(특히 정신적 특성)의 경우에 그 정상성은 인구의 정상 분포곡선을 따라 규정될 것이다. 이 경우 중간의 평균값을 기준으로 일정한 표준 편차를 적용하여 정상성을 규정할 수밖에 없

8 에드워드 제너Edward Jenner가 1798년에 천연두 백신에 대한 연구 성과를 처음 발표했을 때, 자연의 섭리에 반하고 인륜에 어긋난다며 신문 사설과 교회 설교 등을 통한 공격을 받았다고 알려져 있다. 마취에 의한 무통 분만도 19세기 중반에 빅토리아 여왕이 출산의 고통을 덜기 위해 클로로포름을 사용하기 이전까지는 자연의 섭리에 어긋나는 것으로 간주되었다(남, 2007: 51).

을 것인데, 도대체 어느 정도의 편차 범위 안에 들어야만 정상으로 분류될 수 있는가? 어떤 값을 선택하더라도, 치료와 향상의 구분이나 그에 따른 도덕성의 기준 역할을 하기에는 임의적인 선택이라는 비판에서 자유로울 수 없을 것이다.

다른 한편으로 생물학적 본성에 의해 결정되는 정상성에 대해 왜 특권적인 도덕적 지위를 부여해야 하는가에 대한 근본적인 의문을 제기할 수 있다. 진화 이론에 따르면, 생물 유기체의 특성이 갖는 정상성은 그 생물종이 거쳐 온 환경과 같은 우연적 진화의 경로를 따라 형성된다. 그런데 진화의 경로에 작용하는 자연 선택의 힘은 결국 재생산과 관련된 적응성일 뿐이다. 이는 평가 · 규범적 측면에서 좋거나 조화로운 것일 필요가 없으며, 어떤 신성불가침의 도덕적 특권을 지닌다고 보기는 더더욱 어렵다. 기능의 측면에서 접근해도 진화의 소산이 '최적optimal'의 기능을 수행하는 것은 아니다. 따라서 생물학적 정상성을 통해 근본적인 도덕적 구분의 기초를 마련하고자 하는 시도에는, 인간이 추구해야 할 규범으로서의 도덕적 가치와 진화의 우연적 소산인 생물학적 적응의 범주를 혼동하는 자연주의적 오류의 혐의가 있어 보인다.

마지막으로, 설령 치료와 향상의 구분을 성공적으로 방어한다고 하더라도, 왜 다른 종류의 향상과 달리 왜 생명공학적 향상만이 도덕적으로 문제시되는가에 답해야만 하는 과제가 남아 있다. 비단 생명공학적 개입만이 아니라 문자의 발명이나 학교를 통한 제도교육, 농업혁명, 도시의 형성, 컴퓨터의 발명과 같은 인류의 성취는 어떤 면에서 모두 인간 본성에 대한 향상 시도로 간주될 수 있다. 이러한 전통적 방식의 향상 수단과 생명공학을 이용한 새로운 향상 방식 사이에 존재하는 근본적 차이는 무엇인가? 인간은 전통적인 기술을 사용하여 자연적으로 주어진 인간 능력의 한계를 극복하고자 했다. 인간에게 자연적으로 "주어진 것"에는 노화와 같은 심성 · 신체적 능력의 퇴보나 폭력이나 착취에 대한 성향도 함께 포함된다. 만일 이런 것들이 생명공학의 첨단 기술을 통해 극복 가능하다면, 그러한 향상을 시도해서는 안 될 이유는 무엇인가? 우리에게 친숙한 다른 향상과 달리, 단지 생명공학적 향상만이 정복에 대한 충동을 보여준다고 주장하는 것은 입증해야 할 논점을 선취하는 것이며, 생명공학에 대한 예외주의를 적용하는 것에 불과하다. 향상의 수단이 생명공학적인 것이라는 이유만으로 그 동기에 커다란 도덕적 하자가 있어 보이지는 않는다.

4. 샌델: 삶의 양식 문제

이상의 논의를 종합할 때, 인간 향상 일반에 반대하는 샌델의 선물 논증은 그렇게 성공적으로 보이지 않는다. 그런데 여기서 샌델이 진정으로 말하고자 하는 바는 인간 향상 자체에 대한 반대라기보다 다른 지점에 있지 않을까 하는 의문을 가져본다. 앞서 인용한 구절의 일부를 재인용해 보자.

> 내가 말하고자 한 것은 향상 논란의 복잡한 도덕적인 이해 관계가 자율성이나 권리 논의로 다 포착되지도 않을뿐더러, 비용과 이익의 계산으로도 마찬가지라는 것이다. 내가 우려하는 것은 개별적인 악덕이 아니라 정신의 습관과 존재 방식으로서 향상이다(샌델, 2010).

샌델은 교육과 훈련을 통해 아이의 능력을 개선하려는 시도와 유전공학을 이용해서 도움을 주는 것 사이에 어떤 차이가 있는가라는 질문에 답하면서, 오늘날 과도한 경쟁 사회의 요구에 순응하기 위해 야심찬 부모들이 실행하고 있는 교육 방식과 생명공학적 향상 사이에 유사한 점이 있음을 인정한다. 그러나 그는 이것이 유전적 조작을 수용할 이유는 되지 않으며, 오히려 로테크low-tech의 고압적인 양육 자체를 비판적으로 보아야 할 이유라고 지적한다.

> 이 시대의 과잉 양육은 정복과 지배를 향한 지나친 불안을 나타내며, 이는 선물로서 주어진 삶의 의미를 놓치는 일이다. 이것은 당혹스럽게도 우리를 우생학 가까이로 끌고 간다(샌델, 2010: 101).

과도한 정복을 향한 갈망이라는 점에서 오늘날의 과도한 교육이 생명공학적 향상과 큰 차이를 보이지 않으며, 따라서 그것 또한 주어진 삶을 선물로 받아들이는 태도와 충돌한다는 것이다. 그는 자녀를 선물로 여기는 것은 그들을 있는 그대로 받아들이는 것이지 부모가 디자인해도 되는 대상이나 의지의 산물, 부모의 야망을 해결하는 도구로 보는 것이 아니라고 말한다. 부모다움이야말로 '우연의 미래로 열린 마음'이라는 것이다.

> 아이의 자율성에 어떤 영향을 미치는가에 관계없이 우연성을 없애고 출생의 신비를 정복하려는 충동은 …… 무조건적 사랑의 규범이 지배하는 사회적 관행으로서의 부모됨을 부패시킨다. …… 우생학적 부모됨은 …… 정복과 지배의 자세로, 인간의 권력과 성취가 선물로 주어진 것이라는 성격을 인식하지 못하고, 주어진 것과 끊임없이 타협하는 것이 자유의 본질이라는 사실을 알아차리지 못하는 것이다(샌델, 2010: 127).

더 나아가 샌델은 그의 책 마지막 장에서 생명공학을 통한 인간 본성의 인위적 향상이, 종국적으로는 겸손과 책임, 연대solidarity라는 도덕적 지평의 세 가지 개념을 변형시킬 것이라는 논의를 전개한다(샌델, 2010: 131-138). 먼저 사람들이 유전적인 자기 개량에 익숙해짐에 따라, 자신의 재능과 능력을 선물로 여기기보다 성취로 간주하려 할 것이다. 이는 스스로에 대한 오만을 키우고 결국엔 겸손을 바탕으로 한 사회적인 기초를 약화시킬 것이다. 또한 그러한 경향이 깊어질수록 본인 스스로가 선택해야 할 일은 점점 많아지고, 운에 맡겨야 할 부분은 점점 줄어들게 된다. 운명이 좌우하던 영역이 이제는 선택의 영역이 되는 것이다. 자연이나 신, 행운이 나를 만들었다는 관점이 주는 축복은 나의 존재 자체에 전적으로 책임지지 않아도 된다는 점이다. 그런데 유전적 유산의 정복자가 될수록 자신의 재능을 포함하여 스스로 책임져야 할 영역은 점점 더 늘어난다. 가령 아이의 소질을 적절히 선택해 주지 못한 부모의 책임도 따라서 커진다. 마지막으로 샌델은 스스로의 운명에 대한 책임의 영역이 늘어남에 따라, 자신보다 못한 운명을 타고난 사람들에 대한 연대 의식이 감소할 것이라 예측한다. 자신의 성취가 전적으로 자신의 노력 때문만이 아니라는 인식은 재능이 부족한 사람과 이익을 공유할 책임감과 더불어 사회적 연대에 필요한 도덕 감정을 북돋아준다. 그런데 유전학적 향상이 일상화될 경우, '주어진 선물'과 사회적 연대 사이의 이러한 연결고리가 끊어지면서 능력주의 사회의 함정으로 빠지게 된다는 것이다.

샌델이 여기서 주장하는 바는 분명해 보인다. 그는 비록 표면적으로는 생명공학적인 인간 향상의 시도를 문제삼고 있지만, 그 밑바탕에는 개인의 선택의 자율성 및 권리 개념에 입각한 근대적 계몽주의의 극단적 형태인 시장 자유주의와 자본주의적 생활 방식에 내재한 삶의 형태에 대해 근본적인 성찰을 요구하고 있는 것이다. 그는 자유주의 사회에서 우리가 흔히 접하게 되는 자율성이나 공정, 개인의 권리, 옳음과 같은 개념이 생명공학적 향상이 제기하는 문제를 거론하고 해결하기에는 불충분하다고 말한다. 근대의 계몽적 자유주의는 철저히 중립적으로 사고하는 무연고적 자아의 인간상을 전제로 한다. 그러한 사회에서 가장 중요한 것은 개인의 권리이며, 그 누구의 간섭도 배제한 체 자신의 삶을 자율적으로 선택할 수 있는 자유이다. 특히 오늘날에는 권리의 개념을 확장하여 한갓 개인적 욕망을 공동체의 선에 의해 구속받지 않는 권리의 범주로 탈바꿈시킨다. 그런데 그러한 자아는 존재하지 않으며, 그러한 자아를 상상하여 인간 향상의 문제를 개인의 선택과 관련된 권리의 관점에서 다루는 것 자체가 잘못되었다는 것이 바로 샌델의 주장이다. 그런 관점에 누락되어 있는 것이 바로 공공선 및 공동체적 연대성에 입각한 좋은 삶의 모습에 대한 숙고이다.

이 책에서 샌델은 부모됨의 무조건적인 사랑과 예상치 못한 것을 받아들이는 일이 내포한 규범, 잘나서 누리는 특권에 대한 겸손, 좋은 운명 때문에 얻게 된 이익의 열매를 사회 연대를 통해 기꺼이 공유하고자 하는 태도에 관해 이야기하고 있다. 결국 그는 인간 향상의 문제를 논하면서도 자유주의와 공동체주의 논쟁에서 보여준 쟁점을 다시 부각시키고 있다. 인간 향상의 태도란 무한정으로 치닫는 경쟁에 맞추어 자신을 맞추는 일이며, 이는 사회적 책임이나 연대의 관점에서 해결해야 할 문제를 개인의 선택이나 책임의 영역으로 돌리는 결과를 낳게 된다는 것이다. 이는 세상을 비판적으로 볼 수 없게 하며 사회 · 정치적인 개선을 위한 충동을 죽인다. 이것이 정복과 통제의 가치가 정신의 습관과 존재 방식으로 자리 잡은 사회의 모습이다. 이에 대해 샌델은 불완전한 인간의 재능과 제한에 맞추어 좀 더 친절한 사회 · 정치적인 제도를 만들려는 노력을 기울여야 한다고 주장한다. 그리고 세상에 맞추어 자신의 본성을 바꿀 것이 아니라 우리의 본성과 지향에 맞추어 세계를 바꾸자고 촉구한다. 나는 샌델의 이러한 주장이 지금의 우리가 살아가고 있는 삶의 양식에 대한 준엄한 경고로서 분명한 울림이 있는 소리라고 생각한다. 그러나 그러한 울림이 갖는 호소력과 인간 향상에 반대하는 결정적인 이유를 제시하는 논증으로서의 유효성은 별개의 문제이다.

참고 문헌

가로, 조엘, 『급진적 진화』, 임지원 옮김, 지식의숲, 2007.

남, 라메즈 , 『인간의 미래』, 남윤호 옮김, 동아시아, 2007.

샌델, 마이클, 『생명의 윤리를 말하다 *The Case Against the Perfection*』, 강명신 옮김, 동녘, 2010.

이승범, 『인문학적 자유 vs 과학적 자유: 의료 현장에서 살펴본 과학과 인문학의 소통 불가능한 구조에 대한 탐구』, 우물이있는집, 2012.

커즈와일, 레이, 『특이점이 온다』, 김명남 · 장시형 옮김, 김영사, 2007.

하버마스, 위르겐, 『인간이라는 자연의 미래』, 장은주 옮김, 나남출판, 2003.

후쿠야마, 프랜시스, 『부자의 유전자 가난한 자의 유전자 *Our Posthuman Future: Consequences of the Biotechnology Revolution*』, 송정화 · 최준명 옮김, 한국경제신문, 2003.

Bostrom, Nick, "Transhumanist FAQ," 2003, 〈http://www.nickbostrom.com/〉

Bostrom, Nick & Toby Ord, "The Reversal Test: Eliminating Status Quo Bias in Applied Ethics," *Ethics* 116: 656–679, July 2006.

Buchnan, Allen, *Beyond Humanity?*, Oxford University Press, 2011.

Fukuyama, Francis, "Transhumanism," *Foreign Policy*, No. 144: 42–43, Sep.–Oct., 2004.

Hauskeller, Michael, "Human Enhancement and the Giftedness of Life," *Philosophical Papers*, Vol. 40, No. 1: 55–79, March 2011.

Savulescu, Julian & Nick Bostrom (eds.), *Human Enhancement*, Oxford University Press, 2009.

제3부

예술 속의 포스트휴먼의 양상들

유튜브YouTube에서의 포스트휴먼 양상들*

엔스 에더

1. 들어가는 말

미디어와 예술 형식은 인간의 본성과 그것의 가능한 변형들에 대한 생각과 이념을 끊임없이 형성하고 변화시키고 있다. 이러한 작업은 철학적 담론, 과학적 연구, 기술 발달, 그리고 더 넓은 사회적 변화와 복잡하게 뒤얽혀 있다. 좀 더 구체적으로 말해서, 트랜스휴먼 또는 포스트휴먼 미래에 대한 생각은 광범위한 예술 작품과 미디어 제작물, 활자매체와 방송매체, 잡지, 과학 저널, 패션 화보, 교과서 등에 등장하고 있다. 또한 브루스 스털링Bruce Sterling의 『스키즈매트릭스*Schismatrix*』(1985)와 같은 소설과 앤드류 니콜Andrew Niccol의 영화 〈가타카*Gattaca*〉(1997), 조나단 힉맨Jonathan Hickman과 링겟J. M. Ringuet의 만화 〈트랜

* 이 글은 이화인문과학원이 주최한 2012년 국제학술대회에서 발표된 원고를 수정하여 *Trans-Humanities* 제14집(2013. 2)에 실린 논문을 번역한 것이다. 이화여자대학교 철학과 대학원을 졸업한 안소영이 초벌 번역했으며, 임석원이 재벌 번역 및 감수를 했다.

스휴먼*Transhuman*〉(2008), 마이클 로즈너Michael Rosner의 〈트랜스휴먼*Transhuman*〉(2010)과 같은 보디 페인팅, 빌리버Believer의 〈트랜스휴먼Transhuman〉(2011)과 같은 음반, 나타샤 비타모어Natasha Vita-More의 〈프리모포스트휴먼PrimoPosthuman〉(2006)과 같은 컴퓨터 그래픽, 패트리셔 피키니Patricia Piccini의 〈줄기세포가 있는 정물화Still Life with Stem Cells〉(2002)와 같은 설치 미술, 스텔락Stelarc의 〈제3의 손Third Hand〉(1981-1994)과 같은 공연 예술, 매튜 바니Matthew Barney의 〈크리매스터 사이클Cremaster Cycle〉(1994-2002)과 같은 동영상 아트, 〈데이어스 엑스휴먼 레볼루션Deus Ex-Human Revolution〉(2011)과 같은 동영상 게임이나 베이징北京에서 열린 〈트랜스라이프TransLife〉(2011)와 같은 전시 등에서도 그러한 생각은 그 모습을 드러내고 있다.

이러한 예술 작품과 미디어 텍스트 대부분은 인터넷에서 이러저러한 방식으로 재등장한다. 그러나 인터넷은 인터넷만의 의사 소통의 장과 형식을 구축해 왔으며, 그들 중 일부는 대단히 광범위하고 영향력이 있다. 그뿐만 아니라 접근 가능성, 창조성, 상호 작용, 참여, 그리고 사회적 연결에서 지니는 잠재력의 측면에서 보면 매혹적이기까지 하다. 예를 들면, 블로그, 비디오 웹로그, 기관 웹 사이트, 개인 홈페이지, 온라인 저널, 백과사전, 하이퍼텍스트 서사, 인터랙티브 만화, 소셜 네트워크, 텍스트, 사진, 동영상, 게임 등을 위한 플랫폼 등이 그러한 것에 해당된다. 이처럼 좀 더 최근에 등장한 인터넷상의 미디어 형태들에 대한 정확한 묘사와 문화 분석은 이제 막 시작 단계이다. 나는 이 글에서 가장 큰 규모와 영향력을 지닌 인터넷상의 동영상 플랫폼인 유튜브에서 퍼져 나가고 있는 트랜스휴머니즘과 포스트휴머니즘적 존재에 관한 시청각 및 언어적 담론을 살펴봄으로써 이러한 작업에 기여하고자 한다. 이 글의 목표는 유형학적이다. 유튜브에서 가장 유의미하고 효과적인, 인류를 향상시키거나 개선하는 것에 관한 담론에 대해 최초로 잠정적인 조사를 하는 것이 그 목표이다.

나는 다음의 논제를 타당한 것으로 만들고자 한다. 유튜브는 주로 사용자 생성 콘텐츠로 이루어져 있기 때문에 트랜스휴머니즘에 대해 대중이 갖는 견해와 기대, 그리고 두려움이 무엇인지를 알아볼 수 있는 중요한 자료이다. 유튜브를 살펴보면, 우리는 인간 향상과 트랜스휴머니즘, 그리고 포스트휴머니즘과 관련된 기회, 위험, 그리고 윤리적 책임에 대해 학자와 예술가뿐만 아니라 소위 '보통' 사람이 어떻게 생각하고 느끼는지 알 수 있다. 민주적인 사회에서 이러한 작업은 우리에게 그러한 종류의 질문에 관한 정치적 의사 결정과 정책의 합법성 및 실행 가능성에 대한 아이디어를 제공해 줄지도 모른다. 나아가 유튜브는 중요한 문화적 영향력을 지니고 있다. 그것은 트랜스휴머니즘에 관한 적어도 네 가지 종류의 담론이 조화를 이루기도 하고 충돌하기도 하는 논의의 장 또는 대안적인 전쟁터이다. 여기에서의 네 가지 종류의 담론은 다음과 같다. 1) 인간 치료와 향상에서 새로이 등장하는 기술에 관한 비허구적 담론, 2) 트랜스휴머니즘적 동향에 관한 비허구적 담론, 3) 포스트휴먼 미래에 대한 허구적 담론, 4) 미디어가 표현하고 있는 포스트인간성에 관한 반성적, 메타허구적 담론.

나는 다음의 세 단계로 논의를 진행할 것이다. 우선 대중문화에서 묘사되고 있는 포스트휴먼에 대해 일반적으로 살펴본다. 그런 다음 새로운 미디어 형태인 유튜브에 등장하는 구체적인 예를 다룰 것이다. 마지막으로 위에서 언급한 네 종류의 논의의 다양한 예를 간략하게 설명한 뒤 몇 가지 잠정적인 결론으로 끝을 맺는다.

2. 대중문화에서의 트랜스휴머니즘과 포스트휴머니즘

나는 여기에서 '포스트휴먼'이라는 말로 전통적인 휴머니즘적 관념을 극복하려는 포스트휴머니즘 철학이나 문화 비평에서의 담론(예: 헤일즈 Katherine N. Hayles)을 가리키는 것이 아니다. 오히려 나는 이 용어로, 인간 이상의 조건을 목표로 삼고 전통적인 휴머니즘적 관념을 구축하고 확장하려는 트랜스휴머니즘의 담론을 가리킨다. 트랜스휴머니즘이란 나노테크놀로지, 바이오테크놀로지, 로보틱스, 그리고 정보 및 의사 소통 기술과 같은 과학 기술들NBRICs을 한데 모아 인간 본성을 근본적으로 변화시키고자 하는 포부를 지닌 영향력 있는 동향이다. 전前 세계 트랜스휴머니스트 연합인 휴머니티+Humanity+의 웹사이트는 트랜스휴머니즘을 다음과 같이 정의하고 있다. "1) 응용 이성applied reason, 특히 광범위하게 이용 가능한 과학 기술이 노화를 없애고, 인간의 지적 · 신체적 · 심리적 능력을 크게 향상시킬 수 있게끔 발전시킴으로써 인간의 조건을 근본적으로 개선하고자 하는 것의 가능성과 바람직함을 지지하는 지적 · 문화적 동향, 2) 우리로 하여금 근본적인 인간의 한계를 극복하는 것을 가능하게 해 주는 과학 기술의 영향, 장래, 그리고 잠재적 위험들에 대한 연구, 그리고 그러한 과학 기술의 개발과 사용에 연관된 윤리적 문제들에 대한 관련 연구"(Humanity+). 트랜스휴머니즘이 열망하는 변화란 인간 수명의 연장, 질병과 인간 한계를 없애는 것, 그리고 신체적 · 정신적 · 사회적 능력 및 행위의 개선과 관련되어 있다(예: 보스트롬Nick Bostrom). 인간은 더 나은 삶의 질, 또는 적어도 미래에 있을 지적인 능력을 가진 기계들과의 경쟁에서 생존할 능력을 제공해 주는 더 높은 포스트휴먼적 삶의 형태를 발전시켜 나가야 한다(예: 커즈와일Ray Kurzweil). 이러한 목적을 달성하기 위해서는 식품첨가물에서 유전공학에까지 이르는, 인간 향상을 위한 모든 이용 가능한 과학 기술과 장치가 사용되어야 한다. 트랜스휴머니즘을 주장하는 대표적인 사람으로는 닉 보스트롬Nick Bostrom, 레이 커즈와일Ray Kurzweil, 케빈 워윅Kevin Warwick, 막스 모어Max More, 나타샤 비타모어Natasha Vita-More, 또는 오브리 드 그레이Aubrey de Grey와 같이 잘 알려진 학자 또는 사업가가 있다. 그러나 트랜스휴머니즘을 비판하는 사람들은 트랜스휴머니즘이 다양한 문제점을 지니고 있다고 보고 있다. 그 중에서도 특히 현재의 삶과 신체에 대해 감사하는 마음의 부족, 인간 정체성 상실의 가능성, 인간 존엄성과 인간 본성 간의 충돌, 부정적인 사회적 · 생태학적 결과들, 비극적인 실패로 이어지는 과학 실험을 주요 문제로 꼽고 있다. 이러한 생각의 유명한 예로, 프랜시스 후쿠야마Francis Fukuyama가 트랜스휴머니즘을 전 세계에서 가장 위험한 발상이라고 말한 것을 들 수 있다(예: 후쿠야마Francis Fukuyama).

그러나 새로운 NBRIC 기술 및 인간에의 이 기술의 가능한 적용을 긍정적 또는 부정적으로 보든지 간에 이것들은 사회와 정치학에서 폭넓게 논의되고 있다(예: 대통령 자문회의President's Council). 그리고 그것들은 실제로 이미 인간성에 대한 집단 이미지를 변화시키고 있다. 첫째, 그들은 인간을 신의 창조물이나 자연적 진화의 소산이 아니라, 기술적으로 변형 가능한 존재로 보게끔 한다. 둘째, 그들은 완전성의 이념을 수립하고, 이는 현재의 인간을 좀 더 결핍된 존재로 보게끔 한다. 그리고 셋째, 그들은 가능한 포스트휴먼 미래에 대한 환상을 앞당기고 있다.

그러한 미래에 대한 상상은 대개 두 경로를 따른다. 기술 장치와 기계의 혼종화인 사이보그로 인간을 기술 · 기계적으로 변형시키는 것, 또는 종종 동물 자원에 의존하는 화학적 · 유전적 조작을 통한 유기적 변형. 포스트휴먼을 향한 두 경로는 모두 잘 알려진 대중문화의 허구적 캐릭터에서 분명하게 드러나고 있다. 전자의 경로에 해당하는 허구적 캐릭터의

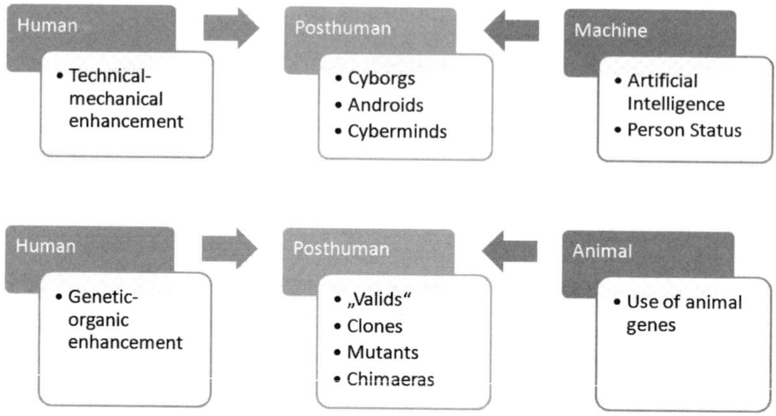

[그림 1] 포스트휴머니티로의 가능한 경로 및 잘 알려진 상상에 대한 도식

예로는 사이보그, 안드로이드, 사이버마인드가 있고, 후자의 경로에 해당하는 것으로는 돌연변이, 클론, 키메라, 또는 유전적으로 향상된 인간이 있다. 이것은 1985년에 쓰인 브루스 스털링Bruce Sterling의 유명한 공상 과학 소설, 즉 기술적으로 향상된 '기계주의자Mechas'를 마주하게 된 유전적으로 향상된 '조작주의자Shapers'에 관한 그의 소설 『스키즈매트릭스』에서 이미 전형적으로 나타나고 있다.

과학 연구와 대중적 논의, 그리고 대중 인기 픽션 소설은 집단적 상상력과 깊이 연관되어 있다. 픽션 소설과 대중 서사는 사실을 생산하는 데 전제 조건 및 기본적인 요소로 이해될 수 있다(Appel, 2008; Lemke, 2005: 86). 그것들은 과학자와 일반 대중에게 영향을 주는 이미지, 캐릭터, 이야기, 그리고 사례 연구를 제공해 준다(유전학의 예로는 반 디직José van Dijck이 있다). 픽션 소설은 과학에게 증례 연구와 모형, 그리고 사유 실험을 제공한다. 그것은 연구 프로그램과 과학 이론에 영감을 줄 뿐만 아니라 연구 과정에서 편견과 고정 관념을 생겨나게 한다. 그러한 맥락

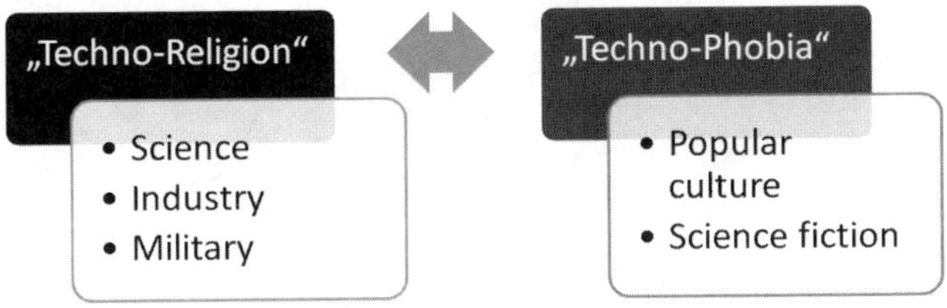

[그림 2] 디넬로Daniel Dinello에 따른, "기술종교"에 대한 비판적 평형추로서의 대중문화

에서, 일부 학자는 대중 픽션 소설이 자연과학, 회사, 군대가 예고하는 행복한 기술 환상에 대해 비판적으로 균형을 잡아주는 평형추 역할을 하고 있다고 보고 있다(예: 디넬로Daniel Dinello; [그림 2]). 과학 픽션 소설 장르는 트랜스휴머니즘에 반대하는 주장을 효과적이고 디스토피아적인 서사로 탈바꿈시킨다. 서사는 스펙터클과 갈등을 필요로 한다. 그렇기 때문에 이러한 장르에서는 휴머노이드 기계나 돌연변이 또는 향상된 인간이 넘쳐난다. 그리고 이것들은 대개 영화 〈가타카*Gattaca*〉나 〈터미네이터*Terminator*〉 또는 〈스플라이스*Splice*〉와 같은 영화에서 등장하는 심각한 위험이나 윤리적 문제로 이어진다.

그러므로, 대중문화의 한쪽에서는 디스토피아적인 이야기와 인물이 편재하고 있고(예: [그림 3과 4]), 다른 쪽에서는 감정을 가진 안드로이드

[그림 3과 4] 〈스플라이스〉(2009, 티저 포스터, © Gaumont)와 〈가타카〉(1997, 프랑스어판 DVD 표지, © Columbia/Sony Pictures Entertainment)에서의 디스토피아적인 포스트휴먼 픽션들

[그림 5와 6] 〈에이아이〉(2001, 영화 포스터, © Warner)에서의 감정을 가진 안드로이드와 〈공각기동대〉(1995, 스페인어판 DVD 표지, © Bandai Visual Company/Kodansha/Production IG)에서의 성적 매력을 가진 사이보그.

나 성적 매력을 가진 사이보그, 또는 강력한 돌연변이에 관한 이야기들이 〈에이아이*A.I-Artificial Intelligence*〉, 〈공각기동대*Ghost in the Shell*〉, 〈엑스멘*X-Men*〉(예: [그림 5와 6])과 같은 만화, 영화, 그리고 다른 대중문화 창작물에서 수년간 증가하고 있다. 이 때문에 포스트휴먼 유형의 인물은 지난 몇 년 동안 긍정적으로 재평가된 것으로 보인다.

3. 유튜브: 연구될 필요가 있는 새로운 가능성, 새로운 형태, 그리고 새로운 도전들

예술과 대중문화에서 위와 같은 종류의 담론 배경에는 최근의 미디어 시스템의 변화가 작동하고 있다. 이것은 대개 디지털화 및 컴퓨터 네트워크와 연관되어 있다. 오늘날에 이르기까지 지난 몇 년 동안, 미디어 사용자들은 디지털 영상을 간편하고 저렴한 방식으로 생산해 인터넷상에 유포하고 그것에 대해 논의할 수 있게 되었다. 인터넷 사이트 유튜브는 현재까지 전 세계적으로 가장 성공한, 영향력 있는 동영상 플랫폼으로 인정받고 있다. 유튜브는 문화의 장, 내러티브 기계, 뮤직 박스, 미디어 아카이브, 소셜 네트워크, 수사적 연단, 정치적 도구, 자기 표현의 수단, 자동차 광고 등에 이르는 광범위한 기능을 수행하고 있다(참고: Burgess & Green, 2009; Kavoori, 2011; Strangelove, 2011; Vonderau & Snickars). 또한 이것은 그것의 쉬운 접근성과 전 세계적 범위와 결합하여 인간 본성에 대한 매우 상이하고 상충하는 이미지가 유튜브상에서 충돌하거나 수렴되고 있다는 것을 의미한다. 그러한 점에서, 이러한 플랫폼은 만남의 장소 또는 의견의 전쟁터로 이해될 수 있을 것이다. 예를 들어, 진 버제스Jean Burgess와 조슈아 그린Joshua Green은 다음과 같이 말하고 있다. "이론적으로, 유튜브 사용자들의 일상적 활동은 문화 시민권의 실천일 수 있다. 만약 그들이 올바른 조건하에서 서로 마주한다면, 웹사이트는 문화적 차이의 조우와 '믿음 체계와 정체성을 넘나드는' 정치적 의견의 경청을 발전시키는 것을 가능하게 하는 도구이다"(Burgess & Green, 2009: 77). 다른 한편, 마이클 스트레인지러브Michael Strangelove는 마크 포스터Mark Poster를 인용하면서 유튜브를 "인간 정체성의 본성을 두고 벌이는 전쟁터"라고 보고 있다(Strangelove, 2010: 16; Poster, 2006 인용).

유튜브상에서의 포스트휴머니티에 대한 공적 의견 교섭을 더 잘 이해하기 위해서는, 미디어 형식으로서 유튜브가 가지고 있는 특징, 계속 변화하면서도 여전히 구체적으로 드러나는 특징을 되짚어보는 것이 도움이 된다. 2005년에 설립된 유튜브는 2006년 이래 구글이 소유하고 있다. 그것의 사업 모델은 배너와 프로모션용 동영상, 동영상에 삽입된 광고 등과 같은 방식의 다양한 광고 형태에 기초하고 있다(Specht & Theobald, 2010). 미국 동영상 플랫폼은 전 세계적으로 43개국에서 60

개의 언어로 이용 가능하다. 비록 일부 소수의 국가나 중국과 같이 통제된 나라에서는 매우 성공적이지는 않지만, 유튜브의 정보량 이동의 70퍼센트는 미국 밖에서 온 것이 차지하고 있다(YouTube Statistics).

유튜브에서 이용 가능한 동영상 개수의 객관적 수치를 얻기란 쉽지 않지만, 이 글을 쓰고 있는 순간(2012년 10월)에 독일에서 "*"(어떤 임의적 기호든지)로 유튜브에서 검색을 할 경우 그 검색 결과가 약 6억 2천 8백만에 달한다. 2012년 10월의 유튜브 자체 수치로만 보자면, 8억 명이 넘는 개별 이용자가 매달 유튜브를 방문하고 있으며, 40억 시간 이상의 동영상이 매달 시청되고 있고, 1분당 72시간의 동영상이 업로드되고 있다. 2011년에는 1조 횟수가 넘는 조회 또는 "지구상에서 한 명꼴로 약 140개의 조회"가 이루어졌다(YouTube Statistics). 게다가 유튜브를 사용하는 것은 단지 영상을 보는 것만을 의미하지 않는다. 그것은 유튜브의 사회적 미디어 기능 또한 사용하는 것을 의미한다. 유튜브의 통계 페이지는 "500년에 해당하는 유튜브 동영상이 매일매일 페이스북에서 시청되고 있으며, 700개가 넘는 유튜브 동영상이 매분 트위터에서 공유되고 있다. 1억 명의 사람이 매주 유튜브에서 사회적 행동(예: 공유, 댓글 등)을 하고 있다"는 것, 그리고 "50퍼센트가 넘는 유튜브의 동영상이 등급이 매겨졌거나 댓글이 달려 있다"(YouTube Statistics)고 자랑한다. 이와 같이 어마어마한 수치 모두 여전히 증가하고 있다. 유튜브의 시청각 콘텐츠는 전 세계의 장편 영화와 텔레비전 프로그램 전체 수를 훨씬 능가한다.

게다가 대부분의 온라인 동영상은 매스미디어 제작물과는 확연하게 구분된다. 영화나 텔레비전과는 대조적으로 이것들은 어떤 때 어떤 장소에서든 이용 가능하고, 청소년 보호 기준이나 저작권, 몇몇 나라에서의 구체적인 검열을 제외하고는 전문적인 감시자들(예: 언론인들)에 의해 걸러지

[그림 7] 유튜브의 동영상 시청 페이지의 구성 요소들. 상단: 검색 기능과 사용자 개인 채널 링크. 좌측: 동영상 재생기 및 동영상 출처 정보, 참여 기능, 동영상 통계, 댓글. 우측: 추천 및 관련 동영상.

지 않는다. 2007년의 연구에 따르면, 대부분의 유튜브 동영상은 개별 사용자가, 일부는 기관이, 가장 많이 조회된 동영상 중 다수는 대중 매체 전문가에 의해 만들어졌다(Burgess & Green, 2009: 38-47). 동영상의 평균 길이는 3~6분 정도밖에 되지 않으며, 물론 더 긴 동영상도 많이 있다.

가장 중요한 것은 유튜브 동영상이 사용자들의 참여를 가능하게 하고 유도하는 웹 구조의 일부라는 것이다. 다른 웹사이트처럼 유튜브는 서로 연결되어 있는 다양한 종류의 웹페이지의 시스템으로 이루어져 있다. 그러한 웹페이지에는 홈페이지, 검색 결과 페이지, 채널 페이지, 그리고 가장 중요하게는 보기watch 페이지가 해당된다. 유튜브의 기본적인 기능적 구조는 보기 페이지 구성에 나타나 있다([그림 7]. Kavoori, 2011: 5 또한 참고하라).

- 동영상 플레이어가 중심 위치와 의미 중심semantic centre을 차지하고 있다. 이 플레이어는 페이지의 주요 내용을 구성하는 특정 동영상을 보여주고 있다.
- 한 칸 아래로 내려가면 그 동영상에 관한 정보와 통계를 보여주는 바bar가 있다.
- 두 칸 아래에는 다양한 참여 기능을 가진 공간이 있다. 그들 중 몇몇은 사용자의 적은 노력만을 요하지만(주요 동영상의 좋아요, 추천, 공유), 다른 것은 그 이상의 행동을 필요로 한다(동영상에 댓글달기 또는 답하기).
- 우측에는 보기 페이지의 주요 영상과 태그나 키워드 또는 사용자 이름으로 알고리즘적으로 관련된 내용을 가진 다른 동영상의 목록이 있다. '관련 동영상' 목록은 주요 영상에 기초한 논의 영역을 형성하고 '디지털 유량digital flow'을 불러들인다(Kavoori, 2011 : 7).
- 사용자들은 페이지 상단의 메뉴에서 추가로 더 검색할 수 있다. 이 메뉴는 사용자의 유튜브 채널에 접근할 수 있게 해 줄 뿐만 아니라 검색 기능도 갖추고 있다.
- 마지막으로, 페이지와 영상은 다양한 형태의 광고를 포함하고 있다. 예를 들면 배너, 오버레이, 프리롤 동영상이 이에 해당한다.

즉, 유튜브의 기본적 구조는 동영상 + 답변 동영상 + 비평 + 평가 + 통계 + 광고 + 관련 동영상 + 검색 엔진이다. 이와 같은 다소 복잡한 구조, 비선형성과 하이퍼텍스트성, 사용 가능한 동영상의 어마어마한 양, 개인화personalization, 지역화, 그리고 검색 결과의 시간적 역학 및 그 외 추가적 특징은 유튜브나 그와 비슷한 다른 웹사이트를 연구하고자 하는 사람들에게 쉽지 않은 방법론적 문제를 안겨준다(Welker & Wünnsch, 2010

에 기고된 글을 참고하라). 이 글에서 나는 영상과 비평에 주안점을 둘 것이다. 그렇다 하더라도 문제는 트랜스휴머니즘에 관해 가장 연관성 있는 담론을 어떻게 확인할 것인가에 있다. 결국 유튜브에서는 당신은 거의 아무것도 찾지 못할 것이다. '포스트휴먼', '트랜스휴머니즘' 또는 '사이보그'와 같이 관련된 키워드를 검색해 보면, 각각의 검색어에 대해 수천 개의 결과가 따라 나올 것이다. 객관성, 신뢰성, 타당성의 사회과학적 기준에 따르면, 다음의 목적을 위해서는 코드 일람표를 개발하는 것이 필수적이다. 그 목적이란, 연구를 객관화하고 스크린 샷과 함께 문서화하며, 동영상과 비평, 메타데이터의 방대한 샘플을 다운로드하고, 동영상과 비평에 대한 자동화된 분석을 위한 AntConc과 같은 구체적인 컴퓨터 프로그램을 사용하는 것을 말한다. 이것들 모두는 많은 시간과 노력을 필요로 한다. 나는 당장은 그저 인문학에서 흔한 더 탐구적이고 지적으로 정말한 접근법에 따라 논의를 전개할 수 있었다. 나는 대략적인 개념적 틀을 마련했고, 유튜브만의 인기 순위 목록(가장 많이 본 동영상most viewed, 가장 많이 논의된 동영상discussed, 사람들이 가장 좋아하는 동영상liked, 사람들이 가장 많은 반응을 보인 동영상responded)에 따라 통합하고, 그와같이 다른 점에서 관련성과 인기도의 기준에 따라 반복해서 나타나는 동영상을 찾아보는 데 이 기준을 사용했다. 또한 나는 유사한 동영상의 개수와 — 그것들이 자주 조회되는 동영상이 아니라 하더라도 — 관련된 동영상과의 차이점을 고려해 보려고 노력했다. 이런 방법으로 나는 가능한 한 정보 제공적이고 차이가 나는 전형적인 동영상을 기준의 범위에 따라 판별하고자 했다. 여기에서 기준의 범위란, 해당 동영상이 트랜스휴머니즘과 포스트휴머니티 생각에 대해 보이는 태도(긍정적, 부정적, 중립적), 동영상의 출처(개인, 회사, 연합, 공공기관), 동영상이 목표로 하는 바(자기표현, 설득, 예술, 오락……), 동영상이 속하는 구체적인 담론 영역(사적/공적, 과학적/상업, ……), 동영상의 서사적, 수사적, 미적 형식, 그리고 그 동영상의 비평의 개수와 종류를 말한다. 이러한 방식으로 나는 트랜스휴머니즘에 관해 적어도 네 가지의 다른 담론에 속하는 여러 종류 유형의 동영상을 구별할 수 있었다.

1. 최근 과학 연구에서 생겨나고 있는 치료와 향상 기술들
2. 트랜스휴머니즘에 대한 유토피스트와 디스토피스트 간의 충돌
3. 포스트휴먼을 다루는 새로운 종류의 공상물들
4. 전통적 대중매체 공상물뿐만 아니라 유튜브 자체 공상물에 대한 고찰들

이러한 잠정적인 분류법은 완전하지는 않지만 앞으로의 연구를 위한 유용한 출발점으로 기능하리라 기대한다. 이어지는 글에서는, 동영상 유형과 담론의 일반적인 구조에 대해 살펴보고 그것들의 다양한 예를 간략하게 제시할 것이다. 삽입된 스크린 샷은 2012년 3월 22일자의 것들이다. 이 동영상들은 바뀌거나 삭제되었을 수 있고, 조회 수와 코멘트도 지금과는 다를 수 있다.

첫 번째 담론: 새로 등장하는 치료 기술과 향상 기술들

첫 번째 담론의 경우 트랜스휴머니즘을 오늘날의 실제 상황에 정박시킨다. 이것들은 한편으로는 질병 치료와 장애 보상 기능을 하는, 새롭게 유행을 선도하는 기술에 관한 묘사와 구체적인 진술로 구성되어 있다. 다른 한편으로는 인간 능력과 행위의 향상으로 이루어져 있다. 이러한 담론에서는 세 가지 유형의 동영상이 가장 빈번하게 조회되고 인기를 얻

고 있다.

1. 과학과 기술 영역 전문가들의 강연과 인터뷰
2. 치료 기술을 개인적으로 경험한 사람들의 경험담
3. 군사적 향상 기술을 홍보하는 상업 광고와 PR

두 번째와 세 번째 유형의 동영상은 종종 훨씬 더 많이 조회된다. 나는 각 유형에 해당하는 예를 소개하고자 한다.

치료 기술에 관한 가장 유명한 보고 중 하나가 〈자신의 목소리를 태어나 처음으로 듣게 된 29세 여성!29years old and hearing myself for the 1st time!〉([그림 8])이라는 동영상이다. 이 영상은 정확히 다음을 보여주고 있다. 귀가 들리지 않던 젊은 여성이 처음으로 달팽이관 이식을 받았고, 그

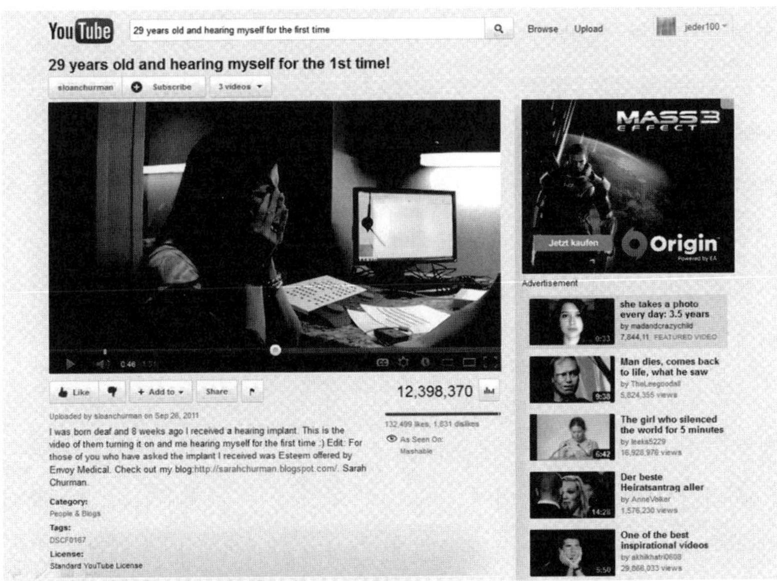

[그림 8] 〈자신의 목소리를 태어나 처음 듣게 된 29세 여성!〉

녀의 남편이 이 여성을 찍고 있다. 이 여성은 환호성을 지르며 눈물을 흘리고 있다. 이 영상은 (2012년 3월 동안) 1,200만이 넘는 조회 수와 135,000건의 호불호, 55,000건의 코멘트를 기록하고 있다는 점에서 매우 이례적이다. 그러나 이 영상은 엄청난 수의 비슷한 패턴의 영상들의 전형적인 예이다(주로 이 동영상들은 "사람과 블로그People & Blogs" 범주에 위치해 있다). 혁신적인 기술을 시험해 보는 환자들, 격렬한 감정 반응을 보이면서 치료 상품과 그것을 만든 회사에 감사를 표하는 환자들이 그러한 영상에 해당된다. 대체로 다른 사용자들은 그러한 동영상을 싫어하기보다는 종종 훨씬 더 좋아하며, 그들의 반응 또한 압도적으로 긍정적이다.

매우 인기 있는 두 번째 유형의 동영상은 치료의 목적이 아닌 군사적 향상을 목표로 하는 새로운 기술을 홍보하고 있는 동영상들이다. 예를 들어 인간 군인의 힘과 신체적 능력을 향상시켜 주는 외부 골격의 장점을 호전적으로 칭찬하는 회사들의 상업 광고들이 꽤 있다. 백만 건 이상 조회된 〈레이시온 사르코스 외골격Raytheon Sarcos Exoskeleton〉과 같은 동영상이 그에 해당한다. 흥미롭게도, 동일한 회사와 개발자들은 종종 하반신 마비 환자들을 위한 치료용 외골격 또한 종종 개발하고 있다. 이 경우에도 이러한 종류의 동영상에 대한 사용자들의 코멘트는 열광적인 반응을 보이고 있고, 〈로보캅〉과 같은 허구적 창작물을 종종 언급하고 있다.

지금까지의 이야기를 요약하자면 다음과 같다. '오늘날의 현실에서 트랜스휴머니즘적인 기술'이라고 불릴 수 있을 법한 것에 대한 첫 번째 담론은 하나같이 매우 긍정적이며 그에 대한 의견 충돌은 많이 일어나지 않는다. 대부분의 사용자는 새로운 기술과 그것의 잠재력에 분명 매료되었고, 그 기술이 더 발전되고 보급되는 것을 매우 옹호하는 것으로 보인다.

두 번째 담론: 트랜스휴머니즘에서 유토피스트와 디스토피스트 간의 충돌

이것은 유튜브상에서 트랜스휴먼과 포스트휴먼에 대해 완전히 다른 두 담론이다. 이 두 번째 담론은 트랜스휴머니즘 동향과 트랜스휴먼 미래에 관해 일반적이고 명확하게 언명하는 동영상으로 구성되어 있다. 이 경우에도 가장 자주 조회된 유명한 동영상을 세 가지 유형으로 나누어 볼 수 있다.

1. 잘 알려진 트랜스휴머니스트의 인터뷰나 그들의 이야기
2. 웹티비WebTV 전문가나 비전문가들
3. 비전문가 개인들이 운영하는 동영상 블로그들

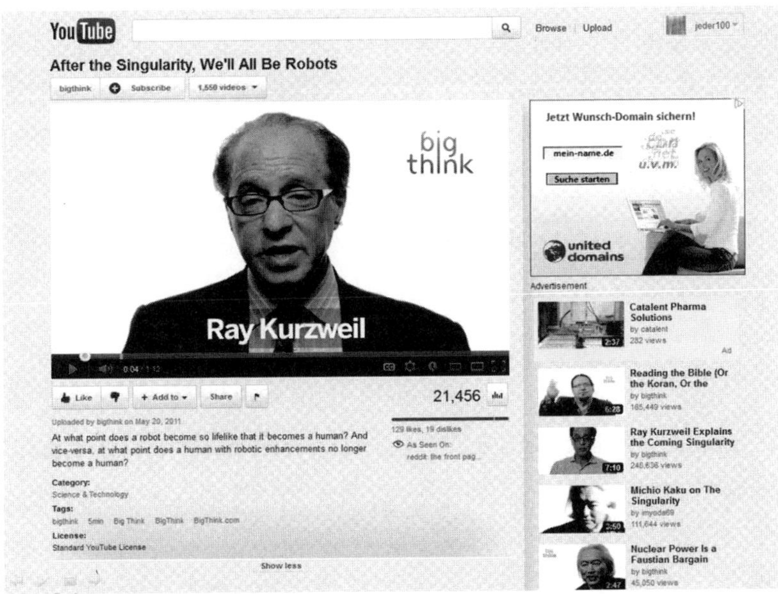

[그림 9] 레이 커즈와일의 동영상 〈특이성 이후, 우리는 모두 로봇이 될 것이다〉

이 담론에서는 대부분의 사용자가 트랜스휴머니즘에 대한 분명한 찬성 또는 반대 입장을 취하고 있다. 그리고 종종 자신과 반대되는 입장을 직접적이고 공격적으로 비판하고 있다.

첫 번째 유형의 동영상은 특정 기관과 연계하여 잘 알려진 트랜스휴머니스트들의 인터뷰 또는 그들의 진술을 보여주고 있다. 그 예로, 〈특이성 이후, 우리는 모두 로봇이 될 것이다After Singularity, We'll All Be Robots〉([그림 9])라는 제목의 동영상에서, 레이 커즈와일Ray Kurzweil은 미래에는 인간과 기계 사이의 구분이 무너질 것이고, 기계는 똑똑해지고 인간은 기술적으로 향상될 것이라고 주장한다. 나타샤 비타모어나 미치오 카쿠Michio Kaku와 같은 다른 트랜스휴머니스트가 등장하는 비슷한 동영상이 많이 있다. 그러나 대개 소수의 사람만이 이 동영상을 클릭한다 — 이 동영상은 이미 가장 많이 조회된 동영상 중 하나이다. 이 동영상의 대부분은 'big think'와 같은 전문적인 유튜브 채널을 통해 유포된다. 그것들은 매우 비슷한 구조를 가지고 있다. 클로즈업된 트랜스휴머니스트들이 침착하고 합리적인 방식을 과시하며 그들의 주장을 청중에게 직접적으로 전달하고 있다. 이와 대조적으로 수많은 코멘트는 매우 적대적이다. 그들 중 다수는 매우 회의적이거나 강한 반대의 입장을 보이고 있다. 종종 그것들은 아래의 예 중 세 번째 것과 같은 허구적 암시나 두 번째 것과 같은 음모론을 포함하고 있다.

> 그는 마치 예언가나 점성술사 같다. 그러나 우리는 그의 말을 듣는다. 왜냐하면 그가 박사학위 소지자이기 때문이다. 어느 누구도 미래에 대해서는 알지 못한다. 누가 대체 신경이나 쓰겠는가. 될 대로 되겠지. AirSandFire 2주 전
>
> 우리 모두 전파 식별(RFID) 칩을 갖게 되겠지. wldeanml 2주 전

ROBOCOCK(*로보캅과 유사한 발음의 표현을 사용하여 풍자한 듯. 영어에서 "cock"은 어리석고 쓸데없는 짓을 가리키기도 한다.) MrProblem1997 3주 전

그러나 트랜스휴머니즘에 분명하게 등을 돌리고 있는 동영상 또한 많이 있다. 가장 유명한 비평은 토마스 혼Thomas Horn과 같은 기독교 근본주의자들([그림 10]이 이와 관련되어 있다)이나 알렉스 존스Alex Jones 같은 미국의 우익 웹티비 출연자에 의해 제기되고 있다. 존스의 〈지구를 뒤덮고 있는 트랜스휴머니즘 숭배The Transhumanist Cult That Runs the Planet〉와 같은 경우에, 유튜브는 연단 및 전화 토론 프로그램의 시청각적 연장선상으로서 기능하고 있다. 출연진은 종종 유명한 트랜스휴머니스트들을 직접적으로 공격한다. 여기에서 소개된 영상의 경우 레이 커즈와일이 그 공격 대상이 되고 있다. 트랜스휴머니스트들은 침착하고 합리적으로 논리를 펼치려 하고 있는 반면, 그들을 비판하는 사람들은 감정과 도덕

[그림 10] 알렉스 존스의 유튜브 〈지구를 뒤덮고 있는 트랜스휴머니즘 숭배〉

적 격분을 과장되게 드러내고 있다. 그들은 다소 극적인 방식으로 음모론과 테크노우생학, 유전적 아마겟돈에 대한 두려운 환상을 제기하고 있다. 놀랍게도, 그들은 (식별 칩의 경우는 예외이지만) 기계적 향상에 대해서는 거의 다루지 않고 오히려 유전적 조작에 초점을 맞추고 있다. 그러나 그들의 의견에 대한 찬성만 있는 것은 아니다. 트랜스휴머니즘 옹호론자들의 경우에서와 마찬가지로 이 사람들에 대한 댓글은 적대적이고 종종 매우 공격적이다. 다음의 댓글이 이 경우에 속한다.

> 알렉스 존스는 단지 변화를 두려워하는 신기술 반대자에 불과하다. 그는 인류의 진보에 대한 생각을 두려워하기 때문에 트랜스휴머니즘을 좋아하지 않는다. 그는 평균 수명은 26세이고 다섯 명의 아이 중 한 명꼴로 출산 중 사망했던 1800년대와 같이 모든 것이 그대로이기를 바란다. 알렉스 존스의 이데올로기는 끔찍하다. bighands69 8개월 전

트랜스휴머니즘 동향을 분명하게 다루고 있는 세 번째 유형의 동영상은 비전문가인 개인 동영상 블로그로 이루어져 있다. 그 블로그들은 지니아 존스Zinnia Jones의 블로그와 같이 매우 유명할 수 있다. 그녀는 자신의 채널에서 꽤 다양한 범위의 구체적 입장을 표명하고 있다. 한편으로 그녀는 〈나는 왜 트랜스휴머니스트인가Why I Am a Transhumanist〉([그림 11])와 같은 동영상에서, 과학의 진보에 의한 인간 삶의 개선에 관해 닉 보스트롬과 같이 잘 알려진 트랜스휴머니스트들이 제시한 주장을 되풀이하고 있다. 그러나 이것은 다른 구체적인 입장과 결합되고 있다. 다른 동영상에서 그녀는 자신을 '무신론의 여왕'이나 '범성욕주의'의 옹호자라고 부르고 있다. 그녀의 독특한 구체적인 입장은 도나 해러웨이Donna Haraway의 유명한 "사이보그 선언문Manifesto for Cyborgs"을 생각

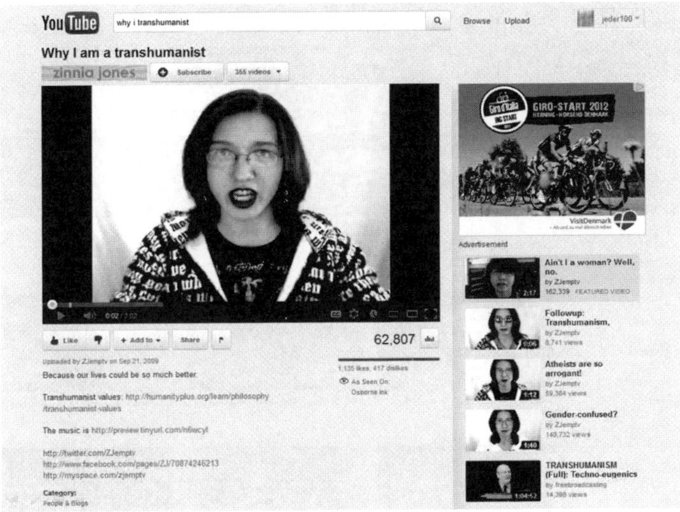

[그림 11] 지니아 존스의 블로그 〈나는 왜 트랜스휴머니스트인가〉

나게 한다. 그 선언문에서는 인간과 기계의 결합은 혼종적 정체성, 남성/여성, 동성애/이성애 등과 같은 단순한 양자 대립의 붕괴를 지지해 주는 것으로서 긍정적으로 이해되고 있다. 존스에게 달린 댓글에서 그녀는 대개 종종 트랜스휴머니즘에 대한 그녀의 옹호보다는 그녀의 성 정체성과 성 정치학 때문에 공격받는다.

런던 출신의 케멧 프린스Kemet Prince와 같은 다른 동영상 블로거들이나 에세이 영화 제작자들([그림 12])은 트랜스휴머니즘을 분명하게 비판하고 있지만, 우익 웹티비 출연자들과는 매우 다른 개인적 입장을 지니고 있다. 예를 들어, 프린스의 목적은 더 자연적인 상태의 인간성으로 되돌아가는 것이다. 그것은 신식민주의로부터 아프리카의 정치적 해방 또한 가능하게 해 주는, 아마도 더 강하고 원시적인 자아를 가리킬 것이다.

트랜스휴머니즘을 옹호하거나 비판하는 사람 간의 다툼은 여론 조사용 동영상이나 자신의 입장과 반대되는 사람들에게 답변 영상이나 코멘

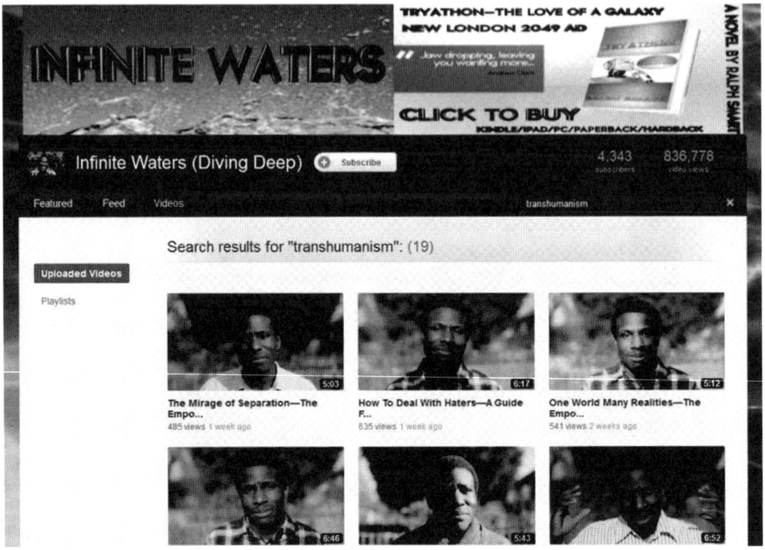

[그림 12] 케멧 프린스의 동영상

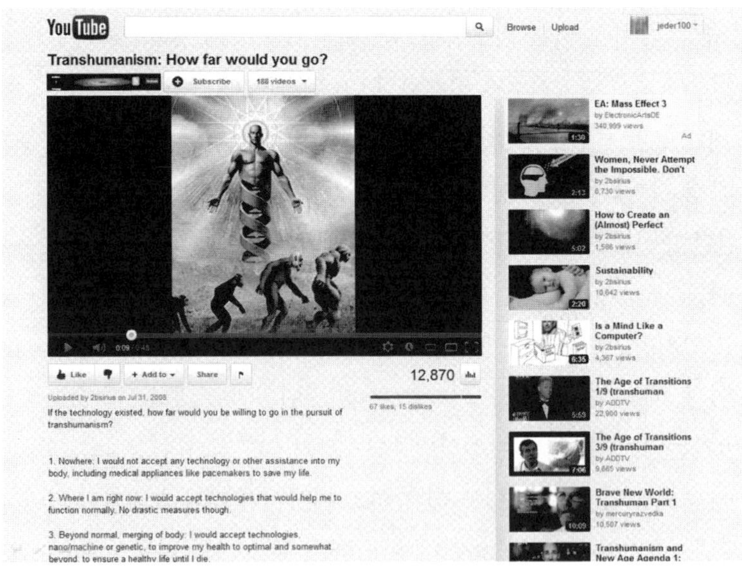

[그림 13] 〈트랜스휴머니즘: 당신은 얼마나 더 나아갈 수 있는가?〉

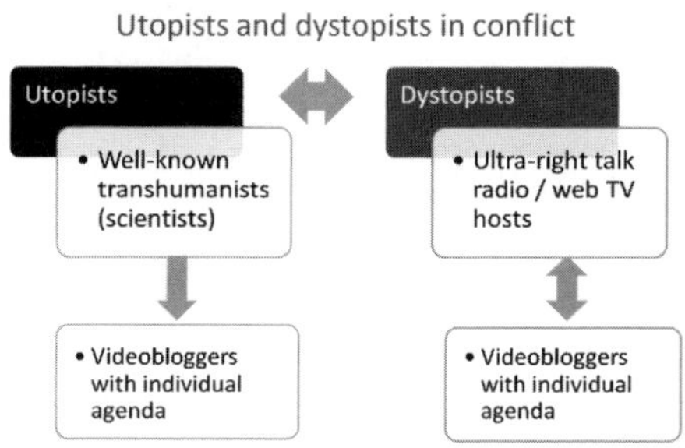

[그림 14] 응답 동영상의 예

트를 달 것을 요청하는 동영상의 형태로도 이루어지고 있다. 의견 조사를 실시하고 있는 동영상의 예로는 〈트랜스휴머니즘: 당신은 얼마나 더 나아갈 수 있는가?Transhumanism: How Far Would You Go?〉([그림 13])가 있다. 그러나 열성적인 트랜스휴머니스트들만이 이것에 응답 동영상을 달았다.

이 예들은 트랜스휴머니즘에 대한 전문적인 옹호자와 반대자 간의 싸움이 개인의 동영상 블로그의 레벨에서도 계속되고 있다는 것을 보여준다([그림 14]). 그러나 트랜스휴머니즘을 찬성하거나 반대하는 비디오 웹로그들은, 지니아 존스와 케멧 프린스의 경우에서처럼, 전문적인 트랜스휴머니스와 비평가들과는 현저하게 다른 구체적 · 개인적 주장과 관련되어 있다.

세 번째 담론: 포스트휴먼을 다룬 공상물들

새로운 기술을 찬양하고 트랜스휴머니즘적 아이디어에 찬성하거나 또는 반대하는 유튜브의 담론들은 오늘날 또는 미래의 현실을 사실적으로 언급하고 있는 것으로 이해되어야 한다. 비록 그것들이 종종 허구적인 요소나 인용을 포함하고 있기는 하지만 말이다. 이와 반대로 세 번째 담론은 분명하게 허구적이다. 한편으로 이것은 전통적인 대중매체의 공상물, 특히 영화 트레일러, 게임, 뮤직 동영상으로 구성되어 있다. 다른 한편으로는 웹 시리즈와 같은 유튜브 자체의 구체적인 공상물로 이루어져 있다.

유튜브는 전통적인 대중매체뿐만 아니라 인터넷상에서의 순환을 위해 제작된 전문적인 동영상을 상당히 보유하고 있다. 거대한 기업의 뮤직 비디오들은 유튜브의 가장 많이 조회된 동영상 목록을 장악하고 있고, 몇몇 뮤직 비디오에서는 포스트휴먼, 특히 사이보그들이 등장하고 있다. 가장 성공적인 예 중 하나가 레이디 가가의 노래 〈Bad Romance〉의 뮤직 비디오이다([그림 15]). 2012년 3월까지 4억 6천 5백만 건 이상의 조회 수와 1,300만 건의 댓글이 달린 이 뮤직 비디오는, 동영상 전체를 통틀어 가장 많이 시청된 동영상 4위에 올라 있었다. 〈Bad Romance〉 뮤직 비디

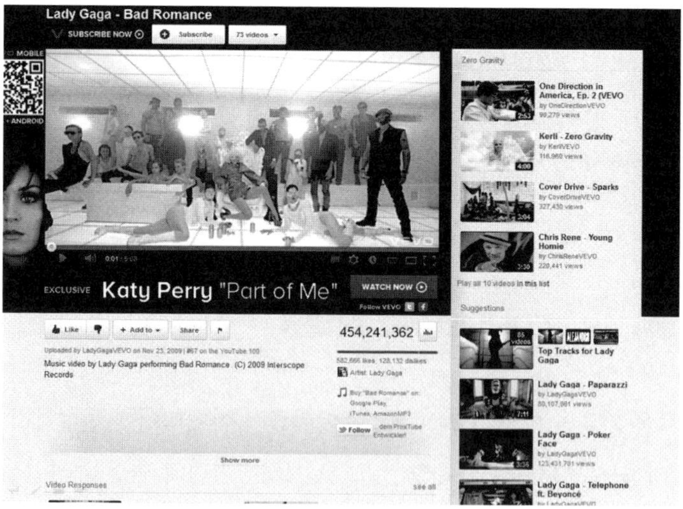

[그림 15] 레이디 가가Lady Gaga의 노래 〈Bad Romance〉의 뮤직 동영상. © Red One

[그림 16] 〈Bad Romance〉의 시작, 중간, 끝 스크린 샷들. © Red One

오의 줄거리는 이렇다. 사이보그 마피오소가 성관계만을 위해 여자 사이보그를 구입했는데, 나중에 그 여자 사이보그가 격렬한 성관계로 그를 태워 죽인다. 이러한 내용은 노랫말에도 암시되어 있듯이 "나쁜 로맨스"의 가학피학성 변태성욕적 쾌락을 풍자하는 것처럼 보인다. 이 동영상은 포스트휴머니즘, 공상 과학 소설, 러시아 마피아 영화들, 광기와 신비주의를 동시에 가리키는, 다양한 상징의 거친 조합을 보여준다. 이 경우와 같이 — 그리고 앞서 언급된 담론과 매우 대조적으로 — 뮤직 비디오에 나오는 대부분의 포스트휴먼은 이상한 성적인 방식으로 표현된다. 그리고 그들은 금기와 미래적인 환상을 동시에 건드리면서 감상자를 흥분시킨다.

그러나 유튜브는 단지 대중매체 제작물을 단지 재사용하거나 확산시키기만 하는 것은 아니다. 유튜브는 점점 더 독자적인 권리를 지닌 콘텐츠 제공자로 발전하고 있고, 웹의 구체적인 미디어성mediality과 잠재력에 대응하는 새로운 픽션 형태를 제공하고 있다. 그러한 새로운 형식 중 하나가 바로 웹 시리즈이다. 대응되는 텔레비전 시리즈와는 대조적으로,

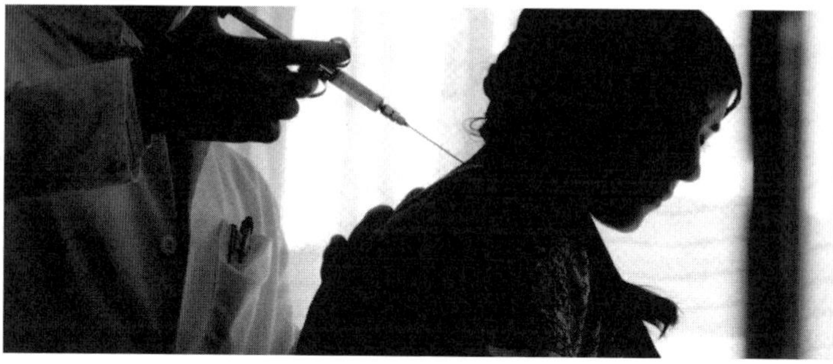

[그림 17] 〈H+–The Digital Series〉의 스크린 샷. © Warner Bros. Digital

웹 시리즈는 인터넷 배포를 위해 만들어졌다. 이것은 종종 어떤 형태의 쌍방향 참가를 허용하고 대개 고작 몇 분 길이의 간단한 에피소드로 구성되어 있다. 이 에피소드들은 반드시 정기적으로 업로드되지는 않지만 웹상에서 항상 이용 가능하다. 이러한 유튜브의 웹 시리즈 중 적어도 하나는 트랜스휴먼 미래에 대해 다루고 있고, 바로 H+-디지털 시리즈 H+-The Digital Series([그림 17])가 그러하다(이 제목은 이 글의 첫 장에서 언급된 트랜스휴머니스트 연합을 암시하고 있다). H+의 미래에는 전 세계 인구의 상당수가 컴퓨터 이식물을 사용하고 있다. 이것은 사용자의 마음을 인터넷과 항상 연결시켜 준다. 불행히도, 이러한 포스트휴먼 사이버마인드들에게 그 이식물은 전 세계적 파괴를 야기하는 치명적인 바이러스에 의해 감염된다. H+의 에피소드들은 바이러스의 발발에서 시작해 시간, 장소, 초점을 앞뒤로 자유로 이동시킨다. 그러므로 이야기와 이야기가 전달되는 구조는 사용자가 유튜브를 사용하고 있을 때의 사용자 자신의 상황과 어떤 연결을 보여준다.

내가 여기에서 다루는 네 가지 종류의 담론 중에서 가장 많은 조회 수를 보유하고 있는 것은, 대중매체 제작물 및 유튜브의 새로운 허구적 형식에서 나타나고 있는 앞에서 언급한 종류의 허구적 유토피아와 디스토피아이다. 내러티브 충돌의 극적인 효과 때문에 이야기 대부분은 디스토피아적이다. 반면 매혹적인 사이보그 캐릭터들 또한 특히 짧은 길이의 동영상에서 증가하고 있다. 그러나 그러한 영상들이 트랜스휴먼 또는 포스트휴먼 미래를 긍정적으로 보는지 부정적으로 보는지 여부는 그것이 제공하고 있는 서사, 스펙터클, 그리고 흥미의 즐거움보다 훨씬 덜 중요해 보인다. 그것들이 그러한 목적을 성공적으로 달성한 경우 보통 매우 긍정적인 반응을 얻는다. 게다가 그 동영상들의 캐릭터, 줄거리, 그리고 이미지는 우리가 이미 살펴보았듯이 사실적 담론들에서만 나타나고 있는 것이 아니라 네 번째 담론의 원인과 목표 또한 되어가고 있다.

네 번째 담론: 메타허구적인 반성, 협의, 전용

포스트휴먼에 관한 유튜브의 네 번째 종류의 담론은 방금 언급된 다양한 종류의 픽션에 대한 사용자들의 반성적 사고로 이루어져 있다. 이러한 메타허구적 담론은 적어도 네 가지 유형의 자주 조회되거나 유명한 동영상으로 구성되어 있다.

1. 모음집 및 사용자가 모은 콘텐츠
2. 일상생활에서의 신체적 전용
3. 패러디
4. 미디어 비평과 음모론

대중매체에 대한 첫 번째 단계의 반성에서 유튜브 사용자들은 단순히 장편 극영화나 텔레비전 프로그램, 또는 다른 허구적 창작물의 자료를 수집하고 선별하고 편집한다. 그들은 종종 특정한 픽션 주제, 이를테면

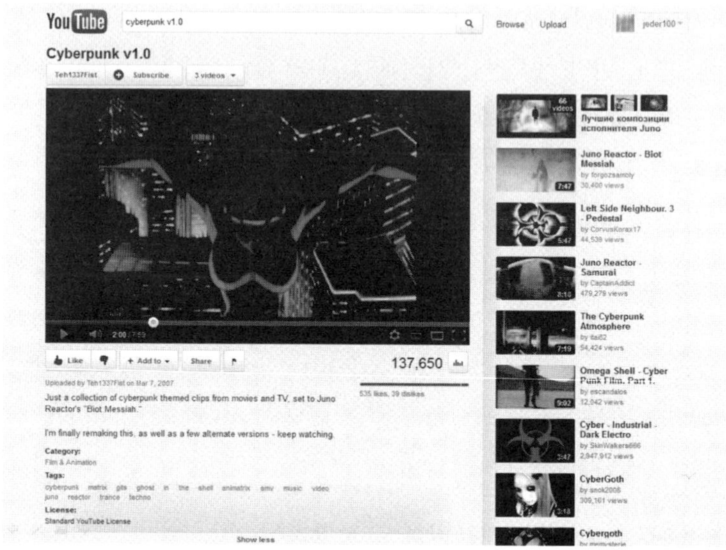

[그림 18] 〈사이버펑크 v1.0〉

포스트휴머니즘과 같은 주제에 대한 다양한 차원의 개요를 제공하고자 노력한다. 공상 과학 영화의 디스토피아적인 미래를 주로 다룬 모음집이 많이 있다. 예를 들어 〈사이버펑크 v1.0Cyberpunk v1.0〉([그림 18])과 같은 동영상에는 일본 애니메이션 〈공각기동대〉와 할리우드 영화 〈매트릭스〉 또는 〈아이로봇〉이 한데 모아 편집되어 있다.

포스트휴머니티에 대한 대중매체 공상물을 사용하는 두 번째 단계는 유튜브 사용자들이 사이보그, 안드로이드, 돌연변이, 또는 대중문화의 다른 포스트휴먼을 자신들의 몸으로 직접 흉내낸 것을 자랑하거나 기록하는 것이다. 그 예로, 〈~심지어 안드로이드도 밝은 금속성 청색을 취한다~ ~Even Androids Get the Electric Blues~〉([그림 19])라는 메이크업 설명 동영상에서와 같이, 자기 자신을 어떻게 사이보그로 변형시키는지에 대한 설명용 동영상이 많이 있다(우측의 관련된 동영상들 또한 보라).

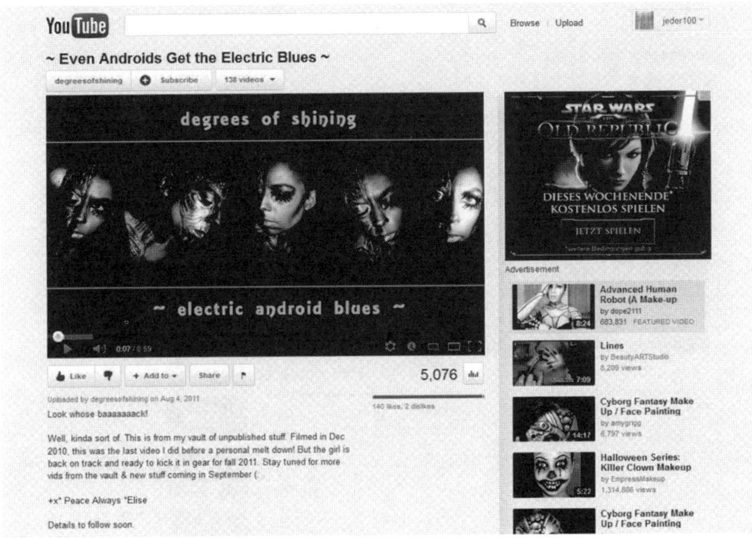

[그림 19] 〈~심지어 안드로이드도 밝은 금속성 청색을 취한다~〉

더 나아가 "로봇 댄싱robot dancing"이라는 카테고리에는 많은 튜토리얼 동영상과 동영상 문서가 있는데, 그 동영상에서 댄서들은 영화에 전형적으로 나오는 로봇처럼 움직인다. 그들은 안드로이드가 되면 어떤 느낌일지를 몸으로 흉내내고 상상한다. 〈정신 나간 로봇 댄스Insane robot dance〉([그림 20])와 같은 동영상들은 이러한 춤 스타일을 겨루는 대회나 시합도 있다는 것을 보여준다.

디스토피아적인 모음집 및 메이크업 또는 춤을 통한 신체적 전용 영상 외에, 유튜브에서의 포스트휴머니티의 대중매체 환상을 반성해 보는 세 번째 단계가 있다. 이 레벨에서는 그러한 서사와 그들의 고정 관념을 풍자한다. 예를 들면, 괴짜와 그들의 사이보그 환상을 풍자하는 패러디가 꽤 많이 있다. 그 중 가장 성공을 거둔 동영상이 〈섹시 사이보그Sexy Cyborg〉([그림 21])이다. 이 영상은 웹 채널 "간신히 정치적Barely Political"

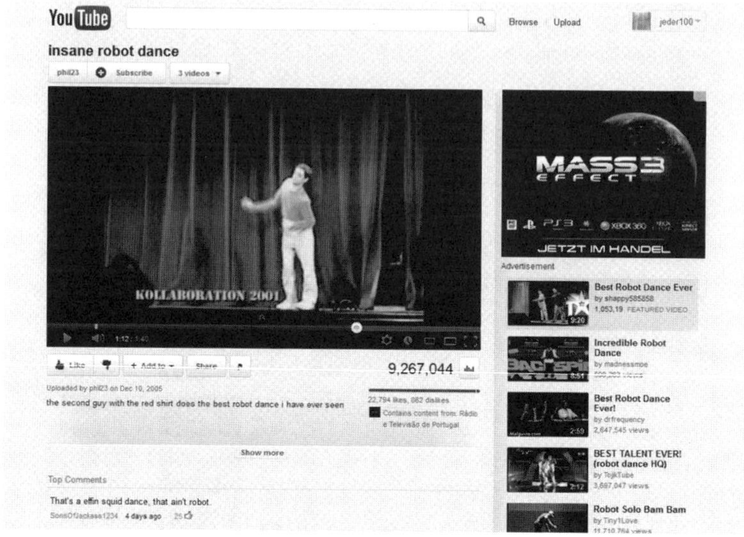

[그림 20] 〈정신 나간 로봇 댄스〉

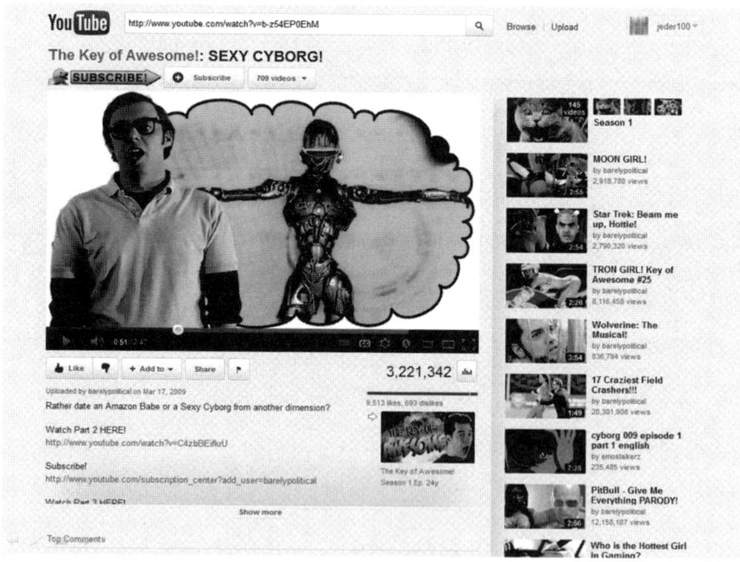

[그림 21] 〈섹시 사이보그〉

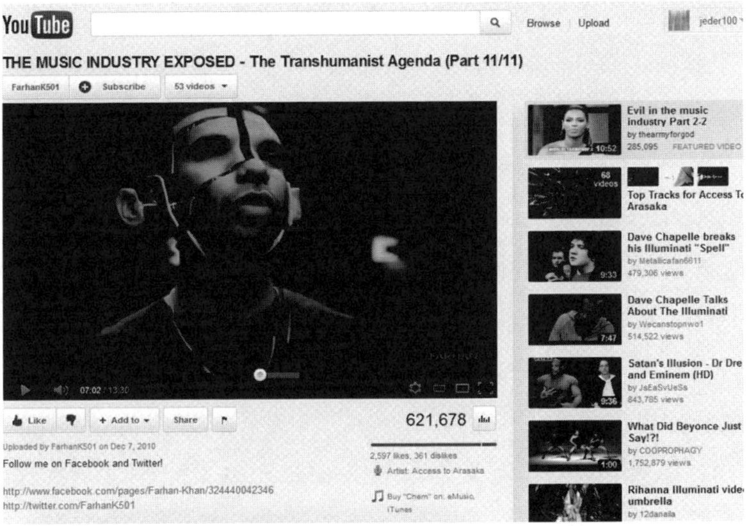

[그림 22] 〈음악 산업의 실체 폭로 — 트랜스휴머니즘적 어젠다〉

이 자신들의 웹 쇼 "The Key of Awesome"의 일부로서 배포한 것이다. 줄거리는 다음과 같다. 두 명의 괴짜가 미개인 여자와 섹시한 사이보그를 꿈꾼다. 그러나 그들의 꿈이 현실로 이루어졌을 때, 이 두 여자는 그들이 다루기에는 너무 어려워 그들이 통제할 수 없었다.

마지막 예는 꽤나 흥미로운 동영상이다. 이 동영상은 마지막 카테고리, 즉 미디어 비평, 특히 대개는 음모론에 관한 동영상을 대표한다. 이 동영상은 어떤 시리즈의 열한 번째 부분이며, 〈음악 산업의 실체 폭로 — 트랜스휴머니즘적 어젠다The Music Industry Exposed — The Transhumanist Agenda〉([그림 22])가 그것의 제목이다. 이 동영상의 제작자는 뮤직 비디오, 광고, 할리우드 영화 샘플로 시작하고 있다. 이것들은 (앞에서 언급한 레이디 가가의 뮤직 비디오에서와 같은) 성적인 포스트휴먼과 사이보그, 그리고 안드로이드의 긍정적인 재현이 대중문화에서 증가하고 있다는 것을 설득력 있게 보여준다. 그의 그럴듯한 관찰로부터, 그는 다음과 같은 다소 덜 설득력 있는 결말을 도출해 낸다. 문화 산업은 일루미나티(Illuminati: 자칭 터득한 예지를 자랑하는 사람들)들에 의해 완전히 장악되었고, 인간과 기계의 차이를 흐릿하게 하고, 사람들을 이식된 RFID칩에 익숙해지도록 만들면서, 의도적으로 트랜스휴먼적인 이데올로기를 퍼뜨리고 있다.

종종 많은 사람이 이러한 종류의 음모론을 시청한다 — 동영상 제작자 파르한 칸Farhan Khan의 채널은 2천 7백만 이상의 조회 수를 기록하고 있다. 다시금 이러한 동영상에 대한 반응은 트랜스휴머니스트 찬성자와 반대자 간의 충돌을 보여준다. 그 예로, "인간성을 초월하는 것의 진정한 의미를 잘못 이해한 것을 축하한다(elendiel0101 1주전)"와 같은 댓글이 있다.

4. 나오는 말

지금까지 살펴본 바를 요약하면 다음과 같다. 나는 유튜브가 새로운 문화 교류의 장이자 동시에 의견의 전쟁터라는 것을 보여주고자 했다. 유튜브에서는 트랜스휴머니즘과 포스트휴머니즘에 대한 아이디어가 구체적이고 매우 영향력 있는 방식으로 광범위하게 논의되고 있다. 유튜브에 대한 분석은 우리에게 대중문화에서 트랜스휴머니즘의 재현에 대해서뿐만 아니라 트랜스휴머니즘 자체에 대해 사람들이 어떻게 생각하는지를 보여준다. 그리고 이를 통해 포스트휴먼의 미디어성, 내러티브성, 그리고 미학을 볼 수 있게 해 준다. 전통적인 매스미디어와 비교해 볼 때, 유튜브에는 이러한 주제를 다루는 훨씬 더 다양한 형식과 내용이 존재한다. 입장들은 여러 다른 종류로 구성되어 있고, 종종 상당한 정도로 충돌하곤 한다. 이는 대중문화의 기술 공포적 서사가 과학, 경제, 정치에서의 기술 행복techno-euphoria에 대해 평형추 역할을 한다고 보는 디넬로의 입장과 대조된다. 유튜브상에서 인기 있는 동영상은 종종 기쁨에 넘친 태도를 보인다. 그 예로 신기술이나 강력한 돌연변이, 성적 매력을 지닌 사이보그나 감정을 지닌 안드로이드를 환영하고 축하하는 태도를 들 수 있다. 게다가, 아마도 전문적인 영화나 텔레비전 방송에서는 걸러졌을 입장들, 예를 들면 개인적 주장이나 음모론과 같은 것이 유튜브에서는 종종 널리 퍼져 나간다. 가장 성공적이고 인기 있는 동영상이 픽션과 오락 종류에 속하는 반면, 비허구적인 영상, 예를 들면 인터뷰나 비디오 웹로그는 만들기가 쉽다는 점에서 아마도 다 합치면 그 수가 더 많을 것이다. 일반적 수준에서 다음과 같이 말할 수 있다. 인간의 조작 가능성에 대한 생각은 빠르게 퍼져 나가고 있으며, 그것은 디스토피아적인 입장뿐만 아니라 좀 더 구체적이고 유토피아적인 입장 전 영역의 전제 조건이기도 하다.

거시적 관점에서 보면 다양한 유형의 동영상은 적어도 네 가지의 좀 더 일반적인 유형의 담론으로 구별될 수 있을 것이다. 1) 치료와 향상에서의 최신 기술에 대한 사실적 담론, 2) 트랜스휴머니즘과 포스트휴먼 미래의 가능성 또는 바람직함에 관한 사실적 담론, 3) 매력적이거나 불안감을 주는 포스트휴먼을 다룬 매스미디어와 유튜브의 제작물에 대한 허구적 담론, 4) 그러한 대중문화의 허구적 환상을 반성해 보는 메타허구적 담론. 이러한 담론들 모두를 통해, 특정한 모티프와 이미지는 계속해서 반복되고 있다. 인기 있는 공상물의 이미지는 다른 담론에 자주 등장한다. 그러나 위의 네 담론은 다른 주제를 다루고 있으며, 다른 구조, 미학, 가치 평가를 지니고 있다. 그리고 그것은 그것의 생산자, 배우, 시청자의 레벨에서는 그다지 서로 연관되어 있어 보이지 않는다. 트랜스휴머니즘의 다른 측면은 다르게 다뤄지며, 의견은 가능한 한 폭넓게 갈라진다. 신기술의 실제 적용이 거의 긍정적인 방식으로만 논의되고 있는 반면, 트랜스휴머니즘 동향에 대한 논의는 매우 논쟁적이며, 찬성자와 반대자는 종종 매우 구체적인 개인적 어젠다들을 가지고 있다. 적어도 두 번째와 세 번째 담론에서는 종종 매우 공격적인 방식으로 대립이 일어나고 있으며, 그러한 대립은 상대편을 이해하려는 노력을 전적으로 압도하고 있다. 그러나 아마도 의견의 대립은 다른 영역을 이해하기 위한 필수 단계일지도 모른다.

참고 문헌

Appel, Markus, "Fictional Narratives Cultivate Just World Beliefs," 2008.

Bostrom, Nick, "Introduction to Transhumanism," Presentation at the *Intensive Seminaron Transhumanism*, Yale University, 26 June 2003. Web. 27 Oct. 2012 〈http://www.google.de/url?sa=t&rct=j&q=&esrc=s&source=web&cd=1&ved=0CDoQFjAA&url=http%3A%2F%2Fwww.transhumanism.org%2Fresources%2FIntroTranshumBostrom.ppt&ei=g4KOUMzKJsGytAboi4HwBg&usg=AFQjCNHbTQmXup_mLE6bdSr8Hdv8OdpkLg&cad=rja〉.

Burgess, Jean & Joshua Green, *YouTube. Online Video and Participatory Culture*, Mass., Cambridge: Polity Press, 2009.

Dinello, Daniel, *Technophobia. Science Fiction Visions of Posthuman Technology*, Austin: University of Texas Press, 2005.

Fukuyama, Francis, "Transhumanism," *Foreign Policy*, September 1, 2004. Web.

27 Oct. 2012 〈http://www.foreignpolicy.com/articles/2004/09/01/transhumanism〉.

Haraway, Donna, "A Manifesto for Cyborgs. Science, Technology and Socialist Feminism in the 1980s," *Feminism, Postmodernism*, Ed. Linda Nicholson, New York: Routledge, 1990.

Hayles, Katherine N., *How We Became Posthuman: Virtual Bodies in Cybernetics, Literature and Informatics*, Chicago: University of Chicago Press, 1999.

Humanity+, "Transhumanist FAQ," *Humanity+*, n.d. Web.27Oct.2012〈http://humanityplus.org/philosophy/transhumanist-faq/〉.

Kavoori, Anandam, *YouTube, The Critical Viewers Guide*, New York: P. Lang, 2011.

Kurzweil, Ray, *The Singularity Is Near: When Humans Transcend Biology*, New York: Viking Press, 2005.

Lemke, Thomas, "Mutationen des Gendiskurses: der genetische Determinismus nach dem Humangenomprojekt," *Put on Your Blue Genes. BioTech-Kunstund die VerheißungenderBiotechnologie*, Ed. Neue Gesellschaft für Bildende Kunste.V. (NGBK). Belin, 2005.

Poster, Mark, *Information Please: Culture and Politics in the Age of Digital Machines*, Durham: Duke University Press, 2006.

Snickars, Pelle & Patrick Vonderau (eds.), *The YouTube Reader*, Stockholm: National Library of Sweden, 2009.

Specht, Melanie & Elke Theobald, *Broadcast Your Ad! Werbung auf den Videoportalen YouTube, Clip fish und My Video*, Baden-Baden: Nomos, 2010.

Strangelove, Michael, *Watching YouTube. Extraordinary Videos by Ordinary People*, Toronto: University of Toronto Press, 2010.

Tereick, Jana, "YouTube als Diskurs-Plattform. Herausforderungen an die Diskurslinguistik am Beispiel 'Klimawandel,'" *Videoportale: Broadcast Yourself? Versprechen und Enttäuschung. Hamburger Hefte zur Medienkultur* 12: 59-68, 2011. Web. 27 Oct. 2012 〈 http://www.slm.uni-hamburg.de/imk/HamburgerHefte/HH12_Videoportale.pdf〉.

Van Dijck, José, *Imagenation. Popular Images of Genetics*, New York: New York University Press, 1998.

Welker, Martin & Carsten Wünsch (eds.), *Die Online-Inhaltsanalyse. ForschungsobjektInternet*, Köln: von Halem, 2010.

YouTube, "Statistics," *YouTube*, n.d. Web.27Oct.2012〈 http://www.youtube.com/t/press_statistics〉

유튜브 클립

barelypolitical, "The Key of Awesome!: SEXY CYBORG!," BARELY POLITICAL: *barelypolitical's channel*. YouTube, 17 Mar. 2009. Web. 28 Oct. 2012 〈http://youtu.be/b-z54EP0EhM〉.

bigthink, "Ray Kurzweil: After Singularity, We'll All Be Robots," *BigThink: BigThink's channel*. YouTube, 20May2011. Web.28.Oct.2012〈http://youtu.be/JR57633ztYc〉.

degreesofshining, "~Even Androids Get the Electric Blues~," *Shining in Many Ways......: degreesofshining's channel*. YouTube, 4 Aug. 2011. Web. 28 Oct. 2012 〈http://youtu.be/Jsk25fGJtSM〉.

Farhan Khan, "THE MUSIC INDUSTRY EXPOSED" (Playlist), *Farhan Khan: Farhan Khan's channel*. YouTube, 7 Dec. 2010-16 Mar. 2012. Web. 28 Oct. 2012 〈http://www.youtube.com/playlist?list=PLDE48BFDB3124D5E7&fe

ature=plcp〉.

Ladygagaofficial, "Bad Romance," *Lady Gaga Official YouTube Channel*: Ladygagaofficial's channel. YouTube, n.d. Web. 28 Oct. 2012 〈URL〉.

sloanchurman, "29 years old and hearing myself for the 1st time!," *sloanchurman's channel:'schannel*. YouTube, 26 Sep. 2011. Web. 28 Oct. 2012 〈http://youtu.be/LsOo3jzkhYA〉.

"Cyberpunkv1.0.": *'schannel*. YouTube, 7 Mar. 2007. Web. 28Oct.2012 〈http://youtu.be/gFZvbcWFH_g〉.

TheAlexJonesChannel, "The Transhumanist Cult That Runs Our Planet - Alex Jones Tv Sunday Edition 1/3," Alex's Official Channel: The Alex Jones Channel's channel. YouTube, 26 June 2011. Web. 28 Oct. 2012 〈http://youtu.be/7TZ4CV8fKbk〉.

wired, "Raytheon Sarcos Exoskeleton," *wired: wired'schannel*. YouTube, 8 May 2008. Web.28Oct.2012 〈http://youtu.be/Nhj3Z9o6t0g〉.

ZJemptv, "Clearing up a few misconceptions……," *Zinnia Jones, Queen of Atheism: ZJemptv's channel*. YouTube, 11 Jan. 2011. Web. 28 Oct. 2012 〈http://youtu.be/czIyk9jLEL0〉.

채널

BARELY POLITICAL: barelypolitical's channel. YouTube, 10 June 2007. Web. 28 Oct. 2012 〈http://www.youtube.com/user/barelypolitical〉.

Big Think: Big Think's channel. YouTube, n.d. Web. 28 Oct. 2012 〈http://www.youtube.com/user/bigthink〉.

Farhan Khan: Farhan Khan's channel. YouTube, 7 Dec. 2010-11 Sep. 2008. Web. 28 Oct. 2012 〈http://www.youtube.com/user/FarhanK501〉.

H+ The Digital Series: *HplusDigitalSeries's channel*. YouTube, 20 Sep. 2011. Web. 28 Oct. 2012 〈http://www.youtube.com/user/HplusDigitalSeries〉.

Infinite Waters (Diving Deep): Kemetprince1's channel. YouTube, 19 Jan. 2008. Web. 28 Oct. 2012 〈http://www.youtube.com/user/Kemetprince1〉.

Zinnia Jones, Queen of Atheism: ZJemptv's channel. YouTube, 2 Nov. 2008. Web. 28 Oct. 2012 〈http://www.youtube.com/user/ZJemptv〉.

영화, 소설, 만화책, 공연, 게임 등

AI–Artificial Intelligence. Writ., dir., and prod. Steven Spielberg. Prod. Kathleen Kennedy & Bonnie Curtis. Amblin Entertainment/The Kennedy–Marshall Company/Stanley Kubrick Productions/DreamWorks/Warner Bros., 2001. Film.

Barney, Matthew, "Cremaster Cycle," *Cremaster*. N.p., n.d. Web. 29 Oct. 2012 〈http://www.cremaster.net/home.htm〉.

Believer, *Transhuman*. CD.Prod.TheTraumaTeam.MetalBladeRecords, 2011.

Deus Ex: Human Revolution. Tokyo: Square Enix, 2011.

Gattaca. Writ. and dir. Andrew Niccol. Prod. Danny DeVito, Michael Shamberg, Stacey Sher, and Gail Lyon. Jersey Films/Columbia Pictures, 1997. Film.

Ghost in the Shell. Dir. Mamoru Oshii. Prod. Yoshimasa Mizuo, Ken Matsumoto, Ken Iyadomi, and Mitsuhisa Ishikawa. Based on comics by Masamune Shirow. Production I.G/Shochiku/Manga Entertainment, 1995. Film.

Hickman, Jonathan, writer. *Transhuman*. Illustrated and colored by J. M. Ringuet. Berkeley: ImageComics, 2008.

I Robot, Dir. Alex Proyas. Prod. Laurence Mark, John Davis, Topher Dow, and Wyck Godfrey. Based on shortstories by Isaac Asimov. Mediastream IV/David Entertainment/Laurence Mark Productions/Overbook Entertainment/20th Century Fox, 2004. Film.

National Art Museum of China, *Translife. International Triennial of New Media Art*. Mediartchina, 2011. Web. 29 Oct. 2012 〈http://mediartchina.org〉.

Piccinini, Patricia, *Still Life with Stem Cells*. 2002. Installation.

Rosner, Michael, *Eye Level Studio*. N.p., n.d. Web. 29 Oct. 2012 〈http://www.eyelevelstudio.com〉.

Splice. Dir. Vincenzo Natali. Prod. Steven Hoban, Guillermo del Toro, Don Murphy, and Joel Silver, Dark Castle Entertainment/Copperheart Entertainment/Gaumont/Warner Bros./Optimum Releasing/Madman Entertainment, 2009. Film.

Stelarc, "Third Hand," *Stelarc*. N.p., n.d. Web.29Oct.2012〈http://stelarc.org/?catID=20265〉.

Sterling, Bruce, *Schismatrix*. Westminster, MD: Arbor House Publishing Company, 1985. Print.

Terminator. Dir. James Cameron. Writ. James Cameron, Gale Anne Hurd, and William Wisher, Jr., Prod. Gale Anne Hurd. Hemdale Film Corporation/Pacific Western Productions/Orion Pictures, 1984. Film.

The Matrix. Dir. Andy Wachowski and Larry Wachowski, Prod. Joel Silver. Village Roadshow Pictures/Silver Pictures/Groucho II Film Partnership/Warner Bros, 1999. Film.

Vita-More, Natasha, "The New [human] Genre — Primo Posthuman," *Primo Posthuman*. N.p., 2005. Web. 29 Oct. 2012 〈 http://www.natasha.cc/paper.

htm〉.

X-Men, Dir. Bryan Singer. Prod. Lauren Shuler Donner, Ralph Winter, Avi Arad, Tom De Santo, Richard Donner, Stan Lee, Kevin Feige, Matthew Edelman, Scott Nimerfro, Joel Simon, and Bill Todman, Jr. Based on comics/characters by Stan Lee, and Jack Kirby. 20th Century Fox/Marvel Entertainment/Bad Hat Harry Productions/The Donners' Company, 2000. Film.

Jens Eder, Institute of Media and Communication Studies, University of Mannheim, Germany (eder@uni-mannheim.de)

뉴미디어 시대의 하이퍼매개된 신체들*

전혜숙

1. 신체, 살아 있는 미디어

새로운 세기를 맞으면서 미술은 각종 스크린과 가상 현실을 통한 디지털 시각 이미지에 점점 더 의존하고 있을 뿐 아니라, 더 나아가 프로스테시스prosthesis(인공보철), 생명유전공학 등 의학 기술과도 결합하여 변형된 신체 미학을 실행하고 있다. 특히 기술로서의 프로스테시스는 이미 1992년 스위스 로잔과 뉴욕 등지에서 열린 〈포스트휴먼〉 전시와 1995년 휘트니미술관에서 열린 〈낯선 신체*Foreign Body*〉 전을 계기로 미술계에 깊숙이 들어온 지 오래이다. 2000년 4월 5일 런던에서 열린 ICAInstitute of Contemporary Art의 콘퍼런스 "프로스테시스: 신체와 기계The Prosthetic: Bodies and Machines"에서도 시각문화에 나타나는 신체와 기계의 상호 작

* 이 글은 한국미술이론학회의 『미술 이론과 현장』 제11호(2011년 6월)에 실린 논문을 수정 · 보완한 것이다.

용, 인터페이스, 그것들이 만나는 지점에서 발생하는 문제를 논의한 바 있다. 이러한 움직임은 생명기술론이 지배하는 문화 속에서 미래의 신체에 대한 이해와 표현의 수정이 불가피하게 되었음을 말해 준다.[1]

미술가의 신체는 제2차 세계대전 이후 잭슨 폴록Jackson Pollock의 드리핑이나 리처드 세라Richard Serra의 납 흩뿌리기 등 남성 미술가들의 마초 같은 미술 행위뿐 아니라, 로버트 모리스Robert Morris가 강조한 미니멀 조각과의 현상학적인 관계에서, 그리고 크리스 버든Chris Burden과 헤르만 니취Hermann Nitsch의 유별나고 고통스러우며 유혈이 낭자한 퍼포먼스들이나, 비디오로 자신의 신체를 기록하는 비토 아콘치Vito H. Acconci와 브루스 나우만Bruce Nauman의 개념적인 퍼포먼스에 이르기까지 어김없이 살아 있는 훌륭한 미디어로 역할을 해왔다. 이러한 신체 이용 행위는 작업 방식과 관련해 자신의 신체를 재료로 생각하거나, 신체를 매개로 하여 사회 · 문화적 혹은 철학적 의미를 부여하는 데 주력했기에, 종종 거기에서는 신체에 가해진 시선과 정치적 쟁점이 부각되는 경우도 있었다. 이러한 특징이 페미니즘 미술가들의 퍼포먼스에서 특히 강조되었음은 더 말할 나위도 없다.[2]

포스트모던 혹은 후기구조주의 해체이론과 함께, 1990년대 이후 미술에서의 신체는 기존의 지배적인 몸에 대한 생각, 즉 피부에 의해 덮여 있고 환경으로부터 구별되어 있는 총체적 유기체(전체성)라는 관념에서 벗어나 단편으로서의 신체 혹은 분산된 신체 자아의 개념을 갖게 되었다(Wegenstein, 2006 : ix). 더구나 디지털 기술이 신체 자체와 신체 이미지

1 2010. 10. 29~2011. 1. 30에 일본 도쿄도현대미술관東京都現代美術館에서 열린 〈Transformation〉 전시 또한 모든 미디어를 통해 생물학적 · 신화적 의미의 변형과, 디지털 기술에 의한 사이보그로의 변형에 이르기까지 다양한 신체 변형 및 변성의 모습을 그려낸 바 있다(Nakazawa, 2010: 15–24).

2 퍼포먼스에서 신체를 매체로 사용하는 미술을 따로 body art로 묶을 수 있겠으나, 이 글에서는 굳이 따로 구분하지 않고 신체 사용을 광범위한 의미에서 다루고 있다.

에 대해 맺는 관계는 이를 더욱 심화시켜 왔다. 이러한 상황은 1990년대 이후 행해진 퍼포먼스가 신체에 가해지는 시선, 정치학, 부당함을 표현하기보다 오히려 미디어와 함께 테크놀로지를 실험하기 위해 신체를 이용하고 있으며, 다양한 문화 영역 속에서 신체와 세계, 신체와 테크놀로지 사이의 경계를 혼동, 붕괴시키고 있음을 통해 명확히 드러난다. 이것은 또한 최근 촉각 방식(햅틱, 터치 스크린 등의 인터페이스)을 통한 신체 표면의 강조와 컴퓨터 기술, 의학, 생명과학의 발전이 몸에 끼친 영향과도 관계된다.

디지털 기술은 조작된 이미지를 투사하는 스크린에서는 물론이고, 인터넷을 이용한 가상환경 제작, 퍼포먼스를 행하는 미술가의 신체와 뉴미디어 장치의 매개에서 빼놓을 수 없는 중요한 요소가 되었다. 새로운 테크놀로지들과 함께 미술가의 신체는 새로운 국면을 맞게 되며, 이와 함께 신체가 존재하는 시간과 공간의 문제에서도 '새로운' 양식적 · 미학적 방식이 사용되는, 선례가 없는 경험과 장르가 생겨나게 되었다.

현대 미술에서 인간의 신체와 디지털 테크놀로지의 결합은 다양하지만 크게 두 가지로 나눌 수 있다. 첫째, 디지털 기술에 의한 가상의 신체성을 들 수 있다. 이는 주로 디지털 기술로 만들어지거나 조작되고 프로젝트되는 신체 이미지를 이용하는 것으로서, 가상 현실 및 텔레마틱 설치와 인터넷을 이용하는 인터랙티브 퍼포먼스에 필수적으로 사용된다. 이는 오늘날의 신체가 살아 있는 미디어로서, 이미지를 지각하고 그것을 다시 투사하며, 또 기억하게 만드는 것으로서, 신체라는 미디어는 이미지의 생산자이자 전달자이며, 이미지의 재생산에 적극적으로 참여하는 주체가 되며, 신체의 외적 · 내적 재현 혹은 정신적 · 육체적 이미지는 아마도 한 동전의 양면과 같다는 최근의 미학적 이론에 의해 뒷받침된다(Belting, 2005 : 304–305).

둘째는 기계든 칩chip이든 프로스테시스prosthesis든 혹은 어떤 의학적 기술이든, 디지털 기술을 신체 표면에서 직접 만나거나 신체 내부에 받아들임으로써, 그로 인해 발생하는 신체의 변형 및 매개의 효과를 드러내는 방식이다. 이 글에서는 두 번째 경우를 중심으로 신체와 테크놀로지의 직접적인 결합이 미술의 맥락 속에서 일어날 때 발생하는 신체성의 다양한 함의를 고찰한다. 우선 신체와 테크놀로지가 결합되는 방식의 특징을 '하이퍼매개hyper-mediation'라는 개념 속에서 짚어보고, 신체가 테크놀로지를 만나 재구성되는 과정에서 발생하는 여러 문제를 피부 아래, 기술과 신체의 변증법적 종합, 경계 존재라는 관점에서 살펴보고자 한다.

2. 하이퍼매개: 신체와 테크놀로지의 만남

이 글에서 말하는 하이퍼매개된hyper-mediated 신체란, 1) 테크놀로지와 직접 결합되는 신체, 2) 테크놀로지에 의해 매개되거나 덧붙여지고 변성 혹은 수정되는 신체, 3) 미디어에 대한 매혹을 드러내고 미디어 형식의 다중성과 매개에 의해 자신의 존재를 확인하는 신체의 의미를 지닌다. 테크놀로지는 기계적인 것일 수도 있고 아닐 수도 있다. 테크놀로지와 결합한다는 점에서, 하이퍼매개되는 신체 또한 완성된 결과로서보다는 과정을 더 강조하는 이질적이고 분절된 것으로서의 특징을 지닌다. 여기에 분절화와 왜곡, 지움 혹은 상호 침투 및 겹침, 다중화 등을 통해 설명되는 포스트모던적, 해체주의적 신체 이해가 반영되어 있음은 물론이다.

하이퍼매개라는 용어는 제이 볼터Jay David Bolter와 리처드 그루신Richard Grusin이 말한 '뉴미디어의 재매개 발전 논리'를 따른 것으로, 결국 재매개의 방법과 과정을 주목하는 것이 이 글에서 다루고자 하는 변형된 신체를 이해하는 전략이라고 할 수 있다. 『재매개*Remediation*』(2000)를 쓴 볼터와 그루신은 뉴미디어가 원근법 회화, 사진, 영화, TV 등과 같은 기존 이미지를 인정하거나 그것과 경쟁하면서, 그리고 그것을 개조하면서 스스로의 문화적 의미를 획득한다고 주장한다. 그들은 이러한 과정을 '재매개remediation'라고 부르면서, 재매개의 두 과정인 '투명성 비매개의 재매개'와 '하이퍼매개의 재매개'라는 두 가지 양식 혹은 이중 논리의 전략이 우리 문화 속에 들어 있다고 설명한다.

'투명성의 비매개'는 매개하고 있는 미디어를 결국에는 사라지도록 하는 것을 궁극의 목표로 삼는다. 가상 현실의 현존감을 얻기 위해 인터페이스가 없는 환경을 꿈꾼다거나, 완벽한 3차원 일루전의 공간감을 얻기 위해 회화의 평면성을 지워버리려 하는 선원근법이 그러한 예라고 할 수 있다.

반면, '하이퍼매개'란 미디어에 대한 매혹을 드러내면서 "분절화, 불확정성, 이질성을 우선시하고 완성된 예술 대상보다는 오히려 과정과 수행을 강조"(Mitchell, 1994: 8)하는 매개 방식을 말한다. 미술에서 예를 들자면, 중세 채색 서적, 제단화, 각종 콜라주 및 사진 몽타주 등의 유희적이고 다중적이면서 매체 자체의 속성을 드러내는 방식이 여기에 속한다. 이를 디지털 미디어에서 보자면, WWW: World Wide Web, 멀티미디어 프로그램, 게임 등의 이질적인 윈도 방식들에서 발견할 수 있는데, 클릭할 때마다 열리는 새로운 세계는 이전 것을 지운다기보다는 대체하며, 하이퍼미디어, 하이퍼텍스트, 하이퍼링크의 관계를 통한 '무차별적 접근random access' 방식으로 묶이는 것이 특징이다(Bolter & Grusin, 2000: 34). 비매개의 디지털 응용 체계는 매개된다는 사실을 적극적으로 부정함으로써 실재적인 것에 도달하고자 하는 반면, 디지털 하이퍼미디어는 매개를 다중화함으로써 실재적인 것을 추구하는데, 다중화를 통해 경험의 포만감을 창출하며, 과정을 강조함으로써 스스로를 정당화한다(Bolter & Grusin, 2000: 62-63).

미디어의 발전과 그것이 시각문화에 작용하는 원리를 이해하는 데 많은 도움을 주는 재매개 논리는 신체 이해에도 적용된다. 신체가 미디어로서의 특성을 갖게 되면서, 신체는 인간이 공들여 만들어 온 기술을 재매개하기도 하고, 반대로 기술에 의해 재매개의 대상이 되기도 한다(Bolter & Grusin, 2000: 286). 이 글에서 필자가 다루려 하는 하이퍼매개된 신체는 도나 해러웨이Donna Haraway가 1980년대 페미니즘의 입장에서 신체를 이해하기 위해 전혀 다른 틀로서 제시했던, 다양한 현대의 표상 테크놀로지에 의해 매개된 신체로서의 '사이보그Cyborg'에서도 볼 수 있다. 그녀는 "사이보그는 기계와 유기체의 혼종이며, 사회적 리얼리티의 산물이다……. 20세기 말에 위치한 우리는 모두 키메라chimera이며, 기계와 유기체의 이론화되고 조작된 혼성물이다. 사이보그는 우리의 존재론ontology이다"(Haraway, 1991: 150)라고 주장하면서, 이 글이 "생산, 재생산, 상상력의 영역인 경계 전쟁border war의 지점에서 경계가 혼동되는 것의 즐거움, 그것의 (재)구성에 대한 책임감에 대한 논쟁"임을 밝히고 있다. 실제로 이러한 신체는 현대 문화 속에서 새로운 외형과 정체성을 위해 테크놀로지와의 경계를 무너뜨리면서 기술적으로 재구성되어 왔다.

어빙 고프먼Irving Goffman은 인터넷의 많은 홈페이지와 블로그 등에서 쓴 것을 다시 고치고 그 위에 다시 쓰는 과정을, 마치 옛날에 양피지를 아끼기 위해 쓰여 있던 것을 지우고 그 위에 거듭 썼던 것과 비슷하다는 의미로 '디지털 팰림세스트Digital Palimpsest'라고 부른 바 있다(Dixon, 2007: 4). 필자는 그와 유사하게 하이퍼매개되는 신체도 점차 지워지고 재정의되며 다시 만들어짐으로써 '디지털 팰림세스트'와 유사한 과정을 갖는다고 보고 있다. 디지털 기술과 만나는 과정에서, 미술가의 신체는 다양한 페르소나 실행persona-performer으로서의 자아 및 주체를 형성하게 된다. 이는 앤디 클라크Andy Clark가 말하듯이 "결코 의식 상태의 연속이라고 할 수 없는 자아이며, 매우 심층적인 의미에서 우리 자신을 생기술적 혼종물biotechnological hybrid로 이해하는 첫걸음이자, 외부 자원과 도구를 확장된 인지 시스템의 일부로 이해하는 방식"(Clark, 2003: 132)이기도 하다. 예를 들어 생트 오를랑Saint Orlan의 수술 퍼포먼스에서는 점차 지워지고 재정의되며 다시 새겨지는 페르소나 자아처럼, 신체도 기술과 미디어에 의해 지워지고 재매개되며 다시 조작되고 있다. 디지털 테크놀로지가 기존의 미디어 형태와 패러다임을 재매개하여 재포장, 재해석하듯이, (디지털) 기술과 만나는 신체 또한 기술의 발전 속에서 신체가 관계를 맺었던 여러 방식을 다시 재매개하는 것이다. 이때 신체 주체가 기술 및 기계와의 매개 방식을 스스로 드러내며 미디어와의 관계를 통해 신체 존재를 확인할 때 하이퍼매개된 신체라고 볼 수 있는 것이다.

3. 기술과의 만남을 통해 재구성되는 신체들

인간과 인간이 아닌 것의 결합은 새로운 것이 아니다. 돌연변이 혹은 변성된 몸의 이미지는 과거로부터 문학과 예술에 자주 등장해 왔고, 인간을 대신하는 로봇이나 기계장치는 SF영화를 통해 다양한 형태로 표현되어 왔다.[3] 우리는 신체가 만나는 기술 및 기계와의 경계, 즉 그 접촉의

3 세계 곳곳의 고대 민속 전설과 그리스 신화의 반인반수들(미노토르, 판, 켄타우로스, 사튀르 등)이 등

'지점'에 관심을 가질 뿐 아니라, 그러한 접촉에서 경계가 어떻게 통합 혹은 상호 구성하게 되는가의 과정에도 관심을 가질 필요가 있다. 대부분의 사람은 인간의 신체와 기술을 접합시키는 것에 대해 이중적인 태도를 갖는다. 기술로 인한 인간 소외를 생각하거나 기술에의 지나친 의존을 두려워하면서도, 다른 한편으로는 기술에 매혹되고 더구나 기술에 의한 신체의 향상을 꿈꾸기 때문이다. 이 글에서는 실제로 신체와 기술을 연결하는 지점에서 작용하는 것이 미술의 맥락 속에서 어떻게 표현되고 있는가에 대해 고찰하는데, 이는 인간과 기계의 만남에 대한 어떤 긍정적이거나 부정적인 입장에 서서 장차 만나게 될 미래의 '포스트휴먼 posthuman'[4]을 찬양하거나 혹은 비판하려는 것이 아니다. 지금 현 상황에서 발생하고 있는 신체의 재구성이 어떻게 이루어지고 있는가, 그리고 미술가들은 그것을 어떻게 이해하며 받아들이고 예술로 표현하고 있는가를 살펴보고자 한다.

여기에서 불가피하게 만나는 개념인 '포스트휴먼'은 "테크놀로지에 의해 향상되고 변형된 신체 혹은 인간", 그리고 더 나아가 "그것이 의미하는 바를 이야기하고retelling 재구성하는reconfiguring 것"과 관계된다 (Clarke, 2002: 34). 이 용어는 인간 신체가 더 이상 독자 생존할 수 없는 종種으로서 버려지는 것이 아니라, 진보된 테크놀로지를 통해 생물학적 한계를 극복한 유기체가 될 수 있음을 말해 준다. '포스트휴먼'이란 말은

장하는 예술 작품들과 로봇과 사이보그가 등장하는 각종 영화들, 미술에서는 아르테미스 모로니Artemis Moroni와 그룹the Group의 〈The Robot and Centaur〉(1991), 장마르 마토스Jean-Marc Matos의 〈Talos and Koiné〉(1998), 스텔락Stelarc의 〈Exoskeleton〉 등의 미디어 퍼포먼스들, 그리고 매튜 바니Matthew Barney의 〈Cremaster Cycle〉 5부작 등에서 볼 수 있다.

4 1992년 제프리 디치Jeffrey Deitch가 사용했던 '포스트휴먼'은 "생명기술론과 유전공학 기술, 컴퓨터 기술의 급속한 발전과 융합에 따라 변화된 인간의 사회적 · 성적性的 역할을 이해하고, 인간에 대한 재정의redefinition의 필요성의 인식"으로서 설명되었다. 디치는 특히 새로운 인간 이해에 따르는 새로운 유형의 미술 형태가 요구되며, 미래 인간의 모습을 가상 현실과 같은 전혀 다른 방식으로 나타낼 수 있다고 생각했다(Politi & Kontova, 1992: 66–68).

'트랜스휴먼transhuman'이라는 용어와 함께 쓰이기도 한다. 후자의 경우, 그 의미상 '되어가고 있는becoming' 혹은 변화되고 재구성되고 있는 신체 및 자아의 '이행 과정 혹은 이행 상태'를 더 잘 설명해 주며, 거기에서 발생하는 경계적 인격체liminal persona의 개념을 훨씬 더 함축적으로 나타낸다. 해러웨이는 접두어인 'trans'가 자연과 인공물 사이, 자연과 문화 사이의 선을 없애버리고, across, beyond를 의미하면서 연결의 과정과 증거를 그대로 담고 있다고 설명한 바 있다(Haraway, 1991: 56). '트랜스휴먼'의 개념은 하나가 다른 것과 상호 작용하면서 무리 없이 이행하고, 그 어떤 것도 그 과정 중에서 쓸모없는 것이 아닌 것을 표방하는데, 이때 자아 및 신체의 정체성은 고정된 것이라기보다는 다른 것이 '되어 가고' 있다는 생각을 통해 형성되며, 그것을 결정하는 바로 그 기술에 의해 재매개되고 있는 자아를 스스로 인식할 때 나타나게 된다(Clarke, 2002: 33). 이 글에서 포스트휴먼 혹은 트랜스휴먼의 의미를 통해 다루고자 하는 작품은 신체 내부에 개입되는 기술 및 장치와 그 결과로서의 신체성이 반영된 경계 존재로서의 특징과 의미를 제공하게 될 것이다.

피부 아래, 외부화된 신체 내부

2009년 필자의 논문 「뉴미디어 아트에서의 신체성: 촉각성을 중심으로」에서는 상호 작용을 기반으로 하는 뉴미디어 아트에서 인간 신체가 작품의 인터페이스를 촉각적으로 만나는 경험에 관해 논하면서, 인간과 기계가 만나는 중간 지대, 특히 피부와 햅틱haptic의 중요성에 대해 논한 바 있다. 그것은 디지털 기술을 이용한 뉴미디어 아트가 시각으로부터 촉각으로 강조점을 옮겼다는 다분히 현상학적인 관점의 기술이었다. 그러나 이 글에서는 신체와 기계가 만나는 지점으로서의 피부와 촉각의 문제보다는 디지털 기술에 의해 신체의 내부가 외부로 드러나거나 신체와 기계의 융합이 이루어지는 장소에서 발생하는 문제, 즉 이미 피부를 뚫고 들어가는 그 경계의 문제를 좀 더 적극적으로 다루고자 한다.

최근 신체 영역에서는 '피부'와 '내부 기관'이 신체의 일부로서 주어진 위계로부터 해방되어 신체 이해를 위한 순수한 매개의 역할을 하고 있다. 신체에 대한 접근과 지식은 외부 신체에 대한 재현이 아닌 신체 내부에도 자리를 내어주게 되었고, 디지털 의학 기술에 의해 발견되고 영속화되며 외부화되고 있다. 이와 함께 신체를 둘러싸고 발생하는 담론은 더 이상 피부 자체와 그 경계인 인터페이스의 문제를 다루는 것이 아니라, 점차적으로 '내부와 외부의 전복'이라는 개념의 가능성을 심화시키고 있다. 외부와 내부의 전복은 특히 엘리자베스 그로스Elizabeth Grosz의 책 『건축, 그 바깥에서*Architecture from the outside*』(2002)에서 이론화된 바 있다. 이는 그동안 인터페이스를 설명해 온 촉각의 현상학을 벗어난 것일 뿐 아니라, 질 들뢰즈Gilles Deleuze와 펠릭스 과타리Félix Guattari가 말하는 '기관 없는 신체'가 아닌, 오히려 '신체 없는 기관' 혹은 '신체를 대신하는 기관'이라고 할 수 있을 것이다(Wegenstein, 2006: 80). 즉, 모든 기관은 잠재적으로 신체를 대표할 수 있는 인터페이스를 가지며, 자율성을 가지고 신체 자체의 전체성으로부터 분리됨으로써 신체 '안'에 존재하는 것으로서 기관의 속성을 상실하게 된다.

미국 미술가 폴 버나우즈Paul Vanouse는 1996년 설치 작품 〈Items 1-2000〉을 통해 어떻게 인체 내부의 세세한 층이 다양하게 프로그램 데이터로 변형되는가를 제시한 바 있다. 이 작품은 1994년 미국 국립의학도서관이 수백만 달러를 들여 만든 역사적인 작업 〈Visible Human Project(VHP)〉 산출물 중 2,000여개의 데이터를 이용한 것이다. VHP는 2명의 죽은 사체를 영하 85도로 냉동한 뒤 각 신체의 부분과 기관, 골격,

순환 시스템 등을 MRI로 스캔하여 사진으로 기록하는 작업으로, 극도로 세밀한 디지털 해부 아카이브에 저장될 데이터를 CD롬으로 만드는 것이었다. 생명공학, 의학적 상상력, 컴퓨터 기술을 동원하여 디지털화한 신체의 다양한 층위에 대한 수천 개로 해체된 이미지는 다시 다양한 신체 이미지를 만들어 낼 수 있도록 합성될 수 있는 것들이었다. 이 프로젝트에 관해 책을 쓴 캐서린 월드비Catherine Waldby는 "지나치게 극도로 시각화된 신체는 아무런 저항과 어색함 없이 드러내 보여지고 투과될 수 있는 형태를 갖고 있으며, 실제 신체와는 상관없이 끊임없이 복제되고 전송되며, 분리 가능한 특징을 갖는다"(Waldby, 2000 : 6)고 설명하면서, "이 프로젝트에 내재한 신기함은 그것이 더 이상 '신체의 이미지'를 생산하는 것이 아니라 그 대신에 인간 신체와 컴퓨터 사이의 실용 가능한 관계를 만들어 내는 것"(Waldby, 2006 : 37)임을 강조했다.

버나우즈는 그러한 디지털 이미지들을 가져와 왁스로 만든 신체 모형, 의학용 해부학 도면 안내서, 자신이 학생 시절 시체 공시소屍體公示所에서 만든 스케치와 기록들과 함께 설치했다. 단층 촬영된 신체 이미지와 기억의 단편들은 관람자들이 펜 모양의 바코드 스캐너로 유리 위의 바코드를 읽으면 시각적 · 청각적 이미지와 기억의 단편들이 되살아난다.

더바이드 그라시Davide Grassi의 퍼포먼스 설치였던 〈뉴클리어 보디 Nuclear Body〉(1999)도 〈Visible Human Project〉와 마찬가지로 신체의 기관과 내부 구조를 해부하고 단층 촬영했으나, 그의 경우는 자신의 신체를 이용했다. 그는 이것을 자신의 '더블double'이라고 명명하면서, "그것은 피부도 없고 이상적인 실존도 없는, 디지털 자궁에서 나온 것"(Grassi, 1999 : 〈http://art.ntu.ac.uk/dpa〉)이라고 주장했다. 그는 감마 카메라로 찍은 자신의 내부 기관과 근골격 시스템, 혈액 세포, 신체 조직 등의 디지털 이미지를 제공하기 위해 의학용 조영造影, scintigraphy 기술

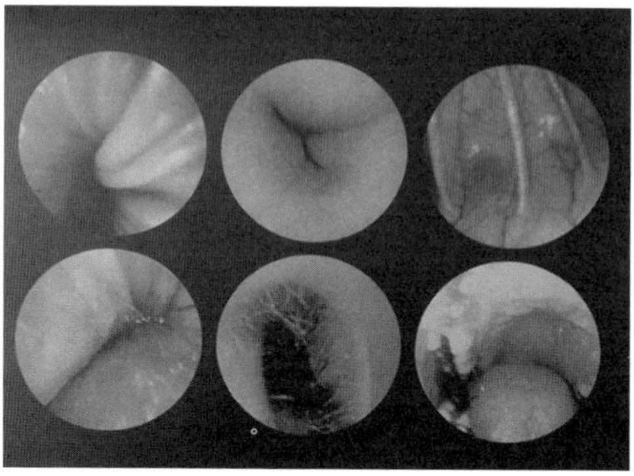

[그림 1] 모나 하툼Mona Hatoum, 〈낯선 몸〉, 1994.

과 정맥 주사를 통한 방사성 동위원소를 이용했다. 600개의 조영 이미지가 그의 신체 '더블' 애니메이션을 위해 사용되었는데, 이는 계속해서 신체의 내부와 외부 형태를 오가며 혈관, 기관, 골격 등이 나타났다 사라졌다 반복하면서 변형과 왜곡을 만드는 것이었다. 팔레스타인 출신 작가인 모나 하툼Mona Hatoum의 잘 알려진 작품 〈낯선 몸〉 (1994)([그림 1])도 초음파와 조영술 등의 의학적 기술을 이용해 신체의 내부를 스캔하고 소리를 기록한 것이다. 신체 내부를 촬영한 이미지는 미술관 내에 설치된 원통형의 구조물 안 바닥에 투사되고, 관람자들은 하툼 자신의 심장 박동과 호흡 소리를 들으면서 그녀 신체의 여러 구멍을 통해 본 위장, 질의 내부까지 관통해 보게 된다([그림 2]).

하툼의 경우 신체 내부를 촬영할 수 있는 기술을 이용해 결국은 남성적 응시gaze를 비판하려 의도한 것이었으나, 버나우즈, 윌드비, 그라시도 신체의 내부 구조와 기관을 디지털화하는 방식이 신체에 대한 기술의 직접적인 침투이며, 신체의 내부 공간으로까지 들어오는 임상의학적 시선의 권력과 관음증을 수반한다고 보고 있다(Dixon, 2007: 221). 이와 관련해 버나우즈는 실제로 미셸 푸코Michel Foucault의 『감시와 처벌』을 인용하면서, "훈육된 신체는 궁극적인 감시 과정(여기서는 세세한 디지털 해부)에 종속된다"고 덧붙인 바 있다.

그러나 그 의미가 어떤 것이든 이러한 작품들은 디지털 기술을 통해 신체 외부/내부의 경계를 모호하게 만들고, 특히 신체 내부의 요소를 외부화함으로써 '총체entity'로서의 인간 신체 개념을 벗어나게 만든다. 이렇게 예상치 못한 방식으로 신체를 재구성하는 디지털 시각 방식은 내시경과 컴퓨터의 가상적 시각을 통해서만 얻을 수 있는 것이기 때문에, 인간의 외면적 리얼리티와는 상관없는 다른 정보를 제공할 수밖에 없는 것이다.

[그림 2] 모나 하툼Mona Hatoum, 〈낯선 몸〉, 1994.

프로스테시스의 변증법

신체의 외부/내부의 문제는 인간의 신체가 기계 혹은 장치를 신체 내부로 받아들이면서 본격화된다. 1980~90년대 해러웨이의 "사이보그 선언문"에 의해 촉진되고, 과학 기술, SF영화, 문학, 인공지능, 가상 현실 등이 박차를 가하면서 사이보그에 대한 관심이 절정에 이르자, 신체에 덧붙여짐으로써 인간의 삶에 도움을 주는 프로스테시스prosthesis[5] 개념

5 '프로스테시스prosthesis: 인공기관 · 보철물'란 단어는 원래 그리스어에서 유래한 것으로 1553년부터 영어에 들어와 쓰이기 시작했다. 처음엔 '단어의 시작에 한 음절을 덧붙임'이라는 의미였다가, 1704년경 "신체 일부를 잃었을 경우 인공적인 것으로 대신한다"는 의미로 의학에서 사용되기 시작했다. 이후 문법에서든 의학에서든 이 말은 '덧붙임addition', '대신함replacement'의 의미를 나타내게 되었고, 오늘날까지 그러한 뜻으로 사용되고 있다. 보통 의학(의공학), 시각예술, 인문학에서 인공기관의 의미를 제대로 사용하고 있으며, 인간과 기술 사이에서의 일반적인 상호 작용을 말할 때 실제적으로든 은유적으로든 '덧붙임'과 '대신함' 이외에 '연장extention', '증강augmentation', '향상enhancement' 등의 뜻이 더해져 오늘날의 포스트휴먼 시대의 개념에 이르게 되었다(Will, 1995: 218; Smith & Morra, 2006: 7).

도 장애가 있는 신체를 향상시키기 위한 것이라는 의미에만 한정되지 않고 자체의 생명력을 갖기 시작했으며, 이에 대한 논의는 그 기술적인 방식과 임상적 효과에 대한 이론을 넘어서 철학, 문학 비평, 시각문화, 정신분석과 해체 이론, 현상학 등으로부터 이론적 방법론을 끌어내고 있다. 보철 의식prosthesis consciousness, 보철 과정prosthesis process, 보철 장치prosthesis devices, 보철 미학prosthesis aesthetics, 보철의 하위 주체들prosthesis subaltern 등등의 용어를 생산해 낸 수많은 논문이 이러한 상황을 말해 준다(Sobchack, 2006: 19). 이와 함께 프로스테시스 담론은 자연스럽게 신체와 기계의 결합에 의해 만들어지는 혼성체인 사이보그의 가능성에 대한 다양한 논의와 함께하게 되었다.[6] 마쿼드 스미스Marquard Smith와 조앤 모라Joanne Morra는 이러한 변화를 'Prosthetic Impulse보철 충동'라고 명명했고, 사라 제인Sarah S. Jain은 'Prosthetic Imagination보철 상상력'이라고 부르고 있다.[7]

예술의 맥락에서는 프로스테시스와 신체의 만남이 실제 물질적인 만남으로 이루어지는 경우도 있지만, 이미지로서나 혹은 은유적인 의미의 만남으로 구성되기도 한다. 그것은 인간이 커뮤니케이션 기술, 생명공학, 정보에 의해 매개되고 결정되는 현대 사회에서 쉽게 볼 수 있는 것으

6 예를 들어 조앤나 질린스카Joanna Zylinska의 경우, 프로스테시스prosthesis가 신체의 부족함lack을 배경으로 갖고 있긴 하지만, 인류의 긴 역사를 살펴보면 인간은 원래가 타고난 prosthetic being으로서, 돌을 이용했던 호모에렉투스Homoerectus로부터 컴퓨터화 휴대폰을 사용하는 호모인포매티쿠스Homoinformaticus에 이르기까지 기술을 이용해 신체의 부족함을 보충하려 해왔다고 주장함으로써, 기술이 단지 인간을 위한 도구이며 기술을 이용해 인간이 원하는 세계를 만들 수 있다는 아리스토텔레스적인 모델을 거부하면서 being-with-technology의 대안적 방식으로 human/nonhuman에 대한 역동적인 모델을 제시하고 있다(Zylinska, 2002: 66).

7 그러나 이들은 모두 그러한 개념을 통해 프로스테시스가 지닌 능력에 대한 강박적 믿음, 혹은 기술을 이용해 가까운 미래에 생생하고 빛나는 포스트휴먼의 신체를 누리게 되리라는 장밋빛 생각들을 비판하고 있다. 그것은 마치 "탈휴머니즘에 지나지 않는 포스트휴머니즘이란 논의를 탈육화한 테크노페티시즘에 기대어 말하는 기술결정론자들의 무책임하고 잘못된 생각과 같다"는 것이다(Smith & Morra(ed.)(2006): 3; Jain, 1999: 31-54).

로, '신체와 기술 접촉의 편재성'을 대변해 준다.[8] 신체와 기술(그것이 보철이든 혹은 칩이나 다른 종류의 기계든)의 이러한 만남은 신체가 프로스테시스 기술에 의해 확장되고 향상되는 방식을 생각하게 할 뿐 아니라, 신체와 기술이 서로 접촉하게 되고 통합되며, 혼합되고 상호 적용 혹은 기생하는 모든 방식에 대해 탐구하게 만든다.

신체와 기술이 만나고 서로 접촉하는 그 지점과 경계edge에서는 미묘한 변증법적 상황이 발생한다. 이는 접촉과 경계를 통해 어떻게 기술이 인간과 통합 혹은 상호 구성하는가를 '인식하는' 과정에서 발생한다. 살flesh, meat/기계, 은유/물질성, 형상/즉자성, 내부/외부, 주체/객체, 인간/포스트휴먼 등의 대립에 대한 인식이 그것이며, 이러한 대립적인 요소는 서로를 매개하며 변형되는 관계를 형성한다.

미술의 맥락은 아니지만, 1998년 영국의 사이버네틱스 교수인 케빈 워윅Kevin Warwick은 자신의 왼팔에 실리콘 칩으로 만든 무선응답기를 외과적 수술을 통해 임플란트했다. 그는 신경 체계로부터 신호를 받아 컴퓨터로 전송할 수 있는 컴퓨터로 통제되는 응답기를 자신의 몸 속에 갖게 된 것이다. 이 프로젝트는 칩 이외의 100개의 전극선을 자신의 왼팔에, 또 다른 칩을 아내의 팔에 임플란트하는 〈Project Cyborg 2.0〉(2002)으로 발전되었고, 칩들은 그들의 팔의 신경섬유에 외과적으로 연결되었다. 칩은 워윅에게 주파수와 컴퓨터를 통해 아내에게 송신할 수 있게 해 주어 그가 손가락을 움직이면 그녀의 손가락도 움직이고, 신경 활동을 자극해 느낌을 소통할 수 있는 가능성도 갖고 있었다(Dixon,

8 인간과 기술의 만남은 문화의 영역인 문학, 시각예술, 영화와 모든 일상생활의 영역에서 창조되고 활성화되어 왔다고 할 수 있다. 〈블레이드 러너〉, 〈터미네이터〉, 〈아이언맨〉, 〈공각기동대〉 등의 영화와 애니메이션 등은 계속해서 인공지능(사이버네틱스)과 프로스테시스의 문제를 정의하려고 노력해 왔으며, 실제로 최근에는 인공관절, 인공심장, 치아 임플란트, 각종 조영술로 많은 사람이 기계를 몸 안에 가지고 있는 사이보그로서 살아가고 있다.

2007: 308). 워윅은 2002년 이 프로젝트의 경험을 토대로 『*I Cyborg*』라는 책을 출간하여 자신이 어떻게 해서 최초의 사이보그가 되었는가를 설명하기도 했는데, 그는 최초의 사이보그로 매스컴의 주목을 받음과 동시에, 로봇과 AI에 대한 지나친 낙관론과 논리적 과정을 생략하는 학문적 태도로 학자들 사이에 많은 논란을 불러일으켰으나, 신체와 기계의 만남을 통해 발생하는 문제들을 제기하면서 예술적인 맥락에도 영향을 주었다.

미술가는 과학자보다는 기술을 받아들이는 신체의 문제에 훨씬 더 복잡하게 접근한다. 에두아르도 카츠Eduardo Kac(1962년 브라질 리우 데 자네이루 출생, 주로 미국에서 활동)는 1997년 11월 11일 상파울루에서 "예술적인 목적으로" 대중, 기자, 미술 애호가 앞에서 '기억'이 들어 있는 칩을 자신의 몸에 심었다. 이는 〈타임 캡슐Time Capsule〉([그림 3])이라는 이름으로 행해진 일종의 퍼포먼스였는데, 그가 의료진과 빛바랜 사진에 둘러싸여 자신의 다리를 스캐너에 넣으면 시카고에 있는 텔레로보틱telerobotic 손가락이 장치를 작동시켜 스캔하여 LCD 화면에 몸에 들어 있는 마이크로칩의 일련 번호를 보여주는 것이었다. 그는 이 퍼포먼스를

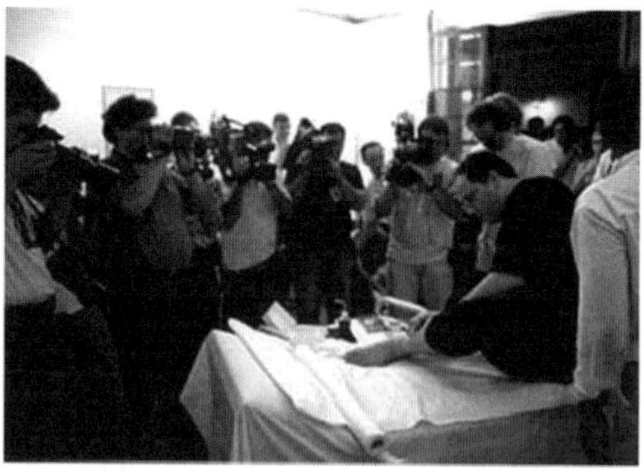

[그림 3] 에두아르도 카츠Edouardo Kac, 〈타임 캡슐Time Capsule〉, 1997.

통해 '기억'에 대해 토론하면서, 유전자와 개인 경험을 통해 획득되는 것으로서 인간 신체 고유의 성역이었던 기억이 오늘날에는 칩 안에(혹은 위에) 존재하게 됨으로써, 칩의 임플란트는 "가상의 외적인 기억이 내부의 체험된 기억과 공존할 수 있는 가능성"을 준 것이라고 주장했다. 더구나 임플란트된 칩을 인터넷을 통해 웹 스캐닝하는 것은, 신체를 보호하는 경계로서의 피부에 대한 논의가 이제 쓸모없어졌음obsolete을 말하는 것이라고 주장했다(Dixon, 2007: 307; http://vv.arts.ucla.edu/AI_Society/kac.html; http://Art.ntu.ac.uk/dpa).

카츠가 피부 논의의 진부함에 대해 말한 것은 마치 스텔락Stelarc이 내건 "신체는 쓸모없다The Body is Obsolete"라는 슬로건과 유사해 보인다. 그동안 인간/기계의 합성물의 무대에서 일종의 사이보그 퍼포먼스를 실행해 온 호주 출신 미술가 스텔락은 "생명을 연장한다는 것은 존재함을 의미하는 것이 아니라, 조작함을 의미한다. 신체를 정신과 사회적인 것이 머무는 장소로 보는 것은 더 이상 의미가 없으며, 오히려 모니터되고 수정되는 구조로 보아야 한다"(Stelarc, 1991: 591)며, "인간 존재는 새로운 전기적 · 기술적 영역에 적응하기 위해 그들의 피부를 벗어버리고 새로운 지각을 발전시킬 필요가 있다"(Stelarc, 1994: 20)고 주장했다.

그는 예술, 과학, 신체의 강력하면서도 공생적인 접합conjunction이라고 할 수 있는 퍼포먼스에서 뇌파, 심장 박동, 혈류 등 보이지 않고 들리지 않는 신체 내부 기능을 외부의 퍼포먼스 공간으로 확장시켜 왔다. 예를 들어 가장 잘 알려진 〈제3의 팔〉(1981)([그림 4])은 로봇 팔을 자신의 오른팔에 부착하고 퍼포먼스를 하는 것이었는데, 로봇 팔은 자신의 의지대로 움직이는 것이 아니라, 그의 신체 내부 복근으로부터 전달된 EMG(Electromyography: 근전도검사 기록장치)의 신호에 의해 움직였다. 그의 로봇 팔은 서로 접촉할 수 없는 신체 영역 사이의 매개 작용을 활성화시켰

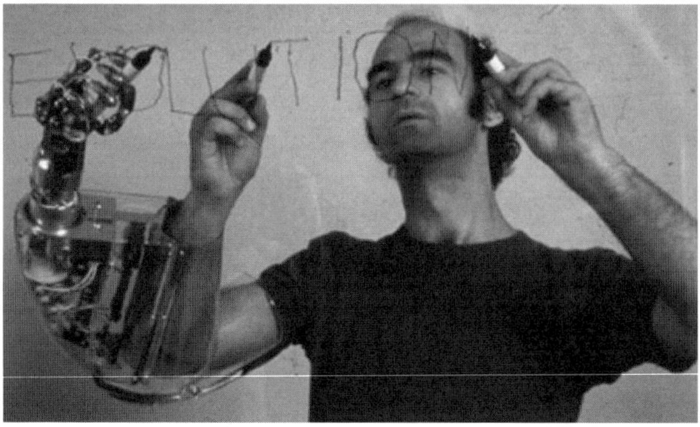

[그림 4] 스텔락Stelarc, 〈제3의 팔〉, 1981.

을 뿐 아니라, 신체와 접합된 기계 사이에 있을 법한 드라마틱한 대립 없이 조화를 이루고 있다. 이는 스텔락 자신이 사이보그가 되기 위해, 혹은 외부의 다른 대행자가 인터넷을 통해 자신의 신체 행동을 통제하도록 하는 '비자발적인 신체'가 되기 위해 혹은 '모바타'에서처럼 가상/실제를 연결시켜 컴퓨터 속 아바타에 의해 자신의 신체가 움직이도록 하고자 자신의 신체를 '비워내고' 기계 장치를 적극적으로 받아들이는 태도를 가지고 있었기 때문이다. 그의 태도는 신체와 기계가 효과적으로 하나의 운영 체계가 되는 지점까지 피드백 루프를 반복, 증가시킴으로써 인간/기계를 설명해 온 주인/노예의 관계를 의도적으로 혼동시킨다(Goodal, 2005: 13). 그에게 인간/기계는 경쟁이 아닌 '기생적 관계에 있는 사이보그 시스템'의 미묘한 변증법적 상황 속에 놓여 있게 된다. 그의 행위에는 분명 "생물학과 실리콘 칩, 회로 사이에 놓인 긴장감"(Zurbrugg, 1999: 109)이 존재하지만, "유기적인 것과 인공적인 것의 진화적인 변증법적 종합을 통해 새로운 혼성 인간을 만들 수 있다"(Stelarc, 1984: 52)는 그의 믿음은 변함이 없는 것이었다.

그러나 그는 기술의 찬양을 위해 신체를 부정하지도 않을뿐더러 오히려 퍼포먼스를 통해 신체의 물질성을 의도적으로 드러내면서, 기술적으로 증강된 신체를 현현함과 동시에 불가피하게 인간 신체의 연약함과 정교함에 대한 공감도 이끌어 낸다. 아멜리아 존스Amelia Jones가 지적하듯이 그의 진술과 복잡한 실행적 효과들 사이에는 어떤 긴장과 모순들이 존재한다(Jones, 2005: 87). 즉, 그는 기술을 이용해 신체성을 초월할 수 있는 방법을 추구하기보다는 신체가 연장되고 수정되어 기술을 통합시키고 효과적으로 전자공간 속에서 기능할 수 있도록 만드는 방법 개발에 관심을 가졌다. 이것은 가상공간 안에서 작동하는 탈육화된 신체를 거부하는 것이다. 그가 '살과 금속meat and metal의 만남과 공생'을 강조하는 것도 그러한 맥락이다.

어쨌든 혼성물hybrid과 사이존재로서 사이보그의 경계적liminal 상태는 카츠나 스텔락의 퍼포먼스를 따라다니는 언캐니한 부분임에 틀림없다. 스텔락의 사이보그론에 대한 철학적인 코멘트에 기계와 신체 사이의 경계선을 통합하고 에이전트와 시스템 사이의 구분을 없앤다는 어떤 절대적인 믿음이 들어 있음에도 불구하고, 그는 항상 신체와 기계 사이의 모순과 긴장을 그대로 표현한다. 마찬가지로 디지털 미술, 로보틱 실행, 바이오텔레마틱스biotelematics를 표방해 온 카츠의 작품도 해결되기 어려운 철학적 · 정치적 · 윤리적인 문제를 탐구하고 고의적으로 드러낸다.[9] 예를 들어 〈타임 캡슐〉에서도 그는 사이보그 자체를 유토피아적 혹은 디

9 카츠는 〈타임 캡슐〉과 유사한 1997년의 퍼포먼스 〈A-Positive〉에 대해 쓴 글에서 인간과 기계의 관계를 성찰하고 있다. "기술이 인간 신체에 얼마나 밀접해졌는데, 이미 기술이 얼마나 깊이 신체에 들어와 있는지 깨닫게 되면, 우리는 로봇 공학에서의 주인/노예 모델이 단어 선택을 잘못한 것 이상의 문제가 있다는 것을 파악하게 될 것이다. 그러한 모델은 유기적 생명체가 아니고 인간과 같은 지능을 아직 지니지 못했으며, 그들 자체의 의미지 없다는 이유로 기계를 노예로 보는데, 그러나 인간과 기계의 그러한 차이는 점차 좁혀지고 있다. 우리는 항상 기계가 우리를 위해 무엇을 해 줄 수 있을지를 물어왔다. 이제 우리가 함께 무엇을 할 수 있을지를 물어야 할 시점이 되었다. 우리는 이제 그들에 의해 좌우되는 주인에 지나지 않는다"(Kac: http://Art.ntu.ac.uk/dpa).

스토피아적으로 조명하는 데 관심 있는 것이 아니라, 생명공학적인 접합 지점을 직접 드러내 문제를 제기하는 방식을 택함으로써 인간 신체와 기계의 상호 관계에 대한 합리적인 견해를 제시하는 데 목적이 있었다.

경계 존재

신체와 기술이 결합된 존재로서의 경계 존재(liminal existence/문턱 존재) 혹은 경계 실존은 앞에서 언급한 트랜스휴먼의 용어를 이해하는 데 중요한 개념이 된다. 이러한 존재는 하나의 존재이면서 동시에 다른 존재 상태를 가지고 있거나 경계 지대liminal zone에 걸쳐 있다. 괴물과 같은 상태, 남성도 여성도 아니고, 인간도 기계도 아닌 특성 때문에 과거에는 종종 일종의 원죄와 부정의 산물로 여겨지기도 했으나, 최근에는 논리와 이성, 순수함과 정상성에 저항하는 무질서, 혼돈, 돌연변이, 변형에 의미를 두는 경향이 강하다(Clarke, 2002: 35). 데이비드 윌David Will은 인간이 테크놀로지와 만나는 '보철화 효과prosthetizing effect' 속에서의 경계 존재가 지닌 '언캐니 효과uncanny effect'를 강조하기도 했다(Will, 2006: 237-263).

해러웨이는 사이보그론을 3개의 '경계 침해boundary breakdowns'로 설명했다. 그녀는 생물학 결정론적 이데올로기를 넘어서는 "인간과 동물의 경계", "유기체와 기계 사이의 경계", "물리적인 것과 비물리적인 것 사이의 경계"를 거부하면서, 침범된 경계, 강력한 융합, 위험한 가능성으로서의 사이보그 신화를 제시한다(Haraway, 1991: 154). 물론 해러웨이는 자신의 사이보그론을 정치학, 문학, 특히 글쓰기 혹은 글읽기의 경우로 끌고가지만, 경계의 해체와 함께 새로운 신체 담론의 가능성을 열어 주었다고 할 수 있다. 그녀는 "이전에도 있었던 시대에 뒤떨어진 기계/유기체의 관계가 아니라, 우리의 상상력과 다른 실천 속에서 기계는 프로스테시스 장치이고 친근한 구성 요소이며 우호적인 자아이다. 우리에게는 전체성, 총체적 여성성, 유기체성 필요하지 않게 되었다" (Haraway, 1991: 178)고 주장한다.

신체만의 자리에 신체와 기계의 합병이 제시되고, 인간 신체에 이물질로서 덧붙여지는 프로스테시스의 인공적인 융합은 경계가 열려 있는 몸으로서의 새로운 감각, 재구성되는 뉴런(신경 체계)을 요구한다. 즉, 신체의 '경계 없음'은 쌍방향적 정보의 흐름에 길을 내어줄 수밖에 없게 되었다. 여기에서 우리는 신체의 '경계 없음'을 적극적으로 받아들이고, 디지털 기술과 의학 기술의 상호 작용을 통한 신체 수정, 그로 인한 다중적 인격을 의도적으로 드러내는 생트 오를랑Saint Orlan의 작업을 예로 들 수 있다. 스텔락이 그가 에이전트라고 부른 타인의 신체 및 정신과의 상호 작용을 통해 스스로 피드백 루프의 일부가 됨으로써 기계와 혼성된 상태를 보여준 것과는 달리, 오를랑은 잘 알려져 있듯이 다중적인 가상적 자아 이미지를 반영하기 위해 성형 수술 퍼포먼스를 통해 자신의 얼굴을 재구성함으로써, 자아도 지식과 마찬가지로 계속 수정되고 덧붙여지는 구성체임을 주장한다(Clarke, 2002: 38). 그녀의 수술 퍼포먼스([그림 5])에는 물론 '미인the beautiful'의 범주를 규정짓는 시장 경제에 대한 비판적 의도가 들어 있었고, 자신의 신체를 인터랙티브 네트워크 및 사이버네틱스와 생물학의 결합에 접속하려는 의도가 개입되어 있었다 (Donger, Shepherd, & Orlan, 2010: 31). 이때 수술로 인한 상처는 삶과 죽음, 내부와 외부, 통제자와 통제받는 자, 자연과 인공적인 것 사이의 폭력이 담긴 문턱the liminal 그 자체가 된다.

오를랑에게서 성형 수술은 초상화의 장르를 지배해 온 재현 형태와의 단절을 의미하는 자화상의 수단이다. 자기 혼성화self-hybridization에 따른

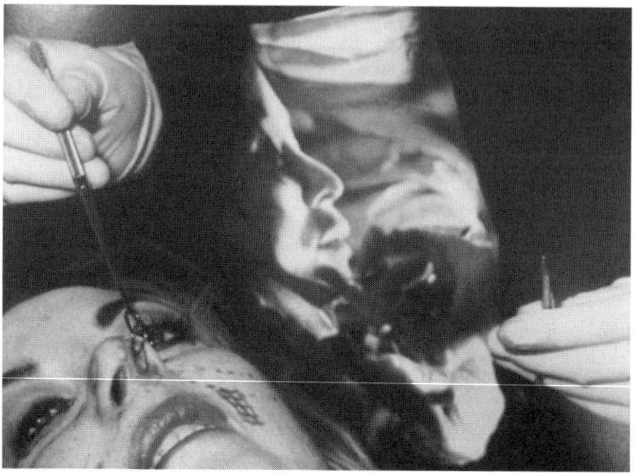

[그림 5] 생트 오를랑Saint Orlan, 〈The Reincarnation of Saint ORLAN/Images-New-Images: Double Face, Ninth Surgery-Performance〉, 1993.

그로테스크 자화상([그림 6])은 어떤 예술 매체로 그녀의 신체와 얼굴을 재현하는 것이 아니라, 피부, 뼈, 피, 조직, 프로스테틱 임플란트의 조작을 통해 얼굴을 '예술적으로' 재구성하는 것이다. 그녀는 대부분의 성형외과 수술의 목적인 이른바 '투명성의 비매개성' 즉 수술하지 않은 듯한 자연스러움을 추구한다거나 혹은 수술한 것을 알아차릴 수 없는 '비가시성invisibility의 논리'를 거부한다. 이것은 성형과 보철 사용자들이 보정을 목적으로 한 것이든 미용을 목적으로 한 것이든 그 실행 과정과 흔적이 보이지 않도록 하고, 그것에 의해 결국 개인이 그들이 아닌 다른 어떤 존재로 '통과passing'하려 애쓰는 도전과 관계되는 개념이다. 『몸을 아름답게 만들기*Making the Body Beautiful*』(1999)라는 책에서 샌더 질먼Sander L. Gilman은 '통과'의 개념을 '비가시성'과 연관시키면서 이것이 단순히 감추거나 가장하는 것이 아니라 아예 '다른 무엇이 되는 것'임을 강조한 바 있다(Gilman, 1999: 329-331). 그러나 오를랑은 다른 어떤 존재로 '통과'하기 위한 과정을 보여주되 신체가 수정되고 하이퍼매개되는 방식을 고의적으로 드러냄으로써 미용 성형이 지닌 투명성의 논리를 모순적으로 전복시킨다(Bolter & Grusin, 2000: 287). 그렇기 때문에 기술이 신체에 개입하고 피부를 절개하는 순간은 문자 그대로 그녀의 얼굴에 행해지는 것이든 문화적 가치와 속박에 대한 은유적인 것이든 바로 신체를 재구성하는 순간이 된다. 이는 스텔락이 기계와의 통합을 "들어가거나enter, 미끄러지거나slippage, 표면적인 만남interface"(Zurbrugg, 1999: Featherstone(ed.), 2000: 109)으로 생각한 것과 구별된다.

[그림 6] 생트 오를랑Saint Orlan, 〈Self-Hybridization Pre-Columbian No.4〉, 1998.

오를랑은 '처음의 오를랑 신체'를 대체할 수 있는 다른 'ORLAN-body'를 만들어 스스로 '되어감becoming'으로써, "하나의 정체성one identity이 있지만, 곧 다시 수정되어 다른 정체성another identity이 되고, 서로 다른 두 정체성에 의해 더 풍성해진 제3의 정체성the third identity"(Chatzichri-stodoulou, Jeffries, & Zerihan, 2009: 65)으로 옮겨가게 된다([그림 7]). 그것은 오를랑에 의하면 "내 것이 아닌, 내 신체의 이야기도 아닌 이야기를 나타내며, 내 자신의 신체로부터 무엇인가 다른 것을 만들고자 하는 욕망에 대한 반응"(Donger, Shepherd, & Orlan, 2010: 65)이다. 그녀는 자신의 신체에 다시 새김reinscribe으로써 재해체하는 것에 목적들 두고, 그러한 흔적을 뒤섞고 혼동시키는 재작업과 재구성을 통해 다른 무엇인가가 되고자 한 것이다.

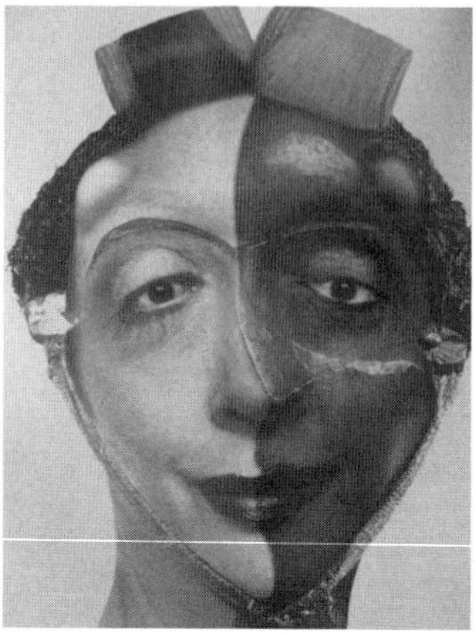

[그림 7] 생트 오를랑Saint Orlan, 〈Self-Hybridization African: Mbangu Mask with Face of Euro-Saint-Etienne Woman in Rollers〉, 2002.

오를랑과 스텔락의 프로젝트는 신체의 생물학적 불충분함을 향상시키기 위해 기술적 재형성의 필요를 주장하고 '신체의 비워냄'(스텔락)과 '개방'(오를랑)을 추구한다는 점에서 비교될 만하다. 오를랑은 "호주 미술가인 스텔락과 마찬가지로 나도 신체가 쓸모없다obsolete고 생각한다. 요즘 상황에서 신체는 더 이상 충분하지 못하다……. 우리는 정신적으로도 육체적으로도 아직 준비가 되지 않은 채 문턱에 있다"고 말한다(Orlan, 1996: 91). 그러나 스텔락과 오를랑은 그들이 경계 존재로서의 신체를 재구성하는 생산과 소비의 관점에서는 다른 입장을 가진다. 스텔락이 신체를 기술에 의한 다른 정보(타인에 의한 정보, 더 나은 주인)로 채우기 위해 신체를 비워내되 산업과의 연결 및 기술자와의 연합을 통해 발전되는 하이퍼 생산의 성격을 따르는 반면, 오를랑은 생산보다는 '소비의 장소'로서 신체의 입장을 주장한다. "미래에 우리는 머리색을 바꾸듯 우리 신체를 바꿀 것이다"(Lovelace, 1995: 13-14)라는 그녀의 말대로, 오를랑은 애브젝트한 것까지도 모두 끄집어내 이미지의 유희, 훈련과 고통이 따르는 퍼포먼스, 그에 따르는 회복을 수반함으로써 자신의 신체를 철저하게 소비한다. 스텔락은 테크놀로지의 매트릭스로 들어가 포스트휴먼 존재가 되기 위해 신체를 이용하는 반면, 오를랑은 신체의 과잉과 희열과 소비를 폭로하기 위해 스스로 경계 존재가 된 것이다(Fred Botting & Scott Wilson; Zylinska, 2002: 158). 경계 존재로서 이들의 퍼포먼스는 타자他者로서의 기술 혹은 기계를 받아들여 동화同化되는 과정을 통해 트랜스휴먼의 조건에 대한 좋은 예시가 되고 있다. 두 사람 모두 신체 수정과 연장을 가능하게 하는 테크놀로지 및 의학적 기술과 상호 작용함으로써 '되어감'의 경계성을 넘나들고 있는 것이다.

4. 나오는 말

이제까지 살펴본 바와 같이, 뉴미디어 시대의 하이퍼매개되는 신체는 총체적이고 유기적인 전체로서의 존재가 아니라 기술에 의해 지워지고 상호 침투되며, 겹침과 병치, 중첩과 다중화의 작용을 겪는 주체가 됨으로써 경계 존재로 살아가고 있음을 알 수 있다. 결국 우리에게 필요한 것은 기술과 신체 주체 사이에 누가 더 힘을 가지게 되느냐에 대한 집착보다는, 다양하게 흩어져 있는 기능과 그것의 영향으로 만들어지는 새로운 형태의 주체성을 추적하는 일이다. 이제는 기술이 신체 위에 군림한다든가 아니면 반대로 기술적 장치가 단지 보충적 매개물로서만 '이용'된다고 말할 수 없게 되었고, 신체와 기술은 상호 주체적인 하나의 단위로서 새로운 관계 속에서 설정되어야 하는 것이다.

이 글에서는 주로 스텔락과 오를랑을 중심으로 신체와 테크놀로지의 만남이 이루어지는 방식을 살피면서, 그 만남의 의미뿐 아니라 만남의 경계에서 발생하는 문제의 특징을 파악하고 최근 새로운 신체 이해가 지닌 시대적인 의의를 밝혀보려고 했다. 모든 것이 디지털화되고 있는 이 시대에는 인간, 기술, 도구, 환경 사이의 경계에 대한 재검토가 요구되고 있다. 이미 우리는 각종 임플란트가 보편화되어 있고 기억을 컴퓨터와 스마트폰에 담아 의존하는 시대에 살고 있다. 또한 우리가 손으로 다루던 도구나 신체 외부에서 도움을 주던 장치는 아예 신체 내부로 들어와 몸 속에 자리 잡기 시작했고, 반대로 우리의 지능과 두뇌 작업은 스마트폰과 USB 등 외부의 저장 장치들에 의존하고 있다. 즉, 도구의 내재화와 지능의 외화라고 부르는 것이 그것이다. 우리는 머지않아 누구나 경계 존재로 살아가게 될 것이다. 우아하지 못할 수도 있는 신체의 그 경계가 어디일까, 거기서 어떤 일이 일어나는가, 아니면 그 경계를 멋지게 살아간다는 것은 어떤 것일까를 숙고해 보는 일이 필요한 것이다.

참고 문헌

Belting, Hans, "Image, Medium, Body: A New Approach to Iconology," in *Critical Inquiry*, Winter 2005.

Bolter, Jay David & Richard Grusin(2000), 이재현 옮김, 『재매개-뉴미디어의 계보학』, 서울: 커뮤니케이션북스, 2006.

Chatzichristodulou, Maria, Janis Jefferies, & Rachel Zeihan, *Interfaces of Performance*, Ashgate, 2009.

Clark, Andy, *Natural-Born Cyborgs, Mind, Technologies, and the Future of Human Intelligence*, Oxford University Press, 2003.

Clarke, Julie, "The Human/Not Human in the Work of Orlan and Stelarc," Joanna Zylinska(ed.), *The Cyborg Experiments, the Extensions of the Body in the Media Age*, Continuum, 2002.

Deitch, Jeffrey, *Post Human*, New York: Distributed Art Publishers, 1992.

Dixon, Steve, *Digital Performance, A History of New Media in Theater, Dance*, Performance Art, and Installation, The MIT Press, 2007.

Donger, Simon with Simon Shepjerd & Saint Orlan(eds.), *ORLAN, A Hybrid Body of Artworks*, Routledge, 2010.

Gilman, Sander L., *Making the Body Beautiful: A Cultural History of Aesthetic Surgery*, Princeton University Press, 1999.

Goodal, Jane, "The Will To Evolve," *Stelarc, The Monograph*, Marquard Smith(ed.), MIT Press, 2005.

Grassi, Davide, "Nuclear Body," Database entry, Digital Performance Archive, 1999: ⟨http://art.ntu.ac.uk/dpa⟩.

Haraway, Donna, "Simians," *Cyborg and Women: The Reinvention of Nature*, Routledge, 1991.

Jain, Sarah S., "The Prosthetic Imagination: Enabling and Disabling the Prosthesis Trope," *Science, Technology, and Human Values* 24, no.1, 31-54, 1999.

Jones, Amelia, "Stelarc's Technological 'Transcendence'/Stelarc's Wet Body," *Stelarc, The Monograph*, Marquard Smith(ed.), MIT Press, 2005.

Kac, Edouardo, "A-Positive," Database Entry, Digital Performance Archive: ⟨http://Art.ntu.ac.uk/dpa⟩.

Lovelace, Carey, "Orlan: Offensive Acts," *Performing Arts Journal* 49: 13-25, 1995.

Mitchell, William J., *The Reconfigured Eye: Visual Truth in the Post-photographic Era*, MIT Press, 1994.

Nakazawa, Shinichi, "The Cape of Transformation," *Transformation*, Exhibition Catalogue, Museum of Contemporary Art Tokyo, 2010.

Orlan, Saint, "Conference," in Duncan McCoquodalein(ed.), *This Is My Body......This Is My Software*, Black Dog Publishing, 1996.

Politi, Giancarlo & Helena Kontova, "Post Human, Jeffrey Deitch's Brave New Art(interview)," *Flash Art*, No.167, 66-68, November/December 1992.

Robertson, Jean & Craig McDaniel, *Themes of Contemporary Art, Visual Art After 1980*, Oxford Press, 2005.

Smith, Marquard(ed.), "Stelarc," *The Monograph*, MIT Press, 2005.

Smith, Marquard & Joanne Morra(ed.), *The Prosthetic Impulse, From a Posthuman Present To a Biocultural Future*, MIT Press, 2006.

Sobchack, Vivian, "A Leg to Stand on: Prosthetics, Methaphor and Materiality," Marquard Smith & Joanne Morra(ed.), *The prosthetic Impulse, From a Posthuman Present To a Biocultural Future*, MIT Press, 2006.

Stelarc, "Prosthesis, robotics and remote existence: postevolutionary strategies," *Leonardo* 24(5): 591-595, 1991.

______, "Towards the Posthuman,(from absent to phantom bodies)," in *25 Years of Performance Art in Australia: Performance Art, Performance Events*, Ivan Dougherty Gallery, 1994.

Vanouse, Paul, "Items 1-2000," Database entry, Digital Performance Archive, 1999: 〈http://art.ntu.ac.uk/dpa〉.

Waldby, Catherine, *The Visible Human Project: Informatic Bodies and Posthuman Medicine*, Routledge, 2000.

Wegenstein, Bernadette, *Getting Under the Skin, The Body and Media Theory*, MIT Press, 2006.

Will, David, *Prosthesis*, Stanford University Press, 1995.

Zurbrugg, Nicholas, "Marinetti, Chopin, Stelarc and the Auratic Intensities of the Postmodern Techno-Body," Mike Featherstone(ed.), *Body Modification*, Sage, 2000.

Zylinska, Joanna(ed.), *The Cyborg Experiments, the Extension of the Body in Media Age*, Continuum, 2002.

포스트휴머니즘적 상상력과 문학적 재현*

이수진

1. 들어가는 말

> 21세기가 끝나기도 전에 인간은 더 이상 지구상에서 혹은 우주상에서 가장 지능이 높거나 가장 뛰어난 능력을 지닌 개체가 아니게 될 것이다. 사실상 이와 같은 증언은 우리가 어떻게 인간을 정의하는가에 따라 진실 여부를 판단할 수 있다. 따라서 21세기의 중요한 정치적이고 철학적인 화두는 우리가 누구인지를 정의하는 문제가 될 것이다(Kurzweil, 1999 : 2).

인공지능, 유전공학, 디지털 정보 기술, 나노테크놀로지 등과 같은 최첨단 기술과학의 발전과 함께 최근 인문과학 담론에서는 '인간을 새롭게 정의하기' 위한 시도 혹은 '인간임이 무엇을 의미하는지'에 관한 고민이

* 이 글은 『불어불문학연구』 93집(2013년 3월)에 실린 논문을 수정 · 보완한 것이다.

본격적으로 대두되고 있다. 이와 같은 시대적 요구를 반영하기라도 하듯 새롭게 등장한 '포스트휴먼posthuman'이란 용어는 아직 우리에게 생소하긴 하지만, 이 용어를 통해 사유하는 부분이 곧 '인간에 대한 정의'라는 점에서 도저히 수용하기 어려운 낯선 것만도 아니다. 즉, '인간'이란 단단히 고정된 불변의 개념이 아니라 변화의 맥락 속에서 지속적으로 다시 쓰여야 하는 유연한 것임을 밝히고 있다는 것이다.

일찍이 미셸 푸코Michel Foucault가 1966년 '인간의 죽음'을 선언했을 때 여기서 인간이란 근대적 주체를 의미했으며, 이후 자크 데리다Jacques Derrida가 1981년 '인간의 종말'을 논했을 때 역시 '인간'이란 언제나 인간중심주의의 결과물로서 혹은 원동력으로서 인류의 역사를 지탱해 왔던 휴머니즘의 근간이었다고 하겠다. 인간을 '세계의 지배자로 옹립'했던 일련의 글쓰기와 이야기들은 이제, 20세기 후반부터 전통적 인간관을 향한 비판적 사고를 통해 변화된, 새로운 형태의 글쓰기와 이야기에 자리를 내어주고 있는 것이다.

사실 포스트휴먼이란 용어는 철학, 윤리학, 의학, 기술과학, 정치학, 사회학, 미학 등에서 다양하게 사용되고 있지만 합의된 함의를 따라 동일한 방식으로 작동하지는 않는다. 그럼에도 불구하고 포스트휴먼은 일반적으로 유전공학의 기술로 인간 종을 변형하거나, 인간의 수명을 연장하거나 혹은 인간을 복제할 수 있다는 가능성, 컴퓨터 과학과 나노테크놀로지의 발달로 인공지능, 로봇, 가상 현실 시스템이 너무나 저렴하고 쉽게 보편화될 수 있다는 가능성, 요컨대 바이오테크놀로지와 사이버테크놀로지가 만들어 낼 변화, 그 미래를 사는 인간을 지칭한다. 즉, 현생 인류와는 다른 새로운 종의 인간이 등장하리라는 주장을 반영하는 것이다.

포스트휴먼을 논하는 담론 속에는 경우에 따라 기술과학이 인류의 미래를 유토피아로 이끌 것이라는 기술애호주의적 입장과 디스토피아로 이끌 것이라는 기술혐오주의적 입장이 존재하곤 하는데, 대부분 양 극단의 이분법적인 사고에서 도출된 주장이기 때문에 미래의 변화를 예견하는 과정에서 비교적 단순한 사고를 유발하는 오류를 범하곤 한다. 따라서 인간이라는 개념으로 배척했던 비인간,[1] 동물, 기계, 괴물, 자연 등과의 관계를 재설정하는 비판적 시각을 견지하는 포스트휴먼 담론을 선별해 낼 필요가 있다.[2]

가령 1990년대 말 포스트휴먼을 정의하면서 선도적 역할을 했던 캐서린 헤일즈Katherine N. Hayles의 경우, '포스트휴먼'이라는 명명 과정에서 휴먼/포스트휴먼 시대를 엄격히 구분할 수 없다고 본다. 역사적인 맥락 속에서 다양한 지형이 교차하는 가운데, 이 두 체계가 서로 공존하기 때문이다. 그의 저서 제목에는 바로 이러한 사유가 반영되었다고 (『우리는 어떻게 포스트휴먼이 되었는가』에서 흔히 생각할 만한 미래형 동사가 아니라 과거형으로 쓴 점) 설명하면서, 인간 종의 미래에 관한 포스트바이올로지 관점과 연관된 종말론적인 태도 역시 비판하려는 의도도 담겨 있다고 덧붙인다(Hayles, 1999 : 6). 헤일즈에게 '포스트휴먼'은 전통적인 인간관의 소멸 내지는 해체 과정, 인간성의 새로운 버전이 생성되는 과정의 다른 이름인 것이다. 이 글은 바로 이러한 관점에 공감하면서, 이를

1 브뤼노 라투르Bruno Latour는 비인간성(사물, 대상 혹은 야수)이 근대성의 탄생과 밀접하게 연관되어 있다고 설명한다. 이때 "근대성은 종종 인간주의라는 용어로 정의되곤 한다. 인간의 탄생을 찬양하거나 인간의 죽음을 선언하는 두 가지 방식 중 하나로." 라투르, 『우리는 결코 근대인이었던 적이 없다』, 홍철기 옮김, 갈무리, 2009, 49쪽.

2 기술애호주의적 입장을 지지하는 대표적 인물로 한스 모라벡, 레이 커즈와일, 닉 보스트롬, 호세 코르데이로, 케빈 워익, 스텔락 등이 있으며, 이들을 트랜스휴머니스트라 지칭하기도 한다. 기술혐오주의적 입장의 대표적 인물로는 프랜시스 후쿠야마, 위르겐 하버마스가 있다. 반면 탈근대적 사고의 흐름 속에서 '인간'을 둘러싼 새로운 패러다임을 제시하고자 하는 인물로는 브뤼노 라투르, 미셸 세르, 이브 미쇼, 피에르 카수 노게, 도나 해러웨이, 캐서린 헤일즈, 앤드류 피커링, 캐리 울프, 닐 배드밍턴, 엘레인 그레이엄 등을 들 수 있다. 포스트휴머니즘 담론은 활발히 생성 중인 담론이기에 미처 언급되지 못한 연구가들이 있음을 밝혀 둔다.

'포스트휴머니즘'[3]이라 부르고자 하며, 프랑스의 문학 작품 『어느 섬의 가능성』(2005)을 통해 현 시점에서 우리가 접할 수 있는 포스트휴머니즘적 상상력에 대해 생각해 보고자 한다.

2. 포스트휴머니즘과 문화 재현물

'포스트휴머니즘' 담론은 기술혁신과 사회 변화의 밀접한 관계를 인식하는 전통 속에 자리하고 있는데, 이전의 기술과학을 둘러싼 담론과 비교하자면, "기술이 새로운 형태의 노동, 여가, 사회 구조를 만들고 변화를 이끌었다는 차원을 넘어 인간과 다른 존재들와의 경계가 변하지 않는 견고한 것이라는 생각을 흔들어 놓았다"(Graham, 2002: 2)는 점을 차별성으로 꼽을 수 있을 것이다. 인간과 동물, 기계 사이의 경계, 인공적인 것과 자연적인 것, 태어난 것과 만들어진 것, 현실과 가상 사이의 경계를 재검토하면서, 인간 본성이라고 믿고 있었던 단단한 고정 관념을 흔들고, 몸과 마음의 관계를 달리 생각해 보는 것이다.

포스트휴먼을 둘러싼 글쓰기와 이야기는 영미권의 학자들이 선도하는 분야이긴 하지만, "프랑스에서도 문학, 영화, 만화, 회화, 미디어 아트, 퍼포먼스 등 예술 분야를 중심으로 포스트휴머니즘과 밀접하게 연관된 현상"(Lambert, 2009: 22)을 발견할 수 있다. 사실 우리가 실제 삶을 영위하고 있는 현 시점에서 포스트휴먼을 목격하는 일은 일반인에게는 거

3 독일의 포스트휴머니즘 연구가 슈테판 헤어브레히터Stefan Herbrechter의 경우, 이 글에서 지향하고 있는 포스트휴머니즘을 '비판적 포스트휴머니즘'이라 지칭하며 휴머니즘에 관한 비판적 사유를 강조하고 있다. "기술의 도전뿐만 아니라 인간중심주의를 비판적으로 다루는 것이 중요하다. 인간 종족을 역사의 결과로 바라보며 휴머니즘을 이데올로기적인 격정으로 이해하고, 나아가 이 두 가지를 상호 비판적으로 대립시키는 포스트휴머니즘이 바로 비판적 휴머니즘이다." 『포스트휴머니즘』, 김연순 · 김응준 옮김, 성균관대학교출판부, 2012, 18쪽.

의 불가능할 것이다(혹시 특정 최첨단 실험실에서 포스트휴먼의 가능성을 조금이나마 엿볼 수는 있을지라도 말이다). 그럼에도 불구하고 포스트휴먼의 형상과 유형이 완전히 낯설지만은 않을 텐데, 왜냐하면 그동안 수많은 SF 장르에 등장한 예언적 존재가 있기 때문이다. 현재의 예상과 기대를 미래에 투영하는 작업이기도 한 SF의 상상력은 이브 미쇼Yves Michaud에 따르면 "철학자나 전문가보다도 더 독창적이고 신선한 사유를 포함하고 있다"(Michaud, 2006 : 123).

재현 양상은 문화적 지각 방식을 설계한다고 해도 과언이 아니며, 특히 SF는 현재와 미래를 매개하는 역할을 수행한다고도 할 수 있다. 다시 말해 "기술과학의 혁신을 다루는 재현은 객관적 · 중립적인 묘사가 불가능하므로 기술이 인간에게 무엇인지에 관한 질문을 통해 이러저러한 특정 담론을 구축"하는 과정(Graham, 2002: 25)이라 하겠으며, 내러티브 구조 및 기호의 조직화로 의미를 만들어 간다는 것이다. 실제로 현실에서의 구체적인 경험에 기반을 두지 않더라도 '과학 허구'[4]는 과학적 논리, 추론 과정, 창작자의 상상력의 총합으로 탄생된다. 게다가 단순히 과학의 미래 발전상 혹은 기술의 적용 가능성을 예견하는 역할뿐만 아니라, 분명 창의성과 독창성이 돋보이는 예술 장르로서 자리매김한다고 할 수 있다. 또한 어떤 경우에는 사회 · 정치적으로 대단히 일관성 있는 체계를 구축하면서 윤리적, 철학적, 과학적인 사유의 발단이 되는 '가능성의 세계'를 제시하는 중요한 역할을 한다.

이러한 맥락에서 (영미권뿐만 아니라) 프랑스의 포스트휴머니즘 연구

4 일반적으로 Science Fiction은 공상과학이라 번역하기도 하고, 과학소설이라 번역하기도 하는데, 미래에 실현 가능한 과학적인 사실을 토대로 관객의 상상력을 자극하는 특성을 드러내기에는 '공상과학'이란 용어가 적합하지 않다는 판단에 따라 또한 소설 장르에만 국한되지 않고 영화, 애니메이션, 만화 등 다양한 예술 장르에 분포되어 있다는 점을 감안하여 이 글에서는 필요에 따라 '과학 허구'란 단어를 사용하거나 혹은 SF라고 지칭하기로 한다.

가들 역시 SF 작품을 분석하면서 그 안에 내재되어 있는 이데올로기, 패러다임, 세계관, 인간과 비인간(동물, 복제, 기계, 로봇, 컴퓨터 등)의 관계 등을 살펴보고 있다. 이 글에서 주의 깊게 살펴볼 작품의 저자 미셸 웰벡Michel Houellebecq[5] 역시 다음과 같이 SF 문학에 대한 평가를 내린 바 있다. "SF 문학은 인간성, 인간의 관습, 지식, 가치 나아가 인간이란 존재 자체를 제대로 조망할 능력이 있다. SF 문학은 철학적 문학(용어의 가장 정확한 의미로서)이며, 또한 미래 사회의 삶과 풍경을 묘사한다는 점에서 시적인 문학이기도 하다"(Houellebecq, 2002: 76).

이제 SF에 투영된 생각의 구조를 관찰하면서 장차 맞이할 미래 변화의 징후에 관한 포스트휴머니즘적 글쓰기와 읽기가 무엇인지 진단해 보고자 한다.

3. 기술과 인간의 관계에 관한 내포: 향상, 파괴, 변모 그리고 사색

필자는 선행 연구[6]에서 SF 영화에 내재된 기술과 인간의 관계에 관한 내포를 크게 세 범주로 정리한 바 있다. 이 글에서는 선행 연구에서 다루지 않았던 '사색'이란 범주를 추가하고자 하는데, 연구를 심화시키려는 의도에서 이미 논의된 바 있는 '향상', '파괴', '변모'의 범주는 간단하게

5 웰벡Houellebecq이라는 필명은 작가를 키워준 할머니의 처녀 시절 성에서 따온 것이다. 한국어 번역본에는 우엘벡으로 표기하고 있으나 프랑스에서 발음되는 것을 기준으로 할 때 '웰벡'이 적합한 표기라고 판단되며, 이와 같은 견해는 김명숙의 의견을 따른 것이다(「미쉘 웰벡의 『소립자』: 종말 인식과 다층적 글쓰기」, 『외국문학연구』 43호, 2011, 38쪽. 하지만 Michel은 외래어 표기법에 따라 미셸로 표기한다).

6 이수진, 「영화의 접속 기표와 포스트-휴머니즘 재현: 인간과 기계의 관계에 관한 내포 연구」, 『기호학 연구』 32집, 2012, 197–219쪽.

개념만 제시하고자 한다.

첫 번째 내포 '향상'은 기술을 사용하는 인간을 무엇인가 결핍된 존재로 설정하고, 기술을 통해 신체적 혹은 정신적 우월성, 심리적 만족감, 경제적 풍요를 누리게 되는 서사 구조를 취한다. 다시 말해, 기술이 인간의 부족한 부분을 보충해 줄 것이라는 기술결정론과 기술애호주의적 관점이 내재하는 것인데, 즉 '결핍된 인간'이 기술의 도움을 받아 '향상'된다는 것이다. 이는 미래 사회를 향한 낙관론과 진보주의와도 연관지을 수 있다.

두 번째 내포 '파괴'는 기술혐오주의적 관점이 내재하는 경우인데, 극도로 발전한 기계가 인간을 수단화하거나 파괴하는 지경에 이를지 모른다는 공포를 강조하는 경우이다. 기계와의 관계를 부정적인 것으로 간주하고 기계에 종속되지 않는 인간을 선호한다. 따라서 기존 담론에서 이야기되는 인간다움, 즉 타인을 향한 이해와 배려, 생명 존중, 사랑 등을 지키기 위해, 혹은 인간이 파괴되는 것을 막기 위해 역으로 기계를 파괴한다. 결국 파괴 범주는 비관론과 보수주의 입장을 견지한다.

세 번째 내포 '변모'는 새로운 경험을 통해 인간이 변화하는 경우에 해당하며, 기술 사용의 결과보다는 과정을 강조하고, 이때 일반적으로 혼란, 고통, 각성 등을 포함한다. 이러한 맥락에서 변모의 내포를 가진 작품은 첫 번째와 두 번째 내포 범주, 즉 기계를 상대로 긍정적이거나 부정적인 결말을 이끌어 내는 이분법적인 패러다임과 달리, '기계를 통한 경험과 인간에게 일어나는 변화'를 강조한다.

물론 이 세 가지 범주는 한 작품에서 기술과 인간의 관계를 설정하는 맥락에 따라 둘 이상의 내포가 공존하기도 하며, 그뿐만 아니라 진행에 따라 한 범주에서 다른 범주로 이동하기도 한다. 하지만 '향상'과 '파괴'를 각각 혹은 함께 내포한 경우, 진정한 의미의 포스트휴머니즘적 글쓰기라고 명명하기는 어렵다. 왜냐하면 포스트휴머니즘의 기본 입장은 인간과 비인간의 편 가르기를 해체하고, 기술을 인간의 중요한 구성 요소 혹은 공존해야 하는 동반자적 공생 관계로 인식하기 때문이다. 반면 세 번째 범주인 변모는 기계를 타자로 간주하고 배척하기보다는 환경으로 인식하고, 주고받음 속에서 달라지는 인간의 모습을 제시한다는 점에서 포스트휴머니즘 글쓰기에 가깝다고 할 수 있다.

요컨대 향상과 파괴의 범주는 대부분 근대적 휴머니즘에 입각한 이원론을 굳건히 하면서, 인간을 중심에 두고 주변의 위치에 기술을 대치시킨 뒤, 그 경계를 굳건히 하는 접근이라고 볼 수 있으며, 여기에는 주체와 타자라는 이분법적인 분리가 강하게 내재한다. 이런 종류의 작품에서 '기술'과 '미래'는 소재일 뿐, 관심은 허황되게 기술의 발전을 과장하는 오직 볼거리에만 있고, 미래에 관한 진정한 고민은 보이지 않는다. 이와 달리 변모의 범주는 전통적인 인간관의 소멸 내지는 해체 과정, 나아가 '다른 인간되기'에 관한 글쓰기라 할 수 있다.

변모의 내포와 유사하지만, 기술이 인간을 변화시키는 과정에 초점을 맞추기보다 기술을 매개로 인간이 스스로에 관해 사유하는 과정이 서사의 핵심인 경우를 네 번째 범주 '사색思索'[7]으로 지칭하고자 한다. 이 범주에 속하는 경우 인간의 자기동일성에 관한 고민이나 인간 사회를 향한 비판이 대표적인데, 나는 누구인가, 인간임은 무엇을 의미하는가, 인간 사회를 유지해야 하는 이유는 무엇인가, 인간과 비인간을 구별하는 기준은 무엇인가, 인류의 지속 가능성은 반드시 필요한가 등의 철학적 질문

7 '사색'이란 용어는 "프랑스의 포스트휴먼 이야기들을 사색적인 문학"이라고 정의한 데서 영감을 얻었으며, 이는 미국의 SF 작가 로버트 하인라인Robert A. Heinlein의 'speculative fiction'이라는 표현에서 기인한다. 참조: Hervé-Pierre Lambert, *op. cit.*, p. 23. SF의 사색적인 면모에 대해서는 웰벡 자신도 『어느 섬의 가능성』의 주인공을 통해 언급하고 있다. "인류 문명의 멸망은 적어도 초기 단계에서는 20세기 말부터 여러 SF 작가들이 진단했던 것과 아주 유사했다. [……] 몇몇 출판물은 그 점에서 놀라운 통찰력을 보이고 있다"(432쪽). 이 글에서 인용하는 『어느 섬의 가능성』은 열린책들에서 2007년 발행한 번역본을 지칭하며, 원전의 뜻을 좀 더 잘 전달하기 위해 번역을 수정할 수도 있을 것이다.

과 직결된다고 할 수 있다.

우선 1980년대 이후의 SF 영화에서만 몇몇 사례를 개략적으로 들어 보자면, 복제 기술을 통해 등장한 나와 동일한 '또 다른 나'의 존재(가령 〈아일랜드〉(2005), 〈문〉(2009)), 유전자 조작으로 달라진 신생 인류(〈가타카〉(1997), 〈어느 섬의 가능성〉(2007)[8]), 인공지능과 로봇공학이 결합하여 탄생한 인간과 거의 완벽히 유사한 존재들(〈블레이드 러너〉(1982), 〈A. I.〉(2001)) 혹은 가상 시스템 기술로 주입된 기억이나 정체성의 문제(〈토탈 리콜〉(1990, 2012), 〈매트릭스〉(1999, 2003), 〈소스 코드〉(2011)) 등을 열거할 수 있다.

사색의 내포는 변모의 내포와 더불어 "기술과 인간의 혼종적 경향이 풍부하며, 환경과의 상호 작용을 통해 새롭게 구성되는 인간을 드러내려 한다. 또한 미리 주어진 몸과 공동체를 전제하는 것이 아니라, 기존에는 결코 경험하지 못했던 시공간 세계에 적응하면서 새로운 육체성과 새로운 정체성에 관해 생각하게 만드는 환경을 제안한다"(이수진, 2012: 213). 특히 사색의 내포에는 "기술이 단순한 도구 수준을 넘어 인간 존재를 구성할 능력을 포함한 철학적 관점"이 포함되어 있으며(Graham, 2002: 7), 이러한 맥락에서 웰벡이 언급한 SF문학이 철학적 문학이 될 수 있는 지점을 명확히 드러내는 부분이라 하겠다.

4. 『어느 섬의 가능성』의 서사 구조와 '인간'에 관한 사색

『어느 섬의 가능성』은 미셸 웰벡의 전작 『소립자』(1998)에서 이미 제

8 미셸 웰벡 본인이 감독한 동명의 영화.

시된 복제라는 소재를 발전시킨 작품으로서 '노화로 인해 인간 육체가 점점 쇠약해지는 것에 대한 두려움과 고독감'을 신랄한 어조로 서술하고 있다. 웰벡은 뜨거운 논란의 중심에 있는 프랑스의 현대 작가로서, 그만큼 비평과 독자들의 반응도 호불호가 극명하게 나뉘고 있지만, 포스트휴머니즘 연구가들에게는 포스트휴먼적 상상력을 문학적으로 재현한 몇 안 되는 프랑스 작가 중 한 명이기도 하다.

『어느 섬의 가능성』은 "복제, 기술 발전, 인간과 기계의 혼종, 자연과 인공의 혼종 등이 현재와 비교할 수 없을 정도로 급속도로 증가할 미래 사회의 이야기를 다루고 있기는 하지만 오히려 존재론적인 차원의 주체"(Chassy, 2002: 174)의 문제를 사유하는 작품이라 할 수 있다. 웰벡은 전작 『소립자』에서뿐만 아니라 『어느 섬의 가능성』에서도 현대 서구 문명을 비관론적이고 종말론적인 입장에서 관찰하며, 21세기 동시대를 살아가는 현생 인류가 멸망하는 혹은 이미 멸망한 상황을 설정하고 있다. 가령 『소립자』의 결말 부분은 (근대적 주체로서의) 인간의 죽음을 말했던 푸코의 저 유명한 구절 "인간은 바닷가 모래사장에 그려놓은 얼굴처럼 사라질지 모른다"(푸코, 2012: 526)를 연상시키는데, 웰벡의 작품에서 인류의 멸종은 그리 놀랄 만한 재앙처럼 다뤄지지 않는다. "최후 인간들이 사라지는 순간에 인류를 향한 마지막 존경을 표시하는 일은 합당한 것으로 여겨진다. 존경 역시 결국엔 시간의 모래 속에 사라지고 소멸될 것이지만, 적어도 한 번은 존경을 표할 필요가 있다. 이 책은 인간에게 바치는 것이다"(Houellebecq, 1998: 394).

웰벡에게 인류의 지속 가능성은 반드시 지켜야 할 과제 내지는 당연히 지속될 것이라는 믿음이라기보다는 오히려 "너희 중 영원한 삶을 누릴 자격이 있는 자, 누구인가?"(우엘벡, 2007: 10)라는 질문을 통해 함축적으로 상징되듯, 우리의 현재 상황에 대해 자문하게 만드는 테제라 하겠다. 즉, 현재 인간이 겪고 있는 한계, 지속되기 위해 필요한 조건 등에 관한 사유이며, 이는 인간 조건 혹은 존재의 고통에 대한 본질적인 물음과 연관된다.

『어느 섬의 가능성』은 이 사유를 신생 인류의 관점에서 진행시키는데, 현생 인류가 남긴 이야기를 해석하면서 인간이라는 것에 대해 생각하는 서사 구조를 취하고 있다. 주인공 다니엘1은 현생 인류의 마지막 세대이자 신생 인류의 유전자 원천으로서 독자가 가장 친밀하게 느낄 만한 대상이다. 그와 평행하게 다니엘1의 유전자를 복제, 조작하여 탄생한 '신인류' 다니엘24, 25가 있다. 이들은 선조 다니엘1이 쓴 일종의 자서전 '삶의 이야기'를 읽고 논평[9]을 남기는데, 『어느 섬의 가능성』은 바로 두 인류가 남긴 글들을 순행적으로 배열하는 통합체를 취한다. 다시 말해 독자와 동시대를 사는 다니엘1의 이야기 계열체와 지금으로부터 2000년 후 현생 인류와는 육체적으로나 정신적으로 매우 다른 신인류의 이야기 계열체 사이를 교차 운동하는 서사 구조이다. 일종의 서문,[10] 1부 다니엘24의 논평: 다니엘1-1/ 다니엘24-1/ 다니엘1-2/ 다니엘24-2[……], 2부 다니엘 25의 논평: 다니엘1-12/ 다니엘25-1/ 다니엘1-13/ 다니엘

9 책에 상세히 언급된 논평은 다니엘24와 25의 것에 국한되지만, 그들의 논평 중에 등장하는 몇몇 대목에서 다니엘2부터 23까지가 이미 기록한 노트의 존재(사이버 공간에 저장된 형태)를 충분히 짐작할 수 있다. 신인류의 논평은 그들 지도자의 가르침대로 신인류의 내부에 인간에 대한 혐오감을 기르려는 목적의 행위이며, 모든 접촉이 금지되고 육체 활동도 거의 없는 상태에서 정신 활동만을 지향하는 행위이기도 하다. 다니엘1의 삶의 이야기처럼 원전에 해당하는 이야기를 작성한 1세대는 엘로힘 교도인 경우가 대부분인데, 유전공학 연구를 통해 복제 인간을 열여덟 살의 성인 몸으로 만들어 영생에 도달할 수 있다는 가설을 지지하는 사람들이다. 그들은 대략 50세 정도의 나이에 본인의 재산을 엘로힘 교에 헌납하고 유전자를 제공한 후 언젠가 다시 태어날 날을 기대하며 자살한다. 다니엘1도 그 중 한 명이며, 다니엘24는 다니엘의 유전자를 복제하여 만든 24번째 생명체이다. 책에서는 1세대 이야기가 6174편이라고 밝히고 있는데, 이 숫자를 통해 신인류 역시 6,000여 명 정도라고 유추할 수 있다. 신인류는 현생 인류의 유전자 복제와 동시에 조작 과정의 결과물인데, 광합성 능력이 있는 식물처럼 인간 세포에 무기영양 능력을 추가하여, 태양 에너지, 물, 소량의 소금만 있다면 생존할 수 있고, 또한 소화 · 배출 기관이 몸에서 완전히 사라진 상태여서 조상의 유전자 코드가 남아 있긴 하지만 현생 인류와는 완전히 다른 존재이다.

10 원전에는 소제목이 전혀 없으나 편의상 필자가 명명한 것이다.

25-2[……], 3부 마지막 논평 그리고 에필로그.

사실 독자는 다니엘1의 삶이 동시대적이기에 매우 친밀하게 느끼지만, 서사 구조를 이해하고 나면 그 기록이 2000년 전 오래된 과거의 일이었음을 알게 된다. 이는 책 첫머리, 그러니까 서문에서 프로엑시온 XXI. 13 유닛에 거주하고 있는 〈나〉가 "미래인을 선도하기 위해 쓴 것"(우엘벡, 2007: 17)인데, "미래인은 우리가 이해하는 의미에서의 존재들이 아니다"(우엘벡, 2007: 18)라고 조금은 선문답 같은 문구를 통해 암시되고 있다.

대략적인 설명에서도 드러나듯 『어느 섬의 가능성』의 서사 구조는 독서의 진행 과정 중에 독자가 점진적으로 디제시스diegesis를 이해하는 일종의 발견의 재미를 제공하며, 특히 작품 초중반까지 시간적인 배경이나 현생 인류가 멸망한 이유 혹은 신인류의 탄생 배경에 관한 구체적인 설명이 없어 약간은 모호한 상태로 독서를 지속할 수밖에 없다(작품의 중간 지점, 다니엘1-16에 이르러서야 독자는 왜 주인공이 엘로힘 교와 교류한 사실을 상세히 설명했는지, 다니엘24는 어떤 모습을 가진 신인류인지, 신인류가 살고 있는 세계는 어떤 모습인지 실마리를 찾게 되며 차츰차츰 전체 윤곽 틀을 머릿속에 그릴 수 있게 된다). 또한 다니엘1의 이야기 계열체는 충실한 사회 묘사와 현재 프랑스 사회를 비판하는 강한 어조를 통해 마치 발자크, 졸라와 동일선상에 놓인 소설처럼 생각되기도 하는 반면, 신인류의 이야기 계열체는 인간과의 거리두기를 통해, 정체를 알 수 없는 '괴이한' 존재, 기술과학의 영향, 더불어 인류 이후 혹은 신인류의 세상을 유추하게 만드는 단서를 제공하며 SF 문학으로서의 존재감을 과시한다. 나아가 이 두 계열체는 모두, 앞서 강조했던 것처럼 노화, 관계, 욕망, 사랑, 감각, 절망, 고통, 공포, 고독 등 '인간'을 둘러싼 것들에 대해 사유하게 한다.

5. 1인칭 내러티브, 동일시 그리고 현생 인류와 신인류의 경계 허물기

다니엘1의 이야기 계열체는 일종의 자서전 형식인데, 노쇠로 인한 고통을 더 이상 감당하기 어려운 시점에 이르자 자신의 삶을 정리하는 차원에서 과거의 경험을 재구성하는 글쓰기라 하겠다. 이는 곧 '기억'과 동일시된다. 웰벡은 언어를 매개로 인지적 · 감성적인 기억들을 기록한 것이 곧 개성에 해당한다고 보며, 이는 어찌 보면 '자아'에 해당하는 것이기도 하다. "만약 기억이 보존되지 않는다면 복제 인간이 무엇을 통해 자신이 부활하여 영원히 사는 존재라고 확신할 수 있을까?"(우엘벡, 2007 : 134) 다니엘1이든 24, 25이든 모든 기록은 1인칭 관점의 내러티브이다. 이러한 맥락에서 『어느 섬의 가능성』은 독자를 사건을 구경하는 방관자가 아닌 등장인물의 내면을 아주 가까이서 관찰하고 공유하는 참여자로 만든다.

인간이 비인간과 구분되는 특성을 '언어로써 자기 표상을 할 수 있는 능력'으로 규정한다면, 인간이 자신에 대한 이야기를 통해 나와 타자를 구분하고 스스로를 정의한다고 볼 수 있을 것이다. "우리 인간은 말로써 내러티브를 구성하는 능력을 통해 자신을 보호하고 통제하고 정의한다. 특히 우리 자신이 경험한 것, 우리 자신이 누구인가를 이야기함으로써 외부 세계와 구별한다"(Dennett, 1989 : 169). 과거의 경험을 연대기적으로(17세에 시작하여 50세 즈음까지) 이야기하는 다니엘1은 어떻게 희극작가로 성공하고 돈을 벌었으며, 사랑하는 여인을 만나고 이별하고, 외로움에 방황했으며, 신흥 종교에 관심을 갖게 되었고, 25세 이상 차이나는 여인과 사랑하고 이별했는지에 관한 사건을 서술하기도 하지만, 그보다는 자기 비하, 사랑의 부재, 노쇠, 고독 등에 관한 본인의 생각을 상세히 설명하는 데 중점을 두고 있다.

> 내가 더는 견딜 수 없었던 것은 〈웃음〉, 웃음 그 자체, 인간의 얼굴을 변형시키는, 한순간에 그 얼굴에서 모든 자긍심을 앗아가 버리는 그 갑작스럽고 격렬한 이목구비의 뒤틀림이었다. 인간이 웃는 것은, 인간이 동물계에서 안면의 끔찍한 변형을 공공연히 드러내는 유일한 존재인 것은, 인간이 동물 본성의 이기주의를 넘어 〈잔인성〉의 최고이자 지옥의 단계에 도달한 유일한 존재이기 때문이다(다니엘1-4, 우엘벡, 2007 : 62).

> 섹슈얼리티가 사라지는 순간 타인의 몸이 출현해 어렴풋이 적대적인 현존을 드러낸다. 그것은 소리, 움직임, 냄새들이다. 더는 만질 수도 접촉을 통해 신성화할 수도 없는 그 몸의 현존이 서서히 불편함으로 변해 간다. 불행하게도 이 모든 것은 잘 알려져 있다. 다정함의 실종은 언제나 에로티시즘의 실종 뒤에 곧바로 이어진다. 순수한 관계, 영혼의 고상한 결합이란 없다. 이와 비슷할 수 있거나 암시적인 방식으로 그것을 상기시킬 수 있는 것 역시 전혀 없다. 육체적 사랑이 사라지면 모든 것이 사라진다. 깊이 없는, 지루한 짜증이 이어지는 나날을 채운다(다니엘1-6, 우엘벡, 2007 : 75).

> 나는 그녀가 입을 여는 순간 그것을 확신했다. 나는 조금도 놀라지 않았다. 그것은 예상했던 먹먹한 충격의 메아리 같았다. 나이 차이는 마지막까지 남은 금기였고, 다른 모든 금기를 대체해 버릴 만큼 더욱더 강한 금기, 넘지 말아야 할 마지막 선이었다, 현대인은 스와핑, 양성애자, 성도착자, 동물성애자, SM, 뭐든 될 수 있었다. 하지만 〈늙은이〉가 되는 것만은 금기였다. [……] 나는 늙어가는 남자였다. 나에겐 바로 〈추함〉이 있었다(다니엘1-15, 우엘벡, 2007 : 213).

위 세 단락은 모두 다니엘1이 40대가 되면서 겪게 된 심적인 고통을 드러내는 부분으로서, 그에게 접촉의 상실, 사랑의 부재는 곧 노쇠로 인한 추한 육체와 연결되고, 인간의 아름다움은 언제나 젊음과 맞물려 있다. 특히 1인 개인의 삶, 소가족 시스템으로 운영되는 도시의 삶에서 다른 사람들과의 관계가 점점 소원해지는 결정적 이유를 노화로 들고 있다. 그가 겪는 고통은 단연 21세기 우리의 고통을 반영한다. 요컨대 다니엘1은 자기 비하와 불만, 비관주의자인 현대인이다.

여기에서 혹시 웰벡이 제시한 '40대'가 노화나 죽음을 논하기에 아직 이른 나이라 생각하는 독자를 위해 조금만 더해 보자. 50?, 60?, 70? 과연 우리는 숫자에 따라 '늙는다'는 공포를 느끼는 시작점이 달라질까? 서른아홉 살 여자는 마흔한 살 여자와는 다르게 나이 든다는 생각을 절대 안 할까? 마흔여덟 살 남자는 쉰다섯 살 남자보다 노후 대책에서 자유로울까? 정도의 차이는 있겠으나, '젊다'라고 지칭되는 일정 정도의 나이를 넘어서는 순간, '늙음'에 대한 공포가 시작되는 것은 아닐까? 바로 이 공포가 웰벡에 따르면 기술과학의 힘에 의존하게 되는 근본적 배경이라 하겠다.

다니엘1의 내면 고백을 읽고 있자면, 바이오테크놀로지를 다루는 수많은 SF 작품에서 언급하는 '영생'이 생명을 연장하고 싶은 욕망의 투영이라기보다는 오히려 늙고 싶지 않은, '늙어서 버려지고 싶지 않은' 절규의 다른 이름이라는 생각을 하게 된다. 노쇠에 따른 정신적 고통이 견딜 수 없을 만큼 가혹한 나머지 자살을 선택하는 사회, 몸은 늙어가지만 욕망은 젊은 그대로인 상태를 위해 개발되는 노화 방지 약품들로 가득 찬 사회, 노인들이 보살핌 부족으로 더위에 혹은 추위에 신음하며 죽어가는 사회 등 우리가 현재 경험하는 현대 사회의 단면을 조금만 더 과하게 밀고 나가면 일련의 SF 작품이 제시하는 미래 사회와 유사한 단계, 즉 디스토피아적 상황에 이르게 되는 것이다. 바로 이러한 맥락에서 『어느 섬의 가능성』의 독자는 유전공학과 복제 인간에 관한 '근거 없는' 부정적인 선입견을 잠시 제쳐두고, 좀 더 긍정적으로 검토할 자세를 갖출 수도 있을 것이다. '현생 인류가 당면한 불행과 고통을 해결할 수준에서 기술과학의 발전이 작용한다면……'이라는 가정을 다니엘1의 내면 고백을 통해 이해해 본다는 것이다.

그렇다면 기술과학의 발전이 인류에게 더 이상 늙지 않아도 되는 구원을 보장한다면 과연 평온한 삶을 누리게 될 것인가? 일반적으로 영생을 약속하는 SF 작품이 유토피아를 꿈꾸게 하는 경우, 미래 사회에서 경험할 만한 인류의 고통은 이야기되지 않는다. 단지 현재의 불행이 사라질 그날을 상정하는 경우가 대부분이다. 하지만 『어느 섬의 가능성』은 서사 구조적으로 다니엘1의 이야기 뒤에 곧바로 이어지는 다니엘24, 25 신인류의 이야기 계열체를 통해, 다니엘1, 즉 현생 인류의 관점에서 제시한 가정의 반대편에서 다시 한 번 사유를 시작한다.

신인류의 논평 활동은 경험적인 본인의 삶 대신 선조의 기록을 읽고 생각하고 흔적을 남기는 메타 글쓰기에 해당하는데, 보호 방책으로 둘러싸인 기지 내부의 각각 작은 방 안에서 다른 존재와의 접촉이 전혀 없는 가운데 행하는 거의 유일한 생명 활동이다(신인류의 수명이 다하는 순간 다음으로 복제된 후임이 논평을 지속한다). 신인류의 지도자들은 자살률, 기후 변화, 전쟁 등으로 인해 거의 멸종 단계에 이른 인간의 약점을 찾아내어 같은 실수를 반복하지 않기 위해 논평을 통한 거리두기를 장려하는 것이다.

> 유전적으로 다니엘1의 후예이기 때문에 물론 나는 그와 똑같은 생김새, 똑같은 얼굴을 가지고 있다. 표정도 대부분 유사하다(비사회적인 환경 속에

서 살아가는 내 표정이 당연히 훨씬 더 제한되어 있지만). 그러나 그가 〈웃음〉이라 부르는, 특징적인 킥킥거림이 동반되는 그 갑작스러운 표정의 일그러짐을 흉내내는 것이 나에게는 불가능하다. 그 메커니즘을 상상하는 것도(다니엘24-4, 우엘벡, 2007 : 64).

언급한 단락은 다니엘1이 웃음이라는 소재로 인간을 비하한 대목에 대한 다니엘24의 논평이다. 이처럼 상당수의 논평이 다니엘1이 이야기한 내용에 대해 신인류의 의견을 덧붙이거나 그간 논평되었던 내용을 비교하여 핵심을 언급한다든지 하면서, 신인류의 감정이나 생각을 엿볼 수 없는 어조의 서술이 대부분이다. 하지만 작품이 진행될수록 신인류의 계열체 분량이 점진적으로 증가하고 서서히 신인류의 삶과 죽음을 직접적으로 끌어들이는 부분이 등장한다.

모든 신체적 접촉의 실종과 함께 진행된 인류에서 신인류의 이행은 그 존재론적 기본 소여를 조금도 바꿔놓지 못했다. 인간과 마찬가지로 우리 역시 〈개인〉이라는 신분으로부터, 그에 동반되는 무거운 고독으로부터 해방되지 못했다. [……] 모든 집단이 사라지고 모든 부족이 흩어진 오늘날, 우리는 서로 고립되어 있다는 것을 안다. 비슷한 존재라는 것 역시. 그러나 우리는 서로 결합하려는 욕망을 상실했다(다니엘24-10, 우엘벡, 2007 : 143).

노화가 우리에게는, 마지막 시기의 인간들에게 그랬던 것과 같은 비극적인 성격을 띠지는 않지만, 그렇다고 고통이 아예 없는 것은 아니다. 그 고통은 우리의 기쁨이 그렇듯 크게 완화되었다. [……] 정신적 투영 역시 사라진다. 이제 아마 몇 분 정도 남았을 것이다. 나는 아주 가벼운 슬픔 외에는 아무것도 느끼지 않는다(다니엘24-11, 우엘벡, 2007 : 166, 170).

질투, 욕망, 그리고 생식 욕구는 똑같은 기원을 가지고 있다. 그것은 바로 존재의 고통이다. 우리로 하여금 미봉책으로 타인을 찾아다니게 만드는 것이 바로 그 존재의 고통이다. 존재한다는 단순한 사실 그 자체로 기쁨의 항구적인 기회를 구성하는 단계에 도달하기 위해서는 고통의 상태를 넘어서야 한다. 또한 이 단계는, 존재를 구성하는 것이 아닌, 중간자로서 자유롭게 즐길 수 있는 하나의 놀이에 불과한 것이다. 한마디로 말해, 우리는 완벽한 평온을 얻을 수 있는 가능성의 조건인, 무관심의 자유에 도달해야만 한다(다니엘25-11, 우엘벡, 2007 : 366).

마리23의 출발은 예상했던 것 이상으로 날 흔들어 놓았다. 나는 그녀와 대화를 나누는 것에 익숙해져 있었다. 그것이 사라지자 내 내부에 슬픔, 결핍과 유사한 것이 생겨났다. [……] 우리는 주어진 것들의 베일, 그것의 성벽에 에워싸인 것처럼 살아간다. 하지만 우리는 우리의 선택에 따라 그 베일을 찢을 수도, 그 성벽을 깨부술 수도 있다. 아직 인간적인 우리의 몸은 다시 살 준비가 되어 있다. 마리23은 우리 공동체를 떠나기로 결정했다. 그것은 자유롭고 돌이킬 수 없는 출발이다(다니엘25-13, 우엘벡, 2007 : 381).

다니엘1의 24번째 복제 생명체가 죽은 뒤, 실험실에서 성인의 몸으로 태어나 바로 빈 자리를 채운 다니엘25는 사이버 공간에서 접속하던 마리23의 이탈을 접한 뒤 심정적 변화를 경험한다. 차후 이 변화는 내재화된 다니엘1의 기억과 얽히면서 결과적으로 다니엘25의 변화를 이끄는데 결정적 역할을 하게 된다. 신인류는 인간이 경험했던 존재의 고통에서 벗어나고자 그 어떤 욕망과 감정에도 휘둘리지 않는 삶의 방식을 선택했다고 할 수 있다. 하지만 아무런 자극도 없고, 접촉도 없고, 감정도 없는 단조로운 혹은 평온한 삶을 반복하는 신인류 중에서 몇몇은 인간이 강렬하게 경험했던 열정을 열망하게 된다. 바로 이 지점이 앞서 언급했던 현 시대의 불행이 사라진 경우 만나게 될 다른 방식의 불행에 대한 『어느 섬의 가능성』이 던지는 문제 제기라 할 수 있다.

마침내 다니엘25는 기지 밖을 나선다. 다니엘1과 다니엘24, 25의 논평 사이를 왔다 갔다 한, 길었던 '작용과 반작용의 움직임'은 끝이 나고, 다니엘25 신인류의 모험이 시작된다. 여기에서 필자가 앞서 제시했던 변모의 내포를 상기할 수도 있을 것이다. 물론 기술과 환경의 상호 작용을 통해 인간이 변모하는 범주와 다르기는 하지만, 오랜 사색의 과정을 통해 변모라는 결과를 도출한다는 점에서 연관성을 찾아볼 수도 있을 것이다.

사실 『어느 섬의 가능성』은 현생 인류와 신인류의 경계를 확실히 분리하면서 시작했다. 현생 인류를 파괴한 요인으로 노쇠, 욕망, 사랑을 들고, 이와 같은 존재의 고통을 사라지게 한 삶 속에 신인류를 위치시킨다. 접촉이 부재하고, 따라서 직접적인 관계와 사랑도 부재하는 삶, 모든 사회적인 삶이 없기에 욕망이나 감정 역시 느끼지 못하는 삶, 소화와 배설기관이 사라진 몸, 노쇠하기 전에 없어지는 몸, 즉각적으로 대체되는 젊은 몸 등 신인류는 현생 인류가 겪었던 고통의 이유가 애초부터 배제된 세계에 존재한다. "신인류의 삶은 쾌락이나 고통과는 거리가 먼 평온하고 이성적인 것을 지향했다. 하지만 다니엘25의 출발 자체가 그것이 실패했다는 것을 증언한다"(우엘벡, 2007: 458). 다시 말해 신인류의 슬픔은, 현생 인류는 겪어 보지 못한 삶의 조건에서 발생하는 단조로움과 무기력에서 기인하는 것이다(물론 그 슬픔의 정도를 비교할 수는 없지만). 작품 종반부에서 신인류는 현생 인류가 가졌던 특성 중에서 가려움, 답답함, 상쾌함 등 몸이 주는 다양한 감정을 다시 살게 되고, 의지, 결단, 인내 등 자아를 가진 인간으로서 경험해야 할 상황을 겪게 되고, 변화하는 환경에 맞닥뜨리면서 이미 목록으로 작성된 도식으로부터 멀어져 매 순간 선택과 불안을 동시에 경험한다.

이제 멸종해 가는 현생 인류의 특성과 자신의 삶을 살기 시작한 신인류의 특성이 교차하는 지점, 다시 말해 인간의 특성 중 복원되는 몇몇 가치를 알아보게 된다. 슬픔, 외로움, 희망, 그리고 특히 사랑, 이 가치를 통해 현생 인류와 신인류의 경계는 허물어진다. 이러한 맥락에서 『어느 섬의 가능성』의 마지막 부분에 나오는 '향연'의 한 구절 "우리의 옛 본성이 우리가 완벽한 하나를 이루는 그러한 것이기 때문이다. 그것이 바로 욕망, 사랑이라 불리는 모든 것에 대한 추구이다"(우엘벡, 2007: 461)를 해석할 수 있으며, 다니엘1이 죽기 바로 직전 남긴 시의 한 구절(이 시를 읽고 마리23이 신인류의 거주지를 이탈했다고 언급된다, 우엘벡, 2007: 420) 역시 유사한 의미로 이해할 수 있다.

> 나는 알아야만 했다.
> 삶이 가진 최고의 것을,
> 두 개의 몸이 행복으로 연주할 때
> 끝없이 결합하고 다시 태어날 때.
>
> 전적인 의존에 맡긴,
> 나는 안다. 존재의 떨림을
> 사라지는 망설임을,
> 비스듬히 내리쬐는 태양
>
> 그리고 사랑, 모든 것이 쉽고
> 모든 것이 순간에 주어지는,

시간 한가운데 존재한다.

어느 섬의 가능성이.

6. 나오는 말: 포스트휴머니즘적 상상력과 문학적 재현

『어느 섬의 가능성』은 기술과학이 일으킨 변화와 미래 세상, 나아가 신인류에 대한 부정 혹은 긍정으로서의 가치 평가를 작품의 중심에 두지 않는다. 현 시점의 예상과 생각으로 미래 사회를 향한 비관론이나 낙관론을 주장하지도 않는다. 기술이 인간을 구원하리라는 기술애호적 관점과 기술의 발전이 인간을 파괴할 것이라는 기술혐오적 관점도 모두 지양한다. 또한 SF 장르에서 흔히 발생할 수 있는 상업성을 향한 욕심, 즉 미래 사회를 현란하게 꾸며내어 대중의 호기심을 자극하지도 않는다. 사건의 진행을 빨리 하여 액션을 강조하거나 스펙터클한 장면을 연출하지도 않는다.

이 작품은 오히려 느리다. 사색적이며 내면을 지향한다. 1인칭 관점에서 내러티브를 축조하면서 등장인물에 동일시하게 만들기도 하지만 한편으로는 일관된 거리두기를 통해 독자로 하여금 외부의 입장에서 지켜보게 한다. 현생 인류가 사라진다면 그럴 수밖에 없을 이유를 상정해 보고 독자에게 판단할 수 있는 기회를 제공한다. 신생 인류가 등장한다면 그 존재는 과연 고통 없는 완벽한 유토피아를 경험할 것인가의 문제를 고려하고 이에 대해 판단할 기회 역시 독자에게 제공한다. 낙관론이든 비관론이든 그 어떤 입장에도 치우치지 않는 중간자적 자리에서 기술이 발전해 가는 방향의 흐름을 좇아서, 인간이라는 존재에 대해 옹호할 것과 비난할 것을 똑같이 펼쳐 보인다.

여기에서 인간이란 지켜야 할 그 무엇이 아니다. 다만 그 모든 세월과 장애와 변화에도 불구하고 여전히 회귀하는 지점이 '사랑에 대한 열망'이라는 한 가지 명제를 제시할 뿐이다. 혹자는 『어느 섬의 가능성』이 결국 최고의 가치로 삼는 것이 또다시 사랑이라며 비난할 수도 있을 것이다. 그러나 사랑을 소중히 여긴다고 폄하할 자격은 그 누구에게도 없다. 대신 SF 장르의 잠재성을 충분히 활용하여 4000년이란 긴 세월을 배경으로 한 방대함, 혹은 현생 인류와 신생 인류 모두 공평하게 동일시할 수 있도록 각각의 삶의 조건을 상세하면서도 설득력 있게 제시한 상상력을 인정해야 할 것이다.

만약 『어느 섬의 가능성』이 포스트휴머니즘적 글쓰기라 할 수 있다면, 이는 바로 우리가 이 책의 독서 이전에는 생각할 수 없었던 기술과학과 인간의 관계를 사유하게끔 되었기 때문이며, 나아가 '인간'의 개념을 둘러싼 유연한 입장을 접했기 때문일 것이다. 그리하여 인간의 삶이 지배자로서가 아니라 다른 존재와 공생하는 협력자로서 더 확장되고, 더 다양한 가능성을 내재하는 미래를 꿈꿀 수 있기 때문일 것이다. 더 다양한 포스트휴머니즘적 글쓰기가 등장하기를 열렬히 기대해 본다.

참고 문헌

김명숙, 「미쉘 웰벡의 『소립자』: 종말 인식과 다층적 글쓰기」, 『외국문학연구』 43호, 2011.

라투르, 브뤼노, 『우리는 결코 근대인이었던 적이 없다』, 홍철기 옮김, 갈무리, 2009.

우엘벡, 미셸, 『어느 섬의 가능성』, 이상해 옮김, 열린책들, 2007.

이수진, 「영화의 접속 기표와 포스트-휴머니즘 재현: 인간과 기계의 관계에 관한 내포 연구」, 『기호학연구』 32집, 2012.

푸코, 미셸, 『말과 사물』, 이규현 옮김, 민음사, 2012.

헤어브레히터, 슈테판, 『포스트휴머니즘』, 김연순·김응준 옮김, 성균관대학교 출판부, 2012.

Chassy, Jean-François, "Apocalypse scientiste et fin de l'humanité: *Les particules éléments* de Michel Houellebecq," *Discours Social/Social discourse*, vol. vii, 2002.

Clark, Andy, *Natural-Born Cyborgs*, Oxford: Oxford University Press, 2003.

Clement, Murielle Lucie (éd.), *Michel Houellebecq sous la loupe*, Amsterdam: Rodopi, 2007.

______, *Humain, ou presque: Quand science et littérature brouillent la frontière*, Québec: Presses de l'Université du Québec, 2010.

Dennett, Daniel C., "The Origins of Selves," *Cogito* 3, 1989.

Graham, Elaine L., *Representations of the post/human*, New Jersey: Rutgers University Press, 2002.

Hayles, Katherine N., *How we became posthuman*, Chicago: The University of Chicago Press, 1999.

Houellebecq, Michel, *Les particules élémentaires*, Paris: Flammarion, 1998.

______, "Sortir du XXe siècle," *Lanzatore et autres textes*, Paris: Librio, 2002.

______, *La possibilité d'une île*, Paris: Fayard, 2005.

Kurzweil, Ray, *The Age of Spiritual Machine*, London: Orion, 1999.

Lambert, Hervé-Pierre, "La version française de l'imaginaire posthumain," *Stella, Revue de langue et littérature françaises*, 2009.

______, "La Guerre planétaire apocalyptique dans la version française de l'imaginaire posthumain: Houellebecq, Dantec et Bordage," *Nouvelles Etudes Francophones automne*, 2009.

Michaud, Yves, *Humain, inhumain, trop humain*, Paris: Flammarion, 2006.

Tanguay, Daniel, "De l'impasse nihiliste à l'utopie biogénétique," *Argument* numéro 3 vol 1, Presses de l'université Laval, 2001.

골렘, 인간과 비인간 사이의 경계에 선 존재: 파울 베게너의 무성영화 〈골렘〉에 나타난 인간 창조의 현대적 재해석*

천현순

1. 들어가는 말

중세 연금술로 탄생된 호문쿨루스Homunculus, 근대 자동시계 태엽으로 만들어진 자동 인형, 현대 공학 기술로 제작된 인공지능 로봇에 이르기까지 인간은 각 시대마다 그 시대의 첨단 과학 기술을 이용하여 자신을 닮은 피조물을 끊임없이 창조해 오고 있다. 인간의 자기 창조에 대한 욕망은 기술이 발전할수록 더욱더 정교해지고 있는 것을 관찰할 수 있다. 중세 호문쿨루스에서 현대 인공지능 로봇에 이르기까지 인간은 왜 이처럼 자신의 형상을 닮은 피조물을 창조하는 것일까? 생물학 이론에 따르면, 생물은 본능적으로 자신을 닮은 존재를 만들어 보존하려는 욕망을 지니고 있는데, 이를 위해 생식이라는 수단을 통해 자기 복제를 실현

* 이 글은 『브레히트와 현대연극』 제28집(2013년 2월)에 실린 논문을 수정 · 보완한 것이다.

한다는 것이다. 영국의 진화생물학자 리처드 도킨슨Richard Dawkins은 이를 유전자의 특징으로 설명하고 있다. 도킨슨에 따르면, 유전자를 몸 속에 지니고 있는 생물은 자신을 닮은 존재를 남기기 위해 온갖 수단을 시도하는데, 이는 근본적으로 생물 속에 들어 있는 "이기적 유전자" 때문이라는 것이다.

그러나 과학 기술의 발전에 힘입어 인간은 단순히 생물학적인 자기 복제의 차원을 넘어서서 이를 생물 외적인 차원으로까지 확대시키려는 욕망을 끊임없이 추구해 오고 있다. 역사적으로 탄생된 호문쿨루스, 자동인형, 로봇, 안드로이드, 인공생명 등과 같은 존재들이 이에 속한다. 여기서 한 걸음 더 나아가 오늘날 인공지능 기술, 복제 기술, 유전자공학, 로봇공학 등과 같은 첨단 과학 기술에 힘입어 인간은 외형적으로 자신과 더 이상 구분되지 않는 '새로운 인간 종'을 만들어 내려는 욕망을 실현하고자 한다. 이를 통해 제기되는 가장 근본적인 문제는 이들 피조물은 과연 인간에게 어떤 존재인가라는 존재론적인 물음이다. 인간에 의해 창조된 인간의 피조물은 인간인가, 혹은 인간이 아닌가? 역으로 이러한 피조물의 창조는 인간이란 무엇이고, 인간과 비인간 사이의 경계는 과연 무엇인가라는 근본적인 문제를 제기한다.

우리는 여기서 인간 창조의 가장 오래된 형태에 속하는 골렘Golem을 구체적인 실례로 들어 인간과 골렘 사이에서 제기되는 근본적인 문제를 성찰해 보고자 한다. 골렘 창조에 대한 논의는 중세 유대교 신비주의 전통에서 본격화되었으며, 이후 근대에는 민간 전설로 유포되었다. 20세기 초 골렘은 문학이나 영화 등 대중매체에서 인기 있는 소재로 차용되어 널리 보편화되기 시작했다.

이 글에서 살펴보고자 하는 독일의 영화감독 파울 베게너Paul Wegener의 무성영화 〈골렘, 그는 어떻게 세상에 나왔는가*Der Golem, wie er in die*

Welt kam〉(1920)[1]는 지금까지 크게 두 가지 시각으로 분석되어 왔다. 하나는 지그프리트 크라카우어Siegfried Kracauer에 의한 정치적 시각이며, 다른 하나는 로테 아이스너Lotte H. Eisner에 의한 표현주의적 예술로서의 시각이다. 크라카우어는 그의 『칼리가리에서 히틀러까지』(1947)에서 베게너의 영화를 정치적인 관점에서 황제와 랍비 뢰브, 즉 지배자와 피지배자 사이의 갈등 구조로 파악하고 있다. 크라카우어의 견해와는 달리, 아이스너는 그녀의 『마적 스크린』(1955/1975)에서 베게너의 영화를 표현주의 영화의 전통선상에서 보고 있다. 이러한 시각적인 차이에도 불구하고, 크라카우어와 아이스너에게서 관찰되는 공통점은 이들이 모두 골렘을 부차적인 소재로 제시하고 있다는 점이다. 이와 달리, 이 글은 골렘에 초점을 두어 베게너의 영화를 현대적인 시각에서 재해석하고자 한다. 21세기 현대에 들어와서 골렘 소재가 다시 주목을 받는 이유는 최첨단 과학 기술의 발전에 힘입어 로봇, 안드로이드, 인공생명 등과 같은 인조 인간의 등장이 그 어느 시대보다 활발히 논의되고 있기 때문이다. 과학 기술의 급진적 발전에 따라 미래에는 로봇, 안드로이드, 인공생명 등과 같은 인조 인간의 출현이 더욱 보편화될 것이고, 이로 인해 인간은 필연적으로 이들과 더불어 살아가야만 하는 포스트휴머니즘 시대를 맞이하게 될 것이다. 이 글은 따라서 포스트휴머니즘적 관점에서 인간과 골렘 사이의 경계 문제에 주목하고자 한다.

우리는 여기서 크게 세 부분으로 나누어 골렘 소재를 살펴보기로 하자. 우선, 중세 유대교 신비주의 전통에서 현대 문학 작품에 이르기까지 골렘 창조의 의미가 시대적으로 어떻게 변화되어 왔는지를 추적해 보기로 하자. 이어 두 번째 부분에서는 베게너의 영화에서 골렘 전설이 어떻

1 이하 〈골렘〉(1920)으로 표기.

게 차용되고 있으며, 여기서 달라진 점과 공통점은 무엇인지를 심층적으로 살펴보기로 하자. 마지막으로 세 번째 부분에서는 골렘의 현대적 변형인 휴머노이드 로봇의 의미에 대해 살펴보고, 이러한 인조 인간의 창조가 오늘날 우리에게 시사하는 바가 무엇인지를 인문학적으로 성찰해 보기로 하자.

2. 인간 창조 및 골렘 전설

'골렘'은 원래 히브리어로 '아직 완성되지 않은 덩어리'를 말한다. 골렘이 인간에 의해 창조된 피조물로서 언급되기 시작한 것은 대략 12세기 말 유대교 신비주의자들이 성경의 창세기와는 다른 방식으로 세계 창조를 다룬 이론서인 『창조의 서書』를 해석하면서부터이다(Mraćek, 2004: 29). 이들은 『창조의 서書』를 해석하는 과정에서 아브라함이나 다른 현자들이 이 책을 바탕으로 골렘 형상을 만들어 인간을 창조했다는 견해를 지지했다. 『창조의 서書』에 대한 주석서를 토대로 골렘 창조는 유대교 신비주의 전통에서 중요한 제의적인 의미를 갖게 되었다. 골렘 의식에 참여하는 신비주의자들은 사람의 발이 닿지 않은 깨끗한 흙을 흐르는 물에 개어 진흙 형상을 만든 후, 22개의 히브리어 알파벳을 특별한 방식으로 조합하고 낭송하면서 진흙 신체에 생명을 불어넣었다. 유대교 전통에서 언어는 곧 하나님의 신성함이 담긴 기호 체계로 이해되었으며, 이러한 언어의 조합을 통해 인간을 창조해 낼 수 있다고 보았다. 이처럼 골렘 의식에서 골렘 창조는 하나님의 인간 창조를 재현하는 기능을 했으며, 12, 13세기까지 골렘 창조는 언어를 통해 정신적인 부활을 체험하게 하는 신성한 제의를 의미했다.

그러나 15, 16세기 근대에 들어오면서 골렘 창조에 내포되었던 제의적인 의미는 사라지고, 골렘은 전설의 형태로 변형되어 민간 사이에 전파되기 시작했다. 민간 전설에서 골렘은 더 이상 신비로운 대상이 아니라, 실제로 살아서 움직이는 인간의 하인으로 인식되었다. 이처럼 민간 전설에서 골렘이 인간의 하인으로 간주되었던 까닭은 중세부터 전해져 내려오던 자동 인형 전설, 연금술, 마술 등과 같은 이야기가 골렘 창조에 덧붙여지면서 전파되었기 때문이다(Volker, 1994: 431). 중세에서 근대로 넘어가면서 골렘 창조는 종교적인 의미에서 세속적인 의미로 그 성격이 변화되었다.

근대부터 민간들 사이에 전파되었던 골렘 전설은 크게 두 가지 유형으로 나뉘는데, 하나는 폴란드 헬름 전설이고, 다른 하나는 체코 프라하 전설이다. 이 두 가지 유형의 골렘 전설은 모두 16세기에 활동했던 랍비들을 다루고 있는데, 폴란드 헬름 전설은 랍비 엘리야후 발쉠에 관한 이야기이며, 체코 프라하 전설은 랍비 뢰브에 관한 이야기이다.

우선, 폴란드 골렘 전설에 관한 내용을 살펴보면 다음과 같다. 폴란드 전설에서 골렘은 아교나 점토로 만들어졌으며, 하느님을 뜻하는 '쉠 하메포라쉬'라는 문자를 통해 생기를 부여받았다. 골렘은 비록 말은 하지 못했지만, 인간의 말과 명령을 이해했으며 인간의 하인으로서 온갖 집안일을 도맡아 했다. 골렘은 처음에는 아주 작았지만, 점점 덩치가 커져서 모든 이를 능가하게 되었다. 이에 두려움을 느낀 사람들은 골렘의 이마에 새겨진 진리를 뜻하는 'emeth'에서 글자 'e'를 지워 죽음을 뜻하는 'meth' 상태로 남게 했다. 그러면 골렘은 다시 점토로 되돌아갔다. 폴란드에 랍비 엘리아스라 불리는 발쉠이라는 사람은 어느 날 골렘을 창조했는데, 골렘이 너무 커지는 바람에 그의 이마에 새겨진 글자를 지울 수 없게 되었다. 그래서 랍비 엘리아스는 골렘에게 그의 장화를 벗기라고 명령하자, 골렘은 몸을 굽히게 되었다. 이때 랍비는 재빨리 골렘의 이마에서 글자 'e'를 지워 다시 점토가 되게 했다. 그러자 점토로 변한 골렘 형상이 의자에 앉아 있던 랍비에게로 떨어져 그를 압사시키고 말았다. 폴란드 전설에 들어 있는 이러한 파국적인 결말로 인해 골렘은 인간에게 해를 입히는 괴물로서 인식되기 시작했다. 이에 대해 유대 종교학자 게르숌 숄렘Gershom Scholem은 "과거 골렘 이미지에는 전혀 없던 무시무시함이 이로 인해 이 형상에 따라붙게 된다"라고 언급한다(Scholem, 1960: 257).

폴란드 골렘 전설은 19세기 초 프라하 게토 지역에 유입되었고, 여기에 덧붙여 이 지역에 실제로 생존했던 랍비 뢰브에 관한 이야기가 생성된 것으로 보인다. 프라하 골렘 전설에 관한 내용은 다음과 같다. 오래전 프라하 게토 지역에 랍비 뢰브라 불리는 유대교 신비주의자가 살고 있었는데, 어느 날 그는 유대인을 보호하기 위해 진흙으로 인간 형상을 만들었다. 랍비 뢰브가 진흙 형상의 머리 뒤쪽에 하나님을 뜻하는 글자가 새겨진 양피지를 집어넣자, 진흙덩어리는 사람의 모습이 되어 온갖 집안일을 도맡아 했다. 유대인 게토 지역에서는 그를 랍비 뢰브의 골렘이라고 불렀다. 랍비 뢰브는 금요일 저녁마다 골렘의 머리에서 양피지를 빼냈는데, 그러면 골렘은 일요일 아침까지 그의 원래 모습인 진흙덩어리가 되었다. 어느 날 랍비 뢰브는 이 일을 잊은 채 유대교 회당으로 예배를 보러 갔다. 그러자 골렘은 미친 듯이 날뛰기 시작했고, 이에 놀란 부녀자들이 회당으로 달려와서 랍비 뢰브에게 이 사실을 알렸다. 랍비 뢰브는 황급히 집으로 돌아가서 미친 듯이 날뛰는 골렘의 머리에서 양피지를 빼내자, 골렘은 다시 진흙덩어리가 되었다. 이때부터 프라하 지역에서는 금요일 저녁마다 안식일을 위한 찬양가를 두 번 불렀다고 한다. 폴란드 전설에서 골렘이 점토로 변한 뒤 그의 창조자를 파멸시켰다면, 프라하 전설에서 골렘은 유대인 공동체에 위협을 가한 뒤 그의 창조자에 의해 다시 진흙덩어리로 돌아가는 것으로 끝을 맺고 있다. 이러한 서로 다른 결말에도 불구하고 폴란드 전설과 프라하 전설에서 나타나는 공통점은 골렘의 이중적인 성격이다. 골렘은 한편으론 인간의 하인으로서 온갖 집안일을 도맡아 하며, 다른 한편으론 인간을 위협하는 괴물로서 인식되었다.

민간에 떠돌던 골렘 전설이 문학적 소재로 정착하기 시작한 것은 무엇보다도 야콥 그림Jacob Grimm이 1808년 「은둔자를 위한 신문」에 골렘 전설을 발표하면서부터이다. 이 신문에 실린 골렘 전설이 일반들에게 널리 알려지면서 독일에서는 골렘을 소재로 한 다수의 문학 작품이 발표되었다. 아힘 폰 아르님Achim von Arnim의 『이집트의 이사벨, 카를 황제 5세의 첫사랑』, 에. 테. 아. 호프만E. T. A. Hoffmann의 『비밀』, 루트비히 티크Ludwig Tieck의 『허수아비』 등이 그것이다. 낭만주의 작가들 사이에서 골렘은 종종 도플갱어 모티브로 사용되었다.

이후 골렘 소재는 20세기 초 현대 작가에 의해 새로운 조명을 받게 되었다. 아르투르 홀리처Arthur Holitscher의 드라마 〈골렘〉(1908), 구스타프 마이링크Gustav Meyrink의 소설 『골렘』(1915), 유다 로젠베르크Juda Rosenberg의 소설 『골렘과 더불어 일어난 랍비 뢰브의 기이한 사건들』(1920) 등과 같은 작품이 이에 속한다. 골렘 소재는 문학에서뿐만 아니라, 이 시기에 새롭게 등장한 영화에서도 주목을 받기 시작했다. 20세기 초 신낭만주의 및 표현주의의 영향을 받아 골렘 소재는 민간 전설에서 유포되던 것과는 달리 크게 두 가지 성격으로 묘사되었다. 골렘은 한편으론 마이링크의 소설에서처럼 신비적이고 환상적인 도플갱어로 묘사되었으며, 다른 한편으론 홀리처의 드라마 작품에서처럼 인간이 되고자 하는 골렘의 비극적인 측면이 강조되었다(Schönemann, 2003: 91). 이 가운데 흥미로운 것은 홀리처의 드라마 작품인데, 이 작품에서 골렘은 랍비 벤 나붐에 의해 창조된 영혼이 없는 피조물로 그려지고 있다. 랍비의 딸은 인간의 명령에 무조건 복종하는 골렘을 사랑하여 그에게 인간처럼 말을 할 수 있는 능력을 일깨워 준다. 그러나 랍비가 골렘과의 사랑을 거부하자, 그녀는 스스로 죽음을 선택한다. 골렘은 감정을 지닌 인간이 되고자 열망했으나 랍비의 딸이 죽자, 고통당하는 인간이 되기를 포기하고 다시 진흙덩어리로 되돌아간다. 여기서 주목할 점은 현대에 들어오면서 골렘에 대한 새로운 시각이 제시되고 있다는 점이다. 즉, 현대에 들어오면서 골렘을 통해 인간이란 무엇이고, 인간다움의 경계는 무엇인지에 대한 근본적인 문제가 제시되고 있음을 알 수 있다.

이 글에서 살펴보고자 하는 무성영화 〈골렘〉(1920)에서 베게너는 골렘 소재를 통해 종교적인 측면보다는 오히려 인간에 의해 착취당하는 골렘의 비극적인 측면에 초점을 맞추고 있음을 알 수 있다. 다음 절에서 우리는 베거너의 영화에 묘사된 골렘의 특징을 심층적으로 살펴보고, 이를 통해 골렘 소재가 21세기 최첨단 과학 기술 시대를 살아가는 우리에게 근본적으로 제기하는 문제가 무엇인지를 성찰해 보기로 하자.

3. 파울 베게너의 골렘, 인간과 비인간 사이의 경계에 선 존재

파울 베게너는 1906년부터 독일의 저명한 연극 연출가 막스 라인하르트Max Reinhart가 이끄는 독일극장에서 연극배우로 활동했다. 이어 1913년 덴마크 출신의 영화감독 슈텔란 리에Stellan Rye가 제작한 〈프라하의 대학생〉에 처음으로 등장하여 영화배우로 활동하기 시작했다. 〈프라하의 대학생〉을 통해 베게너는 영화에 지대한 관심을 갖게 되었고, 이후 영화감독으로 활동하여 여러 편의 영화를 제작했다. 베게너가 초기에 제작한 영화의 특징은 전설, 동화, 신화 등에서 소재를 취해 환상적이고 신비로운 분위기를 연출할 뿐 아니라 그림자, 거울상, 도플갱어, 인형, 요정 등과 같은 소재를 주로 다루고 있다는 점이다. 이로써 그의 초기 영화는 19세기 말부터 독일을 중심으로 활발히 전개되기 시작한 신낭만주의적인 분위기를 띠고 있다는 점이 특징이다. 베게너의 초기 영화의 환상적이고 신비로운 분위기는 예를 들어 〈산신령의 결혼〉(1916)에서 산신령과 숲속 요정의 사랑 이야기, 〈게으름뱅이 나라의 한스 트루츠〉(1917)에서 게으름뱅이 나라에서 지내는 가난한 농부의 이야기, 〈쥐잡이〉(1918)에서 마술피리를 불어 도시의 쥐들을 몰아낸 가난한 악사의 이야기 등에서 잘 나타나고 있다.

우리가 여기서 살펴보고자 하는 베게너의 영화 〈골렘〉(1920)은 시기적으로 신낭만주의에서 표현주의로 넘어가는 과도기적인 특색을 띠고 있다. 베게너의 영화는 이로써 환상적이면서 동시에 표현주의적인 분위기를 띠고 있다는 점이 특징이다. 영화에서 표현주의적인 분위기는 특히 빛의 효과와 독특한 건축물을 통해 표현되고 있다. 예를 들어 밤하늘에 반짝이는 별들, 화덕에서 타오르는 불꽃, 박공이 달린 뾰족 지붕, 좁고 굽은 골목길, 소라고둥처럼 둥근 원형 계단 등이 이에 속한다.

베게너는 지금까지 총 3편의 골렘 영화를 제작했는데, 이는 골렘 소재에 대한 그의 지대한 관심을 잘 보여준다. 최초의 골렘 영화는 1914년에 제작된 〈골렘〉[2]이고, 두 번째 작품은 1917년에 제작된 〈골렘과 무희〉, 그

2 1914년에 제작된 베게너의 〈골렘〉 영화의 내용은 다음과 같다. 30년전쟁의 혼란 속에서 유실된 골렘 형상이 거리 공사 작업 중 우연히 발견된다. 골동품 상인인 한 유대인은 이것이 골렘임을 알아보고 사들인다. 그는 가난한 학자로부터 사들인 고대 서적에서 주문을 외어 골렘에게 다시 생명을 부여한다. 유대인은 골렘을 대장간에서 일하도록 할 뿐만 아니라, 젊은 백작을 사랑하는 그의 딸을 감시하

리고 세 번째 작품은 1920년에 제작된 〈골렘, 그는 어떻게 세상에 나왔는가〉이다.[3] 이 가운데 두 번째 작품인 〈골렘과 무희〉에서 골렘은 살아서 움직이는 존재가 아닌 생명 없는 인형으로 등장하고 있어서 나머지 두 작품과는 성격이 다르다. 베게너의 첫 번째 영화에서 골렘은 단순히 유대인의 딸을 감시하는 파수꾼의 역할로 묘사되고 있다. 이에 반해 1920년에 제작된 그의 세 번째 영화에서 골렘은 첫 번째 영화에서보다 좀 더 진화되어 자기 존재에 대해 슬퍼하는 감정을 지닌 존재로 묘사되고 있다.

1920년에 제작된 베게너의 영화 〈골렘〉은 앞장에서 살펴본 프라하 골렘 전설에서 소재를 취했음을 알 수 있다. 베게너는 프라하 골렘 전설을 체코 출신 배우이자 그의 부인인 리다 살모노바Lyda Salmonova가 권해준 체코 출신 작가 알로이스 지라섹Alois Jirásek이 쓴 작품을 통해 알았던 것으로 보인다. 그러나 영화에서 베게너는 프라하 골렘 전설을 액면 그대로 차용하기보다는 20세기 초라는 시대적인 맥락에서 골렘 소재를 새롭게 변용했음을 알 수 있다. 20세기 초 독일에서는 신낭만주의적 경향과 더불어 표현주의 영화가 보편화되면서 골렘 소재가 다시 주목을 끌기 시작했다. 20세기 현대에 들어오면서 골렘은 과거 민간 전설에서와는 달리 인간에 의해 착취당하는 비극적인 존재로 묘사되었다.

베게너의 영화는 골렘을 중심으로 크게 5막으로 구성되어 있다. 1막에서 랍비 뢰브는 점성술을 통해 유대인 게토 지역에 불운이 닥칠 것을 예

는 역할을 맡긴다. 어느 날 저녁 유대인의 딸은 백작을 만나기 위해 몰래 집을 빠져 나간다. 그러자 골렘은 유대인의 딸을 뒤쫓아 여름축제가 열리는 성 안으로 들어온다. 성 안에 있던 사람들은 모두 놀라 골렘에 맞서 대항하지만, 골렘의 무시무시한 힘을 막을 수는 없었다. 유대인의 딸과 백작은 골렘을 피하기 위해 성탑으로 올라가지만, 골렘은 이곳까지 따라온다. 여기서 유대인의 딸은 재빨리 골렘의 가슴에 달린 별 모양의 생명의 부적을 빼낸다. 그러자 생명을 상실한 골렘은 성탑 밑으로 떨어져 산산조각으로 분해된다.

3 첫 번째와 두 번째 작품은 모두 유실되었고, 현재까지 남아 있는 작품은 세 번째 작품뿐이다. 이 글에서 살펴보고자 하는 작품은 따라서 1920년에 제작된 〈골렘〉이다.

견하고, 유대인을 보호하기 위해 진흙을 빚어 골렘 형상을 만들기 시작한다. 2막에서 랍비 뢰브는 악령 아스타로트가 전해 준 진리를 뜻하는 'aemaet'라는 문자를 골렘의 가슴에 삽입하여 그에게 생명을 불어넣는다. 3막에서 골렘은 말은 하지 못하지만 인간의 말과 명령을 이해하며, 랍비 뢰브의 하인으로서 온갖 집안일을 도맡아 한다. 그러나 골렘은 랍비와 함께 황제가 베푸는 장미축제에 갔다가 한 여인이 건네준 장미꽃 향기를 맡고 감정의 변화를 일으킨다. 4막에서 골렘은 랍비 뢰브에게 반항하여 랍비의 집에 불을 지른 뒤 그의 딸을 이끌고 유대인 지역을 떠난다. 5막에서 골렘은 한 소녀의 천진난만한 실수로 인해 다시 원래의 모습인 진흙덩어리로 되돌아간다.

프라하 골렘 전설과는 달리, 베게너의 영화에서 가장 핵심적인 장면은 3막에서 골렘이 장미꽃 향기를 맡고 감정의 변화를 일으키는 것이다. 이러한 감정의 변화는 영화에서 골렘이 장미꽃 향기를 맡은 후 주위를 돌아보면서 슬픈 표정을 짓는 장면을 통해 잘 표출되고 있다. 이에 대해 베게너는 그의 시나리오 대본에서 다음과 같이 묘사하고 있다.

> 그때 그 아가씨는 마치 그를 [골렘을] 친절히 대하기라도 하는 듯이 성급히 그녀가 들고 있던 장미꽃을 그에게 내밀었다. 그러자 골렘은 천천히 장미꽃을 받아들고 높이 쳐들어 꽃향기를 맡았다. 그가 그것을 내려놓자, 그의 모습은 조용한 슬픔에 잠겼는데, 이는 마치 불쌍한 피조물이 기쁨과 고통으로 점철된 삶을 그리워하는 것처럼 보였다. 그리고 모든 이는 여기에 삶과 죽음의 피안 저 너머, 또 다른 어두운 순환에서 나온 구원받지 못한 한 형상이 서 있는 것을 느꼈다. 그것은 마치 다른 세상에서 나온 짧은 숨결과도 같았다(Wegener, 1921 : 46).

여기서 골렘은 우연히 한 여인이 건네준 장미꽃 향기를 맡고 본능적으로 생존에 대한 욕구를 갈망하며, 더 나아가 자신이 주변에 있는 인간들과는 다른 존재라는 사실을 지각하게 된다. 장미축제에서 골렘은 비로소 후각을 통해 감각 및 지각 작용의 활성화를 경험한다. 이로 인해 골렘은 자신의 실존적 상태를 인식하게 되고, 급기야 자신을 창조한 랍비 뢰브에게 반항심을 보이기 시작한다. 이어 4막에서 영화는 3막과는 대조적으로 랍비 뢰브가 마법의 책을 읽는 장면을 통해 골렘이 반항하는 원인을 다음과 같은 삽입구를 통해 보여준다.

> 네가 마법의 언어로 죽은 자를 살려냈다면, 너의 피조물을 조심해라! 천왕성이 혹성들의 집으로 들어서면, 아스타로트는 자신의 물건을 돌려줄 것을 요구한다. 그러면 죽은 진흙은 그의 창조자를 조롱하며 기만과 파괴를 꾀한다.

베게너의 영화는 여기서 골렘의 본질적인 속성을 크게 두 가지 측면으로 시각화하고 있다. 한 가지 측면은 골렘의 자기 진화를 통해 인간과 닮은 속성을 보여준다. 영화에서 골렘은 인간과 마찬가지로 진화 과정을 통해 자신의 실존적 상태를 인식하는 존재임을 드러낸다. 이로써 골렘은 기계적으로 주인에게 복종하는 하인의 역할에서 벗어나 자신의 삶을 찾아나서는 독립적인 존재로 발전해 간다. 또 다른 측면은 인간과는 달리 골렘은 마법의 힘에 의해 탄생된 존재임을 보여준다. 영화에서 골렘은 악령 아스타로트가 전해 준 언어를 통해 생명을 부여받았으며, 이로써 여전히 악령의 지배를 받는 마적 존재로서 제시된다. 베게너의 영화에서 골렘의 본성을 둘러싼 이러한 긴장 관계는 골렘의 양가적인 특성과 맞물려 복잡하게 묘사되고 있다. 즉, 골렘은 한편으론 인간처럼 슬픔, 분노, 기쁨을 지닌 감정적인 존재이면서, 다른 한편으론 말을 하지 못한다는 점에서 인간과는 다른 존재로 묘사되고 있다. 베게너의 영화에서 골렘은 인간이라기보다는 오히려 동물이나 기계에 가까운 존재로 그려지고 있다. 감정 능력은 있지만 언어 능력이 없다는 점에서 골렘은 동물에 가까우며, 또 생명의 부적을 통해서만 삶을 유지할 수 있다는 점에서는 기계에 가까운 존재이다. 이로써 베게너의 골렘은 인간적인 측면과 인간적이지 않은 측면, 즉 인간과 비인간 사이의 경계에 선 존재로 제시되고 있다.

베게너의 영화가 프라하 전설과 다른 점은 영화의 마지막 장면을 통해서도 잘 드러나고 있다. 영화의 마지막 장면에서 골렘은 그에게 사과를 내미는 한 소녀를 보고 웃으면서 그녀를 안아 올린다. 그러나 소녀가 그의 가슴에 부착된 생명의 부적을 빼내자, 골렘은 다시 진흙덩어리로 되돌아간다. 육각형의 다비드별은 골렘에게 생명을 부여하는 것이지만 어린아이에게는 신기한 장난감과도 같은 것이며, 진흙덩어리로 변한 골렘의 몸은 어린아이들을 위한 놀이 공간으로 이용된다. 골렘은 그의 창조자로부터 벗어나 자신만의 독립된 삶을 추구하려 하지만, 자신에게 주어진 생존 방식의 한계로 인해 결국 파멸하게 되는 비극적인 결말을 보여준다. 이런 점에서 베게너의 골렘은 인간에게 위협적인 괴물이라기보다는 오히려 인간에 의해 파멸당하는 비극적인 존재로 그려지고 있다. 이는 영화에서 골렘의 폭력성이 근본적으로 골렘 자체로부터 나오는 것이 아니라 오히려 그를 '목적적 수단'으로 이용하는 인간에 대한 분노에서 도출되고 있다는 점에서 알 수 있다.

프라하 전설과는 다른 영화적 장치에도 불구하고 민간 전설에서 베게너의 영화에 이르기까지 골렘의 묘사 방식에서 나타나는 공통점을 정리하면 다음과 같다.

첫째, 골렘은 언제나 인간의 하인으로 등장한다는 점이다. 민간 전설과 마찬가지로 베게너의 영화에서 골렘은 장작 패기, 물 긷기, 장보기 등 랍비 뢰브의 온갖 집안일을 도맡아 하는 하인으로 묘사되고 있다. 이로써 랍비와 골렘의 관계는 창조자와 피조물의 관계를 넘어서서 주인과 노예의 관계로 제시되고 있다. 근대에서 현대에 이르기까지 골렘이 이처럼 인간의 하인으로 등장하는 이유는 어디에서 기원하는 것일까? 숄렘은 골렘이 하인으로 등장하는 이유는 중세부터 전해져 내려오던 자동 인형 모티브에서 영향을 받았을 것으로 보고 있다(Scholem, 1960 : 254). 중세 때부터 유대인들 사이에서는 특히 고대 그리스 작가인 루치안Lukian von Samasata이 쓴 『거짓말쟁이 친구 혹은 불신자』가 크게 인기를 끌었다고 한다. 루치안의 작품에는 빗자루 위에 옷을 걸어놓고 주문을 외면, 빗자루가 사람의 모습으로 변해 온갖 집안일을 도맡아 하는 하인의 역할을 했다는 기이한 이야기가 나온다. 하인이 필요 없을 경우 다시 주문을 외면, 그는 다시 자신의 원래 모습인 빗자루로 되돌아갔다. 루치안의 이와 같은 이야기는 근대부터 민간 사이에 널리 퍼졌던 골렘의 특성과 매우 유사한 성격을 보여준다. 골렘이 이처럼 하인으로 등장하는 이유는 무엇보다도 노동에서 벗어나고자 하는 인간의 세속적인 욕망이 피조물에게 투영된 것으로 볼 수 있다. 즉, 골렘은 인간의 힘든 육체적 노동을 대체할 이상적인 보조 수단으로 간주되었다.

둘째, 골렘은 언제나 인간보다 크며 힘이 센 존재라는 점이다. 인간에 의해 창조된 피조물이 인간보다 강한 존재로 제시되는 이유는 무엇 때문일까? 골렘이 언제나 인간의 하인으로 제시되는 것처럼, 골렘이 인간보다 힘이 센 존재로 제시되는 것은 인간의 이기적인 목적이 반영된 것으로 보인다. 인간은 본래 나약한 존재로서 외부 세계로부터 자신을 보호해 줄 대상이 절실히 필요했으며, 이러한 대상은 필연적으로 인간보다 특별한 능력을 가진 존재여야만 했다. 이는 유대교 전설에서 골렘이 외부 세계로부터 유대인을 보호하기 위해 인위적으로 창조되었다는 것과 밀접히 연관되어 있다.

셋째, 골렘은 연속적인 생명을 보장받지 못한다는 점이다. 근대에서 현대에 이르기까지 골렘은 생사에 관한 결정권을 스스로 갖지 못하며, 오직 인간의 개입에 의해서만 살 수도 혹은 죽을 수도 있다. 골렘이 이처럼 연속적인 생명을 보장받지 못하는 이유는 무엇보다도 골렘이 인간보다 강한 존재라는 것과 밀접히 연관되어 있다. 골렘은 본질적으로 인간보다 특별한 능력을 가진 존재이기 때문에 언제든지 인간을 위험에 빠뜨릴 수 있다. 그렇기 때문에 골렘으로부터 인간을 보호하기 위해서는 골렘의 생명을 인간의 통제 하에 두는 것이 절대적으로 필요했을 것으로 보인다. 골렘의 신체 부위에 부착된 생명의 부적은 결국 골렘의 위협으로부터 인간을 보호하기 위해 만들어 낸 안전 장치와도 같은 것이다.

넷째, 골렘은 언제나 말을 하지 못한다는 점이다. 민간 전설과 베게너의 영화에서 골렘은 말을 하지 못한다는 점에서 인간과는 다른 존재로 취급되고 있다. 인간과 골렘, 즉 인간과 비인간 사이의 경계는 서구 유럽에서 기독교 전통 및 계몽주의 전통에 뿌리를 두고 있다. 기독교 전통에서 인간 창조는 특히 성경의 창세기에 다음과 같이 기록되어 있다. "야훼 하느님께서 진흙으로 사람을 빚어 만드시고 코에 입김을 불어넣으시니, 사람이 되어 숨을 쉬었다." 여기서 인간 창조에서 중요한 두 가지 요소는 바로 '진흙'과 '신의 입김'이다. 진흙은 인간의 형체를 이루는 물질적 요소이며, 신의 입김은 인간의 영혼을 이루는 정신적 요소이다. 이처럼 물질과 정신, 즉 육체와 영혼은 인간을 구성하는 결정적인 요소이다. 기독교 전통에서 인간의 정신 능력은 곧 언어 능력을 통해 표출되고 있으며, 이를 통해 인간은 세상에 존재하는 모든 피조물을 지배할 수 있는 권한을 부여받게 된다. 이와 유사하게 계몽주의 전통에서 인간과 비인간 사이를 구별해 주는 유일한 속성은 영혼에 있다. 르네 데카르트René Descartes는 그의 『방법서설』에서 이성적 영혼은 "우리를 인간으로 만들어 주고 짐승과 구별되게 해 주는 유일한 것"이라고 언급한다(데카르트, 1997: 147). 기독교 전통 및 계몽주의 전통에서 인간의 고유한 속성이 영혼에 있다면, 이와 달리 골렘은 영혼이 없는 존재이다. 골렘이 영혼이 없다는 것은 무엇보다도 그가 말을 하지 못한다는 언어 능력의 결여를 통해 표출되고 있다. 골렘은 성경의 창세기에 기록된 인간처럼 진흙으로 된 신체를 소유하고 있지만, 신의 입김이 제공되지 않은 미숙한 존재이다. 즉, 골렘은 인간을 이루는 결정적인 요소인 물질과 정신 가운데 물질적인 속성만을 지닌 불완전한 존재이다. 골렘이 이처럼 불완전한 존재로 취급되는 이면에는 기독교 전통 및 계몽주의 전통에 뿌리를 둔 인간과 비인간 사이의 이분법적인 사고 체계가 내재함을 알 수 있다.

4. 나오는 말: 골렘의 현대적 재해석

지금까지 살펴본 것처럼, 골렘은 시대의 흐름에 따라 그 의미가 변화되어 왔음을 알 수 있다. 중세 유대교 신비주의 전통에서 골렘 창조는 하나님의 인간 창조를 직접 체험하게 하는 신성한 제의를 의미했다. 그러나 근대에 들어서면서 골렘에 내포되어 있던 신비적인 요소는 사라지고, 골렘은 민간 전설로 유포되기 시작하면서 그 의미가 변화되었다. 즉, 골렘은 민간 전설을 통해 한편으론 인간에게 무조건 복종하는 하인으로서, 또 다른 한편으론 인간에게 위협적인 괴물로서 인식되었다. 골렘 소재는 이후 19세기 낭만주의 작가들에 의해 도플갱어 모티브로 사용되었다. 20

세기 현대에 들어서면서 골렘은 특히 표현주의의 영향을 받아 인간에 의해 착취당하는 비극적인 존재로 인식되기 시작했다. 이 글에서 살펴본 베게너의 영화는 근본적으로 이러한 시대적인 흐름과 밀접히 연관되어 있다.

베게너의 영화에서 골렘은 인간을 닮았을 뿐 아니라 인간의 명령에 복종함으로써 현대적인 의미에서 휴머노이드 로봇과 유사한 성격을 띠고 있다. 이에 대해 사이버네틱의 창시자 노버트 위너Norbert Wiener는 오늘날 "기계는 [……] 프라하 지역 랍비의 골렘에 해당하는 현대적 대체물이다"라고 언급한다(Wiener, 1965: 125). 아이러니컬하게도 베게너의 영화가 제작된 1920년에 체코의 극작가 카렐 차페크Karel Capek는 로봇을 주제로 한 드라마 작품 『로숨의 유니버설 로봇』을 발표했다. 차페크는 골렘 전설에서 로봇에 대한 영감을 받았다고 한다. 로봇은 원래 체코어로 노동을 뜻하는 '로보타'에서 유래한 단어로서 인간의 힘든 노동을 대신하는 기계를 의미한다. 베게너의 골렘이 인간에 의해 파멸당하는 인간보다 열등한 존재로 묘사되었다면, 이와 달리 차페크의 로봇은 인간을 파멸시키는 인간보다 우월한 존재로 그려지고 있다. 차페크의 작품을 통해 '로봇'이라는 신조어가 널리 보편화되었으며, 과학 기술의 발달에 따라 실제로 움직이는 다양한 로봇이 개발되기 시작했다. 인간의 신체와 행동을 모방한 휴머노이드 로봇은 1930년대 미국의 웨스팅하우스사社가 개발한 엘렉트로를 시작으로 일본의 혼다사社가 개발한 아시모, 국내 과학자들이 개발한 휴보 등 다양한 모습으로 개발되고 있다.

오늘날 휴머노이드 로봇은 이런 점에서 베게너의 골렘의 현대적 변형이라고 볼 수 있다. 베게너의 골렘과 현대 휴머노이드 로봇 사이의 유사점을 다음과 같이 정리해 볼 수 있다.

첫째, 로봇은 골렘과 유사하게 인간의 노동을 대신하기 위해 만들어진 도구이며, 이로써 인간을 돕는 하인의 역할을 수행한다는 점이다. 현대 로봇에서 관찰되는 이러한 측면은 특히 미국의 사이언스 픽션 작가인 아이작 아시모프Isaac Asimov가 제시한 '로봇 3법칙'을 통해서도 잘 드러나고 있다. 아시모프가 제시한 '로봇 3법칙' 가운데 제2법칙은 '로봇은 인간의 명령에 복종해야 한다'라는 원칙을 밝히고 있다. 아시모프의 '로봇 3법칙'은 오늘날에도 여전히 로봇 제작 기술에 활용되고 있다.

둘째, 로봇과 골렘은 모두 삶과 죽음의 경계를 넘나드는 탈경계적 존재라는 점이다. 베게너의 골렘은 언제든지 살 수도, 또 언제든지 죽을 수도 있는데, 이때 삶과 죽음을 결정짓는 것은 인간의 인위적인 개입에 의해서만 가능하다. 이와 유사하게 현대 로봇은 인간이 인위적으로 전기를 공급해 줌으로써 생명을 유지할 수 있다. 로봇에 부착된 전기 코드는 골렘의 가슴에 달린 생명의 부적과도 같은 것이다.

셋째, 골렘과 마찬가지로 로봇은 자기 진화를 통해 언제든지 인간에게 반항하는 존재로 변화될 수 있다는 점이다. 베게너의 골렘이 자기 진화를 통해 창조자에게 반항심을 보였던 것처럼, 오늘날 과학 기술의 발달에 따라 로봇의 진화가 빠르게 진행될 경우 인간의 명령에 무조건 복종하는 로봇이 어느 정도까지 가능할지는 의문이다.

베게너의 골렘은 인간을 닮았지만 인간처럼 말을 하지 못한다는 점에서 인간이 아닌 존재로 취급되었다. 이와 비교해서 현대 휴머노이드 로봇은 인공지능 기술에 힘입어 베게너의 골렘과는 달리 사고와 언어 능력이 가능한 '생각하는 기계'로 제시되고 있으며, 이로써 인간과 로봇 사이의 경계는 점점 더 모호해지고 있다. 계몽주의 이래로 지금까지 인간의 고유한 속성으로 제시되어 온 정신 능력은 이제 더 이상 인간에게만 적용되는 특성은 아니다. 언어 능력이 결여된 골렘과는 달리 인간처럼 스스로 생각하고, 말하고, 더 나아가 감정을 지닌 로봇이 제작될 경우, 우리는 과

언 로봇을 하나의 인간으로서 받아들일 수 있을까? 오늘날 휴머노이드 로봇과 연관해서 제기되는 근본적인 문제는 로봇은 인간에게 과연 어떤 존재인가라는 로봇의 존재론에 관한 물음이다. 현대 휴머노이드 로봇은 베게너의 골렘과 마찬가지로 인간이란 무엇이며, 인간과 비인간 사이의 경계는 과연 무엇인가라는 인문학적인 성찰을 요구하고 있다.

참고 문헌

데카르트, 르네, 『방법서설: 정신지도를 위한 규칙들』, 이현복 옮김, 문예출판사, 1997.

도킨스, 리처드, 『이기적 유전자』, 홍영남 · 이상임 옮김, 을유문화사, 2010.

Eisner, Lotte H., *Die dämonische Leinwand*, Frankfurt/M.: Kommunales Kino, 1975.

Kracauer, Siegfried, *Von Caligari zu Hitler. Eine psychologische Geschichte des deutschen Films*, Frankfurt/M.: Suhrkamp, 1999.

Mraćek, Wenzel, *Simulierte Körper. Vom künstlichen zum virtuellen Menschen*, Köln: Böhlau, 2004.

Wegener, Paul, *Der Golem, wie er in die Welt kam. Seine Geschichte in fünf Kapiteln*, Belin, 1921.

______, 〈Der Golem〉, DVD, Restaurierte Fassung mit neuer Musik, München: Transit Film, 2004.

Wiener, Norbert, *Gott & Golem, Inc*, Düsseldorf; Wien: Econ-Verlag, 1965.

Scholem, Gershom, "Die Vorstellung vom Golem in ihren tellurischen und magischen Beziehungen," *Zur Kabbala und ihrer Symbolik*, Zürich, 1960.

Schönemann, Heide, *Paul Wegener. Frühe Moderne im Film*, Stuttgart & London: Edition Axel Menges, 2003.

Volker, Klaus, "Nachwort," *Künstliche Menschen. Über Golems, Homunculi, Androiden und lebende Statuen*, Hg. von Klaus Volker, Frankfurt/M.: Suhrkamp, 1994.

포스트휴머니즘/포스트휴먼 관점에서 여성의 '몸' 향상 혹은 변형:
에이미 멀린스의 '패싱passing'을 중심으로

김은령

1. 들어가는 말

트랜스휴머니스트trnashumanist인 닉 보스트롬Nick Bostrom이 예언했듯이 미래에는 지금보다 더 기하급수적으로 발전하는 기술의 환경 속에서 인간과 기계의 낙관적인 결합과 융합을 통해 인간의 '향상enhancement'이 가능할지는 확신할 수는 없지만, 적어도 분명한 것은 현재 이미 우리 인간은 기술이 포화된 실존의 조건을 경험하고 있다는 것이다. 그리고 인간에 대한 혹은 인간의 몸에 대한 정의는, 포스트휴먼posthuman, 트랜스휴먼transhuman, 혹은 포스트휴머니즘posthumanism 등의 단어 속에서 재정의되고 있다. 이런 정의에 관여하는 기술이란 단순히 사물이나 도구로서의 기술의 경계를 넘어 우리가 인간the human이라고 정의하는 데 필요한 조건이며, 인간이 그것들과 맺는 관계에 대한 입장을 통해 트랜스휴머니즘transhumanism 혹은 포스트휴머니즘posthumanism이란 운동으로 구별되기도 한다.

그러나 인간과 기술의 존재론적 관계를 쉽게 정의될 수 없다. 캐리 울프Cary Wolfe가 인문학과 사회과학의 중요한 비평 담론 중 하나가 된 포스트휴머니즘을 정의하면서, 미셸 푸코Michel Foucault가 *The Order of the Things*에서 언급한 'man'의 등장과 끝을 인용하거나, 인간의 존재론적 자기 이해와 기술의 발전 문제에 대한 경쟁적 입장을 보여주는 트랜스휴머니즘과 포스트휴머니즘의 계보를 추적하는 이유는 이런 난관 때문으로 보여진다. 스티브 비어드Steve Beard 같은 학자는 포스트휴머니즘이란 것은 이론화될 필요도 없으며, 가능성 또한 없다고 주장하기도 한다. 'man'이란 이론화될 필요가 없으며, 기술문화와 소비주의의 관계가 이미 많은 작업을 해놓았기 때문에, 포스트휴머니즘이란 것도 거의 막바지에 이르렀기 때문에 'man'이란 것을 다시 거론할 여지가 없다는 이유에서이다. 그러나 인간에 대한 정의를 위해서는 비어드와 같은 입장은 미성숙하고 가벼워, 계보학적 추적이 불가피하게 되었으며, 우리는 어쩔 수 없이 ism 속에서 문화 예술의 실천들과 인간에 대한 정의를 해야 하는 상황에 처했다고 보는(Hassan, 1997: 830-850) 입장이 더 설득력을 가진다.

포스트휴머니즘 존재론 속에서 인간을 정의하려는 시도는 여러 학자에 의해 다분히 논쟁적인 문제를 야기시키면서 진행되고 있다. 포스트휴머니즘이 다르면서도 화해될 수 없는 정의들을 양산하고 있기 때문이다. 대표적인 연구자로 문학연구자에게도 익숙한 캐서린 헤일즈Katherine N. Hayles를 들 수 있다. 그녀는 자신의 대표 저서인 『어떻게 우리는 포스트휴먼이 되었는가*How We Became Posthuman?*』을 한스 모라벡Hans Moravec의 『마음의 아이들*Mind Children*』를 읽으면서 떠오른 "악몽nightmare"의 경험으로 시작한다(Hayles, 1999: 1). 모라벡의 이 책은 1988년 출판된 책으로, 미래학자이면서 트랜스휴머니스트인 그가 미래를 예견하고 있는 내용이다. 2030~2040년이 되면, 로봇이 하나의 '인공적 종artificial species'으로 탄생되기 시작할 것이라는 일종의 로봇 진화를 예견하는 시나리오라 할 수 있다.[1] 이런 책을 읽으면서, 헤일즈는 모라벡의 입장도 결코 자주적인 자율 주체를 포기한 것이 아니라고 결론짓는다(Hayles, 1999: 287).

헤일즈는 궁극적으로 기술로 의식을 디지털 환경 속으로 다운로드하려는 욕망 자체가 결국은 데카르트적인 이원론의 휴머니스트적 매트릭스에서 가져온 것이기 때문에 여전히 휴머니즘 오늘날 흔적이 지워진 '종말'의 상태는 아닌 것으로 파악하면서도 포스트휴먼이란 단어가 인간을 대신하는 것도 아니며, 인간 이후에 오는 것도 아니며, 결코 반인간적antihuman인 것도 아니라고 보고 있다. 헤일즈는 "어떻게 우리는 포스트휴먼이 되었는가"라는 제목에서 암시하듯, "우리We"라는 복수형을 사용함으로써 인간 모두가 처한 조건이라는 것을, 그리고 "became"이라는 동사의 과거 시제가 의미하듯 이미 포스트휴먼이 되었음을 천명함으로써 포스트휴먼은 우리 모두의 실존 상태임을 주장한다. 그리고 "사람들은 그들이 포스트휴먼이라 생각하기 때문에 포스트휴먼이 된다"(Hayles, 1999: 6)라는 오늘날의 인간의 실존 조건을 밝힌다.

2. 포스트휴머니즘과 인간의 몸

포스트휴머니즘 존재론은 트랜스휴머니즘 존재론과는 구별되는, 즉

1 모라벡Hans Moravec은 이 책(*Mind Children: The Future of Robot and Human Intelligence*, Harvard University Press, 1990)에서 이성 · 과학 · 인간에 대한 존중과 진보를 향한 헌신으로 인간과 로봇이 상생하는 유토피아가 실현될 수 있음을, 그리고 포스트휴먼이 다시는 되돌릴 수 없는 인류 진화의 방향임을 천명하고 있다.

트랜스휴머니즘과는 차별화된다. 그것은 계몽주의 휴머니즘과의 관계 설정, 그리고 인간 강화 혹은 능력 향상과 관련된 인간의 지적, 신체적, 그리고 감정적 능력에 대한 입장 차이에 기인한다. 헤일즈가 일찍이 자신의 저서에서 사용한 포스트휴머니즘이라는 용어는 닐 배드밍턴Neil Badmingtin과 엘레인 그레이엄Elain L. Graham 등에 의해 재정립되면서 영국에서 이루어진 다양한 논의 속에서 가장 표준적인 해석의 틀이 만들어지고 있다.

포스트휴먼posthuman과 혼동되어 사용되기도 하는 '사이보그cyborg'는 일단 트랜스휴머니즘의 한 가닥으로 볼 수 있다. 인간과 기술의 관계 속에서 인간을 정의내리는 두 운동 중 트랜스휴머니즘은 "현재의 인간의 능력보다는 급진적으로 월등한 능력을 기본적으로 가지고 있어서, 오늘날의 기준으로는 더 이상 인간으로 모호하게 정의될 수 없을 정도의 존재가 되는 '진행되어 가는 포스트휴먼의 진화에 대한 믿음'belief in the engineered evolution of 'post-humans,' defined as beings whose basic capacities so radically exceed those of present humans as to no longer be ambiguously human by our current standard"임을 분명히 한다(Garreau, 2005: 231). 새로운 종인 포스트휴먼의 진화가 기술에 의해 가능하다는 신념의 표방이라면, 보스트롬 같은 철학자는 인간의 완벽성, 합리성 그리고 르네상스 휴머니즘과 계몽주의에서 파생되어 나온 사상과 트랜스휴머니즘이 긴밀히 연관되어 있음을 분명히 한다. 물론 이런 입장은 앞서 언급한 헤일즈와는 거의 공통점을 찾을 수 없는 경우이다. 보스트롬은 「트랜스휴머니즘 사상의 역사A History of Transhumanist Thought」에서 트랜스휴머니즘이 경험주의 과학과 비판적 이성을 강조하는 르네상스 휴머니즘과 관련이 깊다는 것을 인정한다(Bostrom, 2005: 5). 이들 트랜스휴머니스트의 전략은 휴머니즘의 이원론을 가져와 인간적인 특징과 능력을 증대시키고 확장시켜, 종국에는 '슈퍼휴먼superhuman'을 만들려는 것으로 보인다. 물론 이때 기술은 그러한 욕망을 실현시켜 줄 수 있는 필수불가결한 것이 되어야만 한다.

이런 트랜스휴머니스트들과는 달리, 포스트휴머니즘은 계몽주의 휴머니즘과 인간에 대한 근본적인 '이원론'을 대체할 수 있는 새로운 패러다임을 모색하는 것에 천착한다. 트랜스휴머니스즘이 휴머니즘의 강화에 지나지 않는다고 보면서, 새롭게 인간을 보기 위해, 다양한 이론화를 시도한다. 배드밍턴은 포스트휴머니즘이 포스트구조주의, 포스트모더니즘 이론들로부터 인간을 설명하려 하고(Badmington, 2003: 10), 울프는 장 프랑수아 료타르Jean-François Lyotard, 미셸 푸코Michel Foucault, 니클라스 루만Niklas Luhmann, 그리고 자크 데리다Jacques Derrida 등의 이론가의 사유와 인식의 틀을 이용하는 것은 인간을 탈중심화시키고, '인간중심주의'에서 벗어나 인간과 인간의 '몸'에 대해 새롭게 조망하고자 한다(Wolfe, 2010: xv). 이들은 전통적으로 "인간이란 어떤 존재인가what it means to be human"란 질문에서 벗어나, 인간과 몸에 대한 이원론적 사고의 해체 등 전통적 사고와 인간관에서 벗어나 있으며 "호모 사피엔스 그 자체Homo sapiens itself"를 다른 생물과의 연관성 속에서 재맥락화하고자 시도한다. 동시에 인간과 '비인간not-human' 상태인 것과의 관계를 맺으면서 상호 공진화되는 방향으로의 '보철성prostheticity'을 지향하면서, 어떻게 인간이 그런 사고를 하고, 또 실천을 할 수 있는지에 대한 모색을 한다. 헤일즈는 "인간이 계몽주의에 의해 인간 주체로 구성된 것처럼 포스트휴먼이 될 수 있다"고 본다. 물론 이때의 포스트휴먼 주체는 일종의 "물질적 · 정보적인 존재, 즉 이질적인 구성 요소들의 집합으로서 일종의 혼합물an amalgam, a collection of heterogeneous components, a material-informational entity"로 그 경계들은 계속적으로 구성되며 재구성되고(Hayles, 1999: 3) 더 이상 고정 불변의 인간존재론은 의미를 가질 수 없으며, 인간의 몸한 마찬가지게 된다. 브뤼노 라투르Bruno Latour가 인간의 몸을 "(x)-morphim"(Clarke, 2008 재인용 3)으로 말하고자 하는 의도와 일맥상통한다. 인간을 순수한 계몽적 주체가 아닌 "혼합물an amalgam"로 보게 되면서, '인간이 된다'는 것은, 혹은 헤일즈처럼 인간은 이미 '포스트휴먼이 되었기' 때문에, '포스트휴먼이 된다'는 것은 인간과 동물, 인간과 비인간 등을 가르는 경계를 가로질러 자유롭게 무엇이건 '될 수 있다becoming'는 가능성을 내포하게 된다. 어떤 것의 존재 an is라는 것은 직선적인 발전관 혹은 진화와는 상충되는 개념이 된다.

포스트휴먼 신체는 대체적으로 두 가지를 상상하게 만드는데, 기계 혹은 각종 프로스테시스prosthesis로 강화된 신체로서의 사이보그이고, 다른 하나는 유전자공학, 나노 기술, 신경약리학, 기억 향상 약물 등에 의해 소위 향상된 새로운 우생학적 존재이다. 이미 우리의 실존 조건으로 들어와 있는 "포스트휴먼의 조건들"(Pepperell, 2009: IV)은 인간 몸에 대해 근본적으로 '공포와 즐거움'이라는 상반된 두 반응을 일으키게 된다. 인간의 지능을 가진 기계가 인간을 대신하거나 지배하게 될 것이라는 극단적인 전망은 모라벡의 로봇에 대한 상상으로 표현되거나 〈엑시스텐즈〉, 〈매트릭스〉와 같은 영화에서처럼 몸의 상실과 퇴행에 대한 두려움으로 표현되기도 한다.

또한 인간과 기계의 관계만큼이나 강력한 공포와 희망을 동시에 주는 분야는 바로 생명공학 기술이다. 생명공학 기술에 의한 신체의 변화와 새로운 생명체의 탄생은 그것이 야기할 수도 있는 남용과 부작용 때문에 항상 논쟁의 중심에 있게 되기도 하는데, 이런 기술을 적극적으로 예술의 영역으로 받아들인 바이오아티스트bio-artists들은 생명 자체를 매체로 피부 배양 및 이식 수술과 같은 의학적 기술을 예술적인 맥락으로 사용하기도 한다. 특히 에두아르도 카츠Eduardo Kac 같은 미술가는 생명공학 기술을 이용하여 유전자 변형 혹은 이식된 생명체, 혹은 새롭게 창조된 생명체를 만들어 내는 이런 예술적 실천들은 윤리적 논쟁을 일으킴과 동시에 공포와 충격을 주면서 동시에 인간에 대한 재정의를 하도록 요구한다.

포스트휴먼이 된다는 것은 이런 공포와 달리 즐거움도 야기하는데, 이것은 "어떤 오래된 상자를 열어 거기로부터 인간으로 존재하는 것이 무엇을 의미하는가에 대한 새로운 방식을 얻어내는 들뜬 기분"(Hayles, 1999: 286)으로 임의적인 것들이 패턴을 만들었다가 사라지기를 반복하는 정보의 흐름처럼 "결정된 지점을 향해 정해진 궤도를 따르지 않고 우발성과 예측 불가능성을 수용하는 존재(Halberstram & Livingstone, 1995: 8, 104)이며, 무수히 많은 가능성(혹은 noise)처럼 "셀 수 있는 것도 셀 수 없는 것도 아닌, 모든 집합assemblage 중의 무엇someness 혹은 어떤 인간some human으로서의 존재"(Halberstam & Livingstone, 1995: 10)라고 할 수 있다. 즉, 앞에서 말한 경계를 모호하게 하는 지점이며 차이와 정체성의 재분해 혹은 재정의가 요구되는 지점이라 할 수 있다. 즉, 포스트휴먼이 된다는 것은 이렇게 경계를 가로지르며 무엇이든 '될 수 있는becoming' 자유로움과 변화 가능성의 기회를 준다.

3. 에이미 멀린스의 '패싱passing'과 매튜 바니의 〈크리매스터Cremaster〉 시리즈

패션 모델, 연설가, 배우, 육상선수로 활약하고 있는 에이미 멀린스Aimee Mullins가 대중에게 널리 알려진 것은 1999년, 영국 패션 디자이너

[그림 1] 인형 다리같이 보이는 보족을 신고 런어웨이를 걷는 에이미 멀린스.

알렉산더 매퀸Alexander McQueen의 런던 컬렉션에서 절단된 두 다리에 '인형 다리같이 보이는' 보족을 신고(차고) 런어웨이를 걸으면서부터이다. 매퀸이 직접 '디자인한' 신발과 일체형의 프로스테시스prosthesis를 착용한 멀린스는 약간 부자연스러워 보이는 워킹을 하기 전까지는 장애를 알아차릴 수 없는 인형같이 '아름다운' 모습으로 등장했다. 1976년 태어날 때부터 종아리뼈가 없이 태어난 '장애인'이었던 멀린스는 평생 휠체어에서 생활하기보다는 다리를 절단한 후 보족을 착용하고 그것에 적응하는 훈련을 통해 장애를 극복한 상징으로 여겨졌다. 이미 그녀는 1996년 애틀랜타 장애인올림픽에 출전하여 100m를 15초대에 달려 당시 세계 신기록을 수립하면서 알려져 있었다. 그녀는 이후 다양한 잡지의 모델로 나서기도 했고, 배우로 영화에 출연하기도 하면서, 장애인이란 개념이 가졌던 기존의 편견을 하나씩 타파해 가는 역할을 함으로써, 장애인들의 희망이 되기도 했고, TED를 비롯한 다양한 연설 자리를 통해 '무능'을 표현하는 '장애disability' 대신에 가지고 있는 신체의 특성을 이용해 더 탁월한 활동을 할 수 있다는 의미에서 '슈퍼애빌리티superability로의 언어의 개념적 전환을 통해 장애인의 통상적인 관념을 바꾸는 데 일조하기도 했다. 그녀는 여러 매체와의 인터뷰를 통해서도 "사람들이 저를 만나면 장애인 같지 않대요. 그 말은 제가 장애인이라는 말이잖아요. 근데 제가 왜 장애인이지요? 파멜라 앤더슨Pamela D. Anderson과 저를 비교해 보아요. 저는 두 다리가 없어서

두 개밖에 몸에 붙인 것이 없는데도 장애인 소리를 듣고 파멜라 앤더슨은 저보다 훨씬 더 많은 것을 넣었는데(성형 수술을 여러 차례 함으로써, 신체 내에 다양한 프로스테시스를 장착했다는 의미에서) 장애인이라고 말하지 않습니다"[2]라고 언급하기도 했다.

[그림 2] 신체 내에 다양한 프스스테시스를 장착한 파멜라 앤더슨.

멀린스의 언급은 신체 일부의 손상으로 일단은 장애인의 범주에는 들어갔으나, 프로스테시스를 통해 그녀의 신체의 일부는 완벽하게 보완되었고, 그 보완된 것을 이용해 훈련을 거듭한 결과 장애인과 비장애인의 경계를 허물 수 있었다는 고백적 이야기였다. 그리고 이후, 그녀의 행보는 특히 "아름다움의 지향을 위해 가능한 것들에 도전하는 것to challenge prevailing attitude toward beauty"으로 확고해져 갔다. 특히 "그녀의 장애에도 불구하고 아름답다는 의미로서의 아름다움이 아니라, 그녀가 장애가 있기 때문에 아름답다to be seen as beautiful because of (her) disability, not in spite of it"라는 것을 보여주고자 하는 욕망이 강했다. 그리고, 보통의 일반 수많은 여성이 보여주는 아름다움, 미와 관련된 '허영vanity'을 공유하고자 했기 때문에, 수많은 사진 등의 시각문화를 통해 '예쁜 다리'를 '보여주고자' 했다. 스스로가 밝히듯이 기능성이나 실용적인 보족을 차는 것이 아니라, 전혀 기능을 할 수 없을 것 같지만 예쁜 '하이힐'의 보족이나 투명의 크리스털 보족을 바꾸어 가면서 자신의 '미'를 발산했다.

2 멀린스는 이와 같은 언급을 기자와의 인터뷰에서 진행했다.

그녀의 사진이 대중잡지나 신문에 게재되면서, 그녀는 '다리 절단자 amputee'라기보다는 일종의 "성적 매력이 있는 사이보그cyborgian sex kitten"(Smith, 2006 : 58)로 자리 잡게 된다. 예컨대, 그녀가 오프라 윈프리 쇼에 나와 의미 있는 자서전적 이야기를 하기도 했지만, 청중을 사로잡은 것은 전혀 눈에 띄지 않게 보족이 연결된 "표시 안 나는 프로스테시스seamless prosthesis"였다. 그녀의 보족이 연결된 부위에 대한 것은 실제로 간과되었고, 신체적 결함을 극복해 낸 '테크놀로지technology'가 부각되었다는 것이 흥미롭다. 그녀가 가지고 있었던 장애disability는 포스트휴먼적 진보posthuman progress의 완벽한 예로 보여졌다. 어떤 다른 종류의 미적인, 에로틱한 혹은 인체공학적인ergonomic 요소는 들어올 틈이 없었다. 결국 달리기를 잘한다든가, 멀리뛰기를 잘한다든가 등 그녀의 몸이 다른 방식으로 보여주는 능력은 기존의 미의 관념을 깬다든가 혹은 어떤 전복적인 가능성을 암시해 주지도 않았다. 다만 '테크노페티시즘 technofetishism'의 단면을 보여주는 측면이 강조되었다. 그렇다면, 그녀는 프로스테시스를 부착한 몸을 통해, 새로운 '되기becoming'에 실패했는가?

멀린스는 현대의 신체 연금술의 보여주는 작가로 알려져 있는 영상 제작자film maker이면서 퍼포먼스를 하는 매튜 바니Matthew Barney의 작품에도 출연한 적이 있다. 바니는 초기에 인간의 의지로 육체의 한계를 초월하려는 근력과 인내심을 보여주는 퍼포먼스를 주로 하다가 그의 대표작인 〈크리매스터 시리즈The Cremaster Cycle〉에서 생물학적 성을 육체의 한계로 설정하고 남성과 여성의 이분법을 넘어 제3의 성으로의 변신을 보여주고자 한다. 일종의 포스트휴먼 신체 변형을 보여주는 것이다. 1994년부터 2002년까지 5개의 시리즈로 제작된 이 작품들은 자신이 대본과 감독을 맡고 배우로도 등장하는 기이하면서 매혹적이고, 또 공포스러우면서도 환상적인 영상 작품이다. 크리매스터cremaster란 남성의 생식기인 고환의 상하 운동을 조절하는 근육을 가리키는 용어로, 남성과 여성에게 모두 존재하지만, 남성에게만 완전한 형태로 발현되는 근육이다. 그는 태아기의 성별이 나뉘기 이전의 단계를 그려냄으로써, 여성과 남성이 생물학적으로 결정되기 이전의 상태에서의 합일을 다양한 신화와 상징을 통해 분화 이전의 상태, "차이가 나지 않는the undifferentiated" 상태로의 역행을 보여주려 한다. 여러 가지의 의학, 과학 지식에 기반하여 죽음과 신체, 성性의 경계가 지어지기 이전을 표현함으로써, 계속적으로 '구성되는' 존재로서의 인간에 대한, 즉 포스트휴먼적 재현을 보여주고자 했다.

이런 시리즈 중 크리매스터 3의 제2부에 멀린스가 출연한다. [그림 3]처럼, "하얀 드레스를 걸친 크리스털 다리를 가진 쿠튀르 모델couture model dressed in white gown with crystal legs"로 등장하는 멀린스는 제작자 바니 자신이 분장하여 보여주는 남성 캐릭터와 마주하는 장면을 거치면서, 둘의 합일(피의 나눔)의 상징적 장면을 보여준다. 그런 상징적 변이 이후, 멀린스는 "치타의 하반신을 가진 이집트 전사Egyptian warrior whose lower body is that of a cheetah"([그림 4])로 등장한다. 처음에 투명한 보족으로 '보였던' 멀린스의 다리는 치타의 다리로, 그리고 마지막 제의적 죽음 이후에 멀린스는 눈이 가려진 채 양의 이끌림을 받으면서, 그리고 다리는 설 수도 없는 '촉수' 형태로 바뀐다. 마지막 장면에서 그녀는 이 촉수로 인해 제대로 설 수 없기 때문에

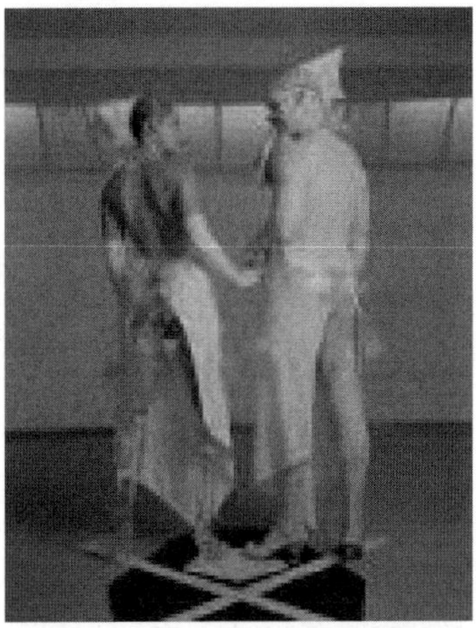

[그림 3] "하얀 드레스를 걸친 크리스털 다리를 가진 쿠튀르 모델"로 등장한 멀린스.

앉아 있는 장면으로 작품이 끝나게 된다. 제작자 바니는 특히 '다리'라는 신체에 포커스를 맞추어 이 필름을 제작했는데, 그 이유는 다리가 남자 성기의 연장이라고 보는 자신의 생각 때문이다. 그래서 바니와 멀린스의 '융합'을 통해 변신을 하는 멀린스의 다리를 보여주면서, 남성으로의 하강과 여성으로의 상승을 은유적으로 보여주고자 했다. 그리고 마지막에는 그 다리가 완전히 없어지는 것을 보여주고자 했다. 즉, 원래 작가 매튜의 의도는 마지막 장면에서 멀린스가 어떤 보족도 끼지 않고서, 바닥에 앉아 있기를 원했다. 그런 장면을 연출함으로써 더 나은 단계higher level로 올라가기 위해 '낮은 단계의 자기lower self'를 잃어야 한다는 상징성을 분명하게 재현하기 위해서였다. 그러나 멀린스는 자신의 다리에 아무것도 없는 것은 너무나 '사적인intimate' 것이기 때문에 보여주기 어렵다고 주장하면서, 결국 인간의 형상이 아닌 다른 해파리jellyfish의 촉수 같은 투명한 것으로 다리를 대체하는 것으로 영상을 마무리하게 되었다. 멀린스는 보족 다리란 것은 단지 몸을 지탱하는 역할뿐 아니라 감정적인 목발도 된다고 주장하면서 무엇인가가 있어야 한다고 주장했다. 결국 배우 멀린스는 작가가 의도한 다리의 없어짐에 대해 거부했다.

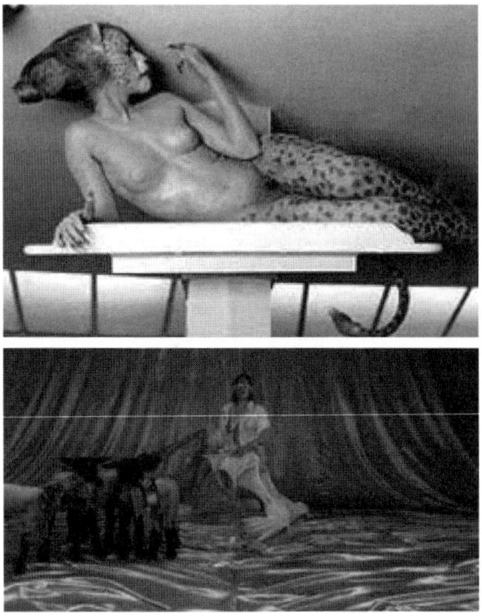

[그림 4] "치타의 하반신을 가진 이집트 전사"로 등장한 멀린스(위)와 눈이 가려진 채 양의 이끌림을 받는 멀린스(아래).

그렇다면, 멀린스에게 보족은 어떤 의미인가? 자신의 몸의 일부가 되는 것일까? 몸의 보철화prostheticization가 몸의 물질적 대체물을 의미하는 것일까? 그렇지 않은 것일까? 새로운 되기를 창조해 가는 바니는 〈크리매스터 3Cremaster 3〉를 멀린스와 함께 하면서 새로운 '되기becoming'를 창조하고자 하는 의도를 표현해 낸 것인가 그렇지 않은 것인가? 하는 질문을 던질 수밖에 없다. 그리고 일종의 물신숭배적 지향성fetishism을 가진 멀린스에게서 그 보족을 완전히 '벗겨 내지 못함으로써, 멀린스는 '포스트휴먼 주체'가 되지 못하고 있는 것은 아닌가 하는 생각을 하게 된다. 즉, 보여지는 시각적 대상물이 이미 되어 버린 멀린스의 '여성의 몸' 때문에 바니의 원래 의도를 수행하지 못한 것인가 하는 질문이 계속될 수밖에 없다. 물론 또한 멀린스 자신이 말했듯이, 다리가 없는 것은 온몸이 벗은 채 공공의 시선 앞에 서는 것과 같은 '은밀한intimate' 상황을 만들어 내기 때문에, 그녀가 보여주는 물신숭배적 경향은 오히려 그 보족의 다리'들'과 멀린스가 완전히 합일된 상태가 되었다고도 볼 수 있는 여지를 만들어 주고 있다. 많은 다리와 결합한 순간순간, 멀린스는 그 테크노 기술의 결과물과 완전한 '혼합체'가 되고, 또 다른 다리를 부착하는 순간 또 다른 존재, '혼합체'로 존재하게 되는 수많은 '되기'를 반복 혹은 재생할 수 있는 포스트휴먼이 되었다고도 볼 수 있는 여지를 남긴다.

4. 나오는 말

우리는 모두 몸을 가지고 있다. 그리고 우리 모두가 몸이다. 움직이는 몸도 있고, 생각하는 몸도 가지고 있다. 그런데 인간은 자신의 몸이 가진 능력에 만족하지 못해, 혹은 손상이나 결점 때문에 그 몸을 개선하고 향상시키고자 욕망한다. 장애인의 보철이나 비장애인의 성형 수술도 마찬가지이다. 그런데 이러한 몸을 개선하기 위해, 다양한 의학적 방법, 기계와의 접목, 기술의 이용 등이 필요하다. 그리고 날로 향상되는 기술은 우리가 욕망하는 것을 거의 실현시켜 주는 듯하다. 그런데 이런 현실 속에서 몸과 기술에 대한 접근은 매우 정교히 이루어져야 한다. 인간은 그러한 몸의 소위 '업그레이드'에 대한 환상은 없는지, 어떤 것이 대체의 의미를 가지는지, 그리고 총체적으로 "왜, 어떻게, 무엇을 위해 인간의 신체는 변형"되고 있으며, 그런 과정 속에서 인간의 경계를 흐리게 하거나 허무는 것은 무엇인지, 결국 인간으로 존재한다는 것의 의미를 어디에 두어야 하는지 등의 논의는 포스트휴머니즘 논의와 포스트휴먼적 관점에서 계속되어야 할 것이다.

이 글에서 살펴본 멀린스의 삶과 예술적 흔적은 특히 시각예술의 대상이 되고 있는 여성의 몸과 그 몸의 주체는 포스트휴먼적 주체로 서고 있는지 혹은 단지 테크노 숭상을 보여주는 데에 지나지 않는 것인지에 대한 논의가 필요하다. 멀린스 자신이 공표한 보통의 여성이 미를 향해 보여주는 '허영vanity'은 상당 부분, 여성의 몸을 시각적 대상으로 바라보는 시선, 상업적 전략과 결합된 다분히 상품화된 몸에 대한 숭배에 다름아닌 측면이 상당히 있다. 이러한 부분은 소위 장애인이라는 멀린스 또한 물질적 · 상업적 전략의 차원에서 벗어날 수 없는 사회의 경제적 · 문화적 그물망에 대한 비판적 고찰을 요구할 수밖에 없다. 그러나 멀린스가 각각의 다리와, 즉 기술 진화의 결과물과 자신이 완전히 합일되는 일종의 과정engineered을 보여주는 것이라면, 멀린스의 삶은 분명 미래의 포스트휴먼의 예고가 될 수 있다. 다만 그녀가 남성이 아니라 여성이고, 여성의 몸이 그 대상이 되는 만큼 기존의 페미니즘적 시각과 포스트휴머니즘적 시각의 절묘한 절합絶合의 과정을 통해 미래의 몸, 미래의 여성의 몸을 설명해야 할 필요성을 가지게 된다.

참고 문헌

Badmington, Neil, *Posthumanism*, Ed. New York : Palgrave, 2000.

______, "Theorizing Posthumanism," *Cultural Critique* 53, Winter 2003.

Bostrom, Nick, "A History of Transhumanist Thought," *Journal of Evolution and T echnology* 14, no. 1. 2005.

Clarke, Bruce, *Posthuman Metamorphosis: Narrative and Systems*, New York : Fordham University Press, 2008.

Garreau, Joel, *Radical Evolution: The Promise and Peril of Enhancing Our Minds, Our Bodies — and What It Means to Be Human*, New York : Random House, 2005.

Hassan, Ihab, "Prometheus as performer : Toward a Posthumanist Culture? : A University Masque in Five Scenes," *Georgia Review* 31 : 830–850, 1997.

Halberstam, Judith & Ira Livingston(eds.), *Posthuman Bodies*, Bloomington : Idiana University Press, 1995.

Hayles, N. Katherine, *How We Became Posthuman: Virtual Bodies in Cybernetics, Literature and Informatics*, Chicago & London : The University of Chicago Press, 1999.

Pepperell, Robert, *The Posthuman Condition: Consciousness beyond the Brain*, Bristol : Intellect TM, 2009.

Smith, Marquard, "The Vulnerable Articulate : James Gillingham, Aimee Mullins, and Matthew Barney," *The Prosthetic Impulse*, Eds. Marquard Smithe & Joanne Morra, Cambridge : MIT Press, 2006.

Wolfe, Cary, *What is Posthumanis?*, Minneapolis & London : University of Minnesota Press, 2010.

| 찾아보기 |

| 저자 소개 |

토머스 필벡 Thomas D. Philbeck: 뉴욕공과대학 교수를 역임했으며, 현재 포스트휴머니즘/트랜스휴머니즘 관련 국제학술대회들을 조직하면서 독립 연구자로 활동하고 있다. *The British Journal for the History of Philosophy*, *Philosophy Culture abd Traditions*, *The British Journal of Aesthetics* 등에 다수의 논문을 발표했다.

마이클 하우스켈러 Michael Hauskeller: 영국 엑스터대학교의 철학 교수이다. 그의 전공 분야는 도덕철학이며, 심리철학, 미학과 예술철학, 현상학, 인간 향상의 철학 등에 대해서도 관심을 갖고 연구하고 있다. 그는 『예술 앞에 선 철학자』, 『나는 생각한다 그렇다고 내가 존재하는 건가』, *Biotechnology and the Integrity of Life*(Ashgate, 2007), *Better Humans? Understanding the Enhancement Project*(Acumen, 2013)를 포함해 12권의 책을 썼고, 6권의 책을 편집했다. "Prometheus unbound: Transhumanist arguments from (human) nature"를 포함하여 인간 향상이나 노화와 관련된 다수의 논문을 발표했다.

임석원: 독일 베를린 훔볼트대학교 독문과에서 현대독문학과 매체이론을 전공하고 「현대의 개폐조절장치로서의 알레고리: 발터 벤야민의 알레고리 개념과 매체이론의 상관관계 고찰」로 박사학위를 받았다. 주요 논문으로는

「W.G. 제발트에서 나타나는 기억 이미지와 알레고리적 역사 서술」, 「발터 벤야민과 구성적 영화」 등이 있다. 현재 이화여대 인문과학대학 독어독문학 전공 조교수로 매체미학, 팝문학, 발터 벤야민과 비판적 휴머니즘 연구를 하고 있다.

이찬웅: 서울대학교 전기공학부를 졸업하고, 동 대학원에서 철학을 전공했다. 프랑스 리옹고등사범학교에서 「들뢰즈의 사유에서 신체, 기호 그리고 정서」로 박사학위를 받았다. 역서로 『주름, 라이프니츠와 바로크』, 『어느 현상학자의 일기』 등이 있고, 논문으로 「기와 리의 여행: 중국 고대 회화에서 들뢰즈의 영화철학까지」, 「들뢰즈의 이접적 종합: 신의 죽음 이후 무엇이 오는가?」, 「들뢰즈, 변신의 괴물학」 등이 있다. 현재 이화여대 이화인문과학원 HK교수로 재직 중이다.

도날 오마수나Dónal P. O'Mathúna: 더블린 시립대학의 윤리학 교수로 *Nanoethics: Big Ethical Issues with Small Technology*(Continnum, 2009)의 저자이며, "Taking a precautionary approach to nanotechnology" 외 나노윤리 및 의료윤리에 관한 다수의 논문을 발표했다.

슈테판 로렌츠 조르그너 Stefan Lorenz Sorgner: 에어랑겐-뉘른베르크대학교에서 의료윤리학을 가르치고 있다. 페터랭Peter Lang 출판사의 〈Beyond Humanism: Trans-and Posthumanism〉 시리즈의 편집자로 일하고 있으며, *Metaphysics Without Truth: On the Importance of Consistency Within Nietzsche's Philosophy*의 저자이다. 포스트휴머니즘, 음악철학, 생명윤리학, 니체에 관한 다수의 논문을 발표했다.

신상규: 서강대학교 경영학과와 철학과를 졸업했으며, 미국의 텍사스대학교 University of Texas at Austin에서 「의미와 규범성」으로 철학 박사학위를 받았다. 심리철학과 언어철학에 주된 관심이 있으며, 『비트겐슈타인: 철학적 탐

구』, 『인간 본성에 관한 철학 이야기』(공저), 『김재권과 물리주의』(공저), 『푸른 요정을 찾아서: 인공지능과 미래 인간의 조건』 등의 저작이 있고, 『새로운 종의 진화 로보 사피엔스』, 『라마찬드란 박사의 두뇌 실험실』, 『의식(하룻밤의 지식여행 37)』을 우리말로 옮겼다. 「표시와 기능」, 「상상가능성, 우연성, 그리고 동일성」, 「의미에 대한 진화론적 설명과 연언문제」 등 심리철학과 언어철학에 관한 다수의 논문이 있다. 숙명여자대학교 의사소통센터 교수를 거쳐서 현재 이화여대 이화인문과학원 HK교수로 재직 중이다.

옌스 에더 Jens Eder : 현재 독일 만하임대학교의 Media and Communication Studies의 교수로 재직 중이다. 그가 현재 관심을 가지고 있는 연구 주제는 시청각적 네러티브와 그 문화적 영향력, 디지털과 트랜스미디어 스토리텔링, 인간 본성의 이미지 등이다. 저서로는 *Audiovisulle Emotionen*(ed. with Anne Bartsch & Kathrin Fahlenbrach, 2007), *Die Figur im Film*(2008), *Characters in Fictional Worlds*(ed. with Fotis Jannidis & Ralf Schneiderm 2010), *Medialitaet und Menschenbild*(ed. with Maike Reinerth & Joseph Imorde, 2012)가 있다. 그 밖에 상상력, 선전propaganda, 광고 등에 관한 다수의 논문이 있다.

전혜숙 : 이화여자대학교 영문과를 졸업했으며, 동 대학원 미술사학과에서 현대미술사를 전공하고 「과정 개념을 통해 본 로버트 모리스의 작품연구」로 박사학위를 받았다. 저서로 『한국현대미술 1970~80』, 『한국현대미술 1980~90』, 『제국미술학교와 조선인 유학생들, 1929~1945』, 『현대미술의 동향 I, II』(공저) 등이 있고, 역서로 『몬드리안의 방: 신조형주의, 새로운 삶을 위한 예술』, 『19세기의 미술』, 『20세기 추상미술의 역사』, 『위대한 실험, 러시아 미술 1863~1922』, 『개념미술』, 『옥스퍼드 20세기 미술사전』(공역) 등이 있다. 그 밖에 개념 미술과 포스트모더니즘 미술, 미디어 아트에 관한 다수의 논문을 발표해 왔다. 현재 이화여대 인문과학원 HK교수로 재직 중이다.

이수진: 서강대학교 불문과를 졸업했으며, 프랑스 파리 8대학 불문과에서 「한국적 담화 상황에 적용된 기호학: 임권택 영화 춘향뎐 읽기」로 박사학위를 받았다. 저서로 『만화기호학』, *Une lecture du film d'Im Kwon-Taek: Le chant de la fidèle Chunhyang*(프랑스), 역서로 『이미지, 모험을 떠나다』, 『상상적 기표: 영화 · 정신분석 · 기호학』 등이 있다. 논문으로는 디지털 이미지, 만화, 영화에 적용된 기호학 분야의 「이미지와 상징의 배열」, 「감각의 시뮬레이션」, 「인터페이스와 은유의 상상력」 등이 있다. 그 밖에 서울국제만화애니메이션페스티벌(SICAF)에서 〈박찬욱 & 뫼비우스 대담〉, 〈봉준호 & 설국열차 작가 대담〉, 〈유럽 만화 특별전: 다색느낌〉 등을 기획, 운영한 큐레이터로 활동했으며, 현재 이화여대 인문과학원 HK연구교수로 재직 중이다.

천현순: 이화여자대학교 독어독문학과 및 동 대학원을 졸업하고, 독일 쾰른대학교에서 상호매체성 이론으로 문학 박사학위를 받았다. 저서로 『알렉산더 클루게의 작품에 나타난 이미지와 텍스트 사이의 상호매체성』(독문), 『물의 요정의 매혹』(공역) 등이 있고, 논문으로 「탈활자 문화의 전개 양상에 대한 연구」, 「사진과 텍스트의 혼종화 현상」, 「영상매체에서 문자매체로의 전이 현상」 등이 있다. 현재 이화여대 이화인문과학원 HK연구교수로 재직 중이다.

김은령: 이화여자대학교 영문학과를 졸업했으며, 동 대학원에서 「영국 낭만주의와 노예폐지운동: 블레이크, 사우디, 코울리지, 워즈워스」로 박사학위를 받았다. 탈식민주의와 문화 번역에 꾸준한 관심을 가져왔으며, 최근에는 문화 번역의 문제를 매체의 영역으로 확대해 매체와 기술, 매체 미학 등을 연구하고 있다. 주요 논문으로는 「여행기에 나타난 '문화번역'」, 「이미지를 통한 텍스트 읽기」, 「매체 변화에 따른 미학적 경험과 감수성의 변화 고찰」, 「디지털 미디어 모델링을 통한 영시의 텍스트 확장 가능성 고찰」 등이 있다. 이화여대 영문학과 박사후과정과 남서울대학교 강의 전담 교수를 거쳐, 현재 이화여대 이화인문과학원 HK연구교수로 재직 중이다.